山东省中等职业教育课程改革教材

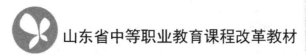

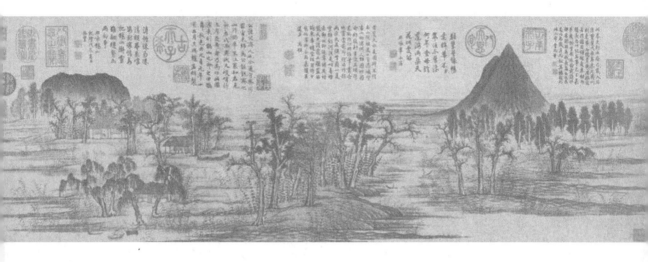

齐鲁传统文化

主编◎刘怀荣　魏学宝　孙中升

山东人民出版社·济南

国家一级出版社　全国百佳图书出版单位

图书在版编目（CIP）数据

齐鲁传统文化/刘怀荣，魏学宝，孙中升主编 . -- 济南：山东人民
出版社，2018.8（2023.8重印）
ISBN 978 - 7 - 209 - 11505 - 6

Ⅰ．①齐… Ⅱ．①刘… ②魏… ③孙… Ⅲ．①文化史—山东 Ⅳ.
①K295.2

中国版本图书馆 CIP 数据核字（2018）第 107582 号

齐鲁传统文化
QILU CHUANTONG WENHUA
刘怀荣　魏学宝　孙中升　主编

主管单位　山东出版传媒股份有限公司
出版发行　山东人民出版社
出 版 人　胡长青
社　　址　济南市市中区舜耕路 517 号
邮　　编　250003
电　　话　总编室（0531）82098914
　　　　　市场部（0531）82098027
网　　址　http：//www. sd - book. com. cn
印　　装　山东新华印务有限公司
经　　销　新华书店

规　　格　16 开（184mm×260mm）
印　　张　14
字　　数　260 千字
版　　次　2018 年 8 月第 1 版
印　　次　2023 年 8 月第 8 次
ISBN 978 - 7 - 209 - 11505 - 6
定　　价　28.00 元
　　　　　如有印装质量问题，请与出版社总编室联系调换。

编　委　会

前　言

　　齐鲁为儒家的发源地，儒家文化则是齐鲁传统文化最重要的组成部分。儒家文化不仅植根于古老的农业文明和宗族制度，历史悠久，根基深厚，而且从汉武帝"罢黜百家，独尊儒术"以来的两千多年间，一直是我国的主流文化。齐鲁还是东夷族故地，在上古时代，东夷族在巫术、医学、兵学等多方面，均独具特色。在这一传统的滋养下，齐鲁不仅是神仙方术最重要的大本营，其医学及对长生的探索也处于领先地位，因而又成为神仙家、黄老道家及民族宗教——道教的主要发源地之一。中国文化的主干是儒道互补，在这一整体的文化大格局中，齐鲁传统文化占有极为重要的地位，对中国社会产生了全面而深远的影响。

　　早期的文化积淀，对齐鲁文化自身的发展也具有深刻的影响。在孔子、孟子等一批思想巨擘与文化宗师的引领下，齐鲁文化名家代不乏人，如管子、晏子等政治家，吕尚、孙武、孙膑、吴起等军事家，扁鹊、仓公等医学家，墨子、鲁班等能工巧匠，甘德、刘洪等科学家，李清照、辛弃疾、孔尚任、王士禛、蒲松龄等文学家，王羲之父子及高凤翰等艺术家，大多能发扬齐鲁优秀传统，或开宗立派，或立功立言，以其独到的思想和杰出的才能，在各个领域为我们留下一大批宝贵的文化遗产。此外，如与儒家文化密切相关的"三孔"文化，道教色彩颇浓的泰山文化和蓬莱文化，贯通南北的京杭大运河文化，以及以鲁菜、鲁锦、潍坊风筝及杨家埠年画等为代表的民俗文化，都从不同的侧面丰富了齐鲁传统文化的宝库。

　　从总体上来看，齐鲁传统文化特色鲜明，成就突出，在我国某些历史阶段

1

曾处于先导和领先的地位，至今仍有其独特的现实价值。因而，从古为今用、传承文明的角度来看，在各类学校和各阶段学生中开展齐鲁优秀传统文化教育，有利于在知识传授中培养学生的价值观、人生观和世界观，这也是弘扬地域优秀传统文化、增强民族文化自信的重要内容。

近年来，我省职业教育发展迅猛，在校学生人数可观。三年制中职院校也已将地方传统文化教育作为职业教育教学改革和规划的重要内容。为适应这一现实需求，本教材从齐鲁文化概貌、文化名人、文化事件、文化遗迹，以及科技、文学、艺术、民俗等多方面出发，突出重点，兼顾全局，对齐鲁各个历史阶段的优秀传统文化做了深入浅出的介绍。力求让学生了解齐鲁传统文化的发生、发展、演变和传承轨迹，把握齐鲁文化的基本特征及在中国文化史上的地位，熟悉齐鲁历史上出现的杰出人物、文学艺术经典、科学技术成果、乡土民俗风尚，感受齐鲁先贤的思想智慧、道德风范、精神气度，强化学生阅读鉴赏能力、思考领悟能力，提高学生的文化素养和道德情操。

考虑到中职学生的年龄及知识层次，本教材也把突出齐鲁先贤的文化创造精神、齐鲁传统文化的全国引领地位、齐鲁历史人物的人伦风采、齐鲁文学文化经典所蕴含的美德及魅力，作为写作的主要内容，并将这些内容以通俗生动的方式融进教材中，使学生更易于接受，并在学习知识的同时，能深入了解、切实践行中华民族优秀的人伦准则和礼仪规范。

本教材是省内，也是全国第一部中职院校齐鲁传统文化选修课教材，教材所涉及的不只是地域文化，也是中国文化的核心命题，在中国文化教育传承中占有重要的地位。儒家重修身实践与美德养成的思想，及两千多年来对齐鲁士气民风的浸润和影响，造就了齐鲁传统文化重修身立德的君子之风。就今天的青少年道德教育而言，通过历史上的真人实事，达到"润物细无声"式的教化育人目的，是本教材突出的特点之一。而滨海仙道文化及后来兴起的道教，想象奇特，在现实日常生活之外，为中国人的奇思妙想开了无数的法门。从创新思维的培养来说，也构成了本教材的另一大特点。

编者尽可能遵循"课程标准"所设定的内容和范围，同时，在吸纳学术界已有共识和最新研究成果的基础上，还适当融进了编写者自己的研究心得，并努力做到通俗易懂。在人物选择方面，以齐鲁籍作为主要标准，适当收入游宦齐鲁且受到齐鲁文化影响较明显的名人，如吴起曾拜曾子为师，儒家思想对他的军事思想影响颇深。另有一些名人，如曾巩、郑板桥等，虽在齐鲁任职，但在儒学普及化之后，他们受儒家影响与吴起已不可同日而语，故不列入教材。在作品选择方面，也同样以作者为齐鲁籍为准，凡有争议作者，即便作品内容写到了齐鲁，如《水浒传》《金瓶梅》等，或已被列入教材，也只探讨其齐鲁文化元素。为激发学生学习兴趣和主动性，帮助学生掌握所学知识要点，提升分析问题能力和实践能力，教材注重每章章首引言和章末结语的提炼，还在各章末围绕该章重点，设置了一定数量的思考题。希望学生通过教材的学习，在掌握齐鲁传统文化的基本内涵和特点的基础上，养成修身自律的良好习惯和热爱家乡、热爱祖国的高尚品德，以达到"立德树人"、提升文化自信的教育目标。

本教材启动于 2016 年秋季，中间因故搁置一年多。2018 年春季重新启动后，原课题组成员略有变动。现将教材的分工简要介绍如下：

刘怀荣（文学博士，中国海洋大学文学与新闻传播学院特聘教授）：负责教材编写组的组织协调，确定写作大纲及教材部分章节内容的修改、统稿、定稿及校对。魏学宝（文学博士，中国石油大学文学院副教授）：撰写第一章"文化概貌"、第七章"文学精华"。魏学宝、孙中升协助刘怀荣完成统稿及校对工作。

李伟（文学博士，济南大学文学院副教授，青年泰山学者）：撰写第二章"文化名人"；傅炜莉（文学博士，青岛大学文学院讲师）：撰写第三章"文化标识"；鞠岩（文学博士，中国海洋大学文学与新闻传播学院副教授）：撰写第四章"传统美德"；宋亚莉（文学博士，青岛大学文学院讲师）：撰写第五章"兵家文化"；赵伟（文学博士，青岛大学国学研究院教授）：撰写第六章"科技文化"；徐盈（文学硕士，青岛旅游学校教师）：撰写第八章"艺术瑰宝"；董德英（民俗学博士，青岛大学《东方论坛》编辑部编辑）：撰写第九章"民俗文化"。

本书是受山东人民出版社委托编写的教材，感谢袁丽娟副总编辑的信任，感谢李楠老师，尤其是责任编辑刘晨、刘娇娇付出的辛勤劳动！也对共事多年、精诚合作的课题组成员表示真诚的谢意！教材第一次启动时，青岛大学国学研究院副院长宫泉久教授、青岛大学文学院马光亭副教授，均参与了大纲初拟及启动研讨会。后因有其他工作，时间局促，退出了课题组，在此也一并向他们两位致谢！

限于水平，教材肯定还存在诸多的不足，希望能得到教材使用院校师生及学界同仁的指正，以便下一步修订完善。

刘怀荣

2018 年 5 月 29 日

目　录

第六章　科技文化

目录

第七章 文学精华

第八章 艺术瑰宝

第九章 民俗文化

第一章
文化概貌

考古学的发现和研究表明，齐鲁文化的源头可追溯到后李文化时期（距今8500—7500年）。齐鲁的先民，在这一时期"已过着以农业经济为基础的稳定的定居生活"[①]。此后，依次是北辛文化、大汶口文化、山东龙山文化和岳石文化。这些发现于齐鲁的上古著名文化遗址[②]，以铁的事实告诉我们，齐鲁大地是中华文明重要的发源地。在这片土地上，农业文明的早熟与宗族制度及家族伦理相互促进，为鲁文化及儒家学派的产生奠定了坚实的基础。而后李文化以下的序列文化，属于典型的东夷文化。波谲云诡、浩瀚无垠的大海，不仅给这里的人们带来无尽的馈赠，还孕育了东夷族崇尚巫医方术、追求长生不死的古老文化传统。这不仅是先秦神仙家及齐地方士产生的沃土，也为方仙道、黄老道和民族宗教——道教的成长提供了充足的养分。因此，齐鲁文化无论是立足现实、以血缘宗族为核心的伦理特征，还是思出天外、想象惊人的仙道品格，乃至泰山五岳独尊的特殊地位，都与悠久的史前文明密切相关，是其自然的延伸。

[①] 张光明：《齐文化的考古发现与研究》，齐鲁书社2004年版，第4页。
[②] 各文化遗址的典型地址分别为：后李文化遗址，淄博市后李官村；北辛文化遗址，滕州市官桥镇北辛村；大汶口文化遗址，泰安市大汶口；龙山文化遗址，章丘市龙山镇；岳石文化遗址，平度市东岳石村。

第一节　齐鲁文化的起源及创建

齐鲁文化包含齐文化和鲁文化，以及诞生在这片土地的其他文化，是一个统称概念。据考古学的研究可知，早在齐、鲁封国之前，这里至少已有了七千多年的农业文明史。这一漫长的史前文明，对齐鲁文化有着无可比拟的模铸作用。因此，我们要了解齐鲁文化，不能不从源头说起。

一、齐鲁文化的起源及特征

文化是人创造的，寻根问源，必然需要找到原始社会人类活动初期的创造与文明。但是我们探究的时代文字尚未产生，虽然有后世的文献记载，却多为传说或神话，不足作为历史考察的依据。但这并不意味着那个时期一定茫昧难知，因为在考古实物方面存在一系列的铁证。山东比较著名的考古遗址有后李文化遗址、大汶口文化遗址和龙山文化遗址等，这些遗址出土的相关实物，为我们揭示了齐鲁文化的一些早期特征。

一是早期农业文明发展和原始财富的积累。从这些遗址中能够看出农作物的种植、农业工具的使用情况。根据出土文物来看，木质、石质、骨制、蚌制的工具得到大量的使用，这些工具大多被用于农业生产，显现了早期的农业文明的特征。农业文明不同于游猎文明、海洋文明，农业文明讲求春种夏耕、秋收冬藏，一切不得违时，一切讲求秩序。与农业文明产生相伴随的是财富的积累。国内外学者对考古发现的遗址和文物进行分析，认为在中华文明起始阶段，生产工具和生产技术的提高并未起到主导作用，财富的增长和积累主要靠政治程序来达成，即通过劳动力的增加（包括战争掠夺战俘）和组织更多的劳动力投入生产活动。这种财富积累的方式进一步强化了农业文明所强调的秩序性。

二是血缘群体与宗族制度。如大汶口文化后期，出现了墓圹规模较大的墓群和墓圹规模较小的墓群，在墓葬分布方面也显示出明显的差异，出土的随葬陶器数量多寡与墓圹的规模大小相应。这说明以家族为单位的阶层已经形成并且逐步强化，出现了明显的贫富差距。从地域而言，山东是大汶口文化的中心地带，考古学家在这里还发现了以陶器显示墓主身份等级的墓葬规则，而从随葬品的差别可以反观到死者生前地位的差别。这种以血缘为纽带形成的家族群体适应了农业文明的实际需求，又在农业文明的发展过程中逐步成熟，进而形成宗族制度。伴随着血缘群体的强化和宗族制度的发展，宗族制度与财富分化、权利分配相结合，到周朝时形成了完备而影响深远的宗法制度。这种以血缘为纽带的组织形式是中华文明的重要特征之一，对后世的中国影响极其深远。

三是先民的祖先崇拜与巫术信仰。大汶口文化遗址和龙山文化遗址出土了大量的祭祀所用的礼器和乐器，这些文物充分显现了早期先民对神灵和祖先的崇拜。这种崇拜或者说信仰可以协调宗族间的人际关系、日常生活安排，还可以凝聚力量，抵御外族入侵，维护公共财产和族人的安全，并且培育了早期先民的精神信仰。可以说，早期农业社会财富的积累和文明的形成，是以宗族制度为组织基础，以祖先神灵崇拜为精神武器。考古研究表明，沟通人神的任务是由巫师来完成的，他们是当时的知识阶层，具有崇高的威望。大约从龙山文化开始直至三代，大巫师往往集神权与政权于一身，既是大巫，也是王者。商周以来，随着文化发展和职业的分化，出现了专门以法术上天入地、降神祭祖、沟通天人的巫觋集团。他们在借祖先神明之力维护王者现世统治、凝聚族群或国人的同时，还从不同的侧面构筑了中国人的信仰体系，影响了我们这个民族精神世界的样态。

总的来看，在农业文明的大背景下形成的宗族制度、祖先崇拜和巫术信仰既是早期齐鲁文化的重要特征，也是中华文明的重要源头之一。正因为如此，齐鲁文化不仅只开始阶段就与中华文明休戚与共，而且在后来的发展中，也为中华文化做出了非常特殊的贡献。

文化
概貌

二、鲁国的创建及鲁文化的特征

公元前 11 世纪，周武王灭商。周王朝全面继承了上古文化精华，并将宗族制度发展为宗法制。这也是周公制礼作乐的核心内容之一。周公被封于鲁。其长子伯禽代他治理鲁国，用三年的时间强行推行周礼，以"尊尊亲亲"为治国方略。也就是以伦理亲情为根基，构建系列的家庭、社会、国家秩序，表现出典型的宗周重礼的特征。而以孔孟为代表的儒家思想，则对鲁文化做了集大成式的发展。

鲁国于周初诸侯国中拥有着较为特殊的地位，这首先表现在疆域辽阔，远胜诸国。西周初年一般的诸侯国疆域不过百里或五十里，而鲁国疆域幅员辽阔，达七百里。鲁国受封之初，周王室在人、财、物方面予以大力扶持。根据《左传》记载，定公四年，鲁国分封之初，周天子赐予鲁国典籍、礼器；昭公二年，晋国的韩宣子出使鲁国，于太史氏处见到册书三种，感慨"周礼尽在鲁矣"。此外，鲁国立国之初，周王室特赐天子礼乐。《史记·鲁周公世家》载："成王乃命鲁得郊祭文王，鲁有天子礼乐者，以褒周公之德。"鲁国之所以享受此殊荣，一方面与周公功勋卓越有关；另一方面，鲁国据有原殷商部落的商奄之地，为了能够将鲁国建成宗周模式的东方据点，以实现对殷商故地诸部族的镇抚，使之承认并接受周文化礼乐，于鲁国特赐天子礼乐是一有效的途径，历史亦证实，鲁国因宗周重礼很好地承担起了传播宗周文化的使命。

作为鲁国文化的核心特征，宗周重礼体现在诸多方面，如谨守周礼、遗训，"尊尊亲亲"，崇尚德义，喜好礼乐，提倡简朴，重农桑轻工商等。

谨守周礼，是宗周重礼的核心特征。《春秋》依据鲁国国史写就，"常事不书"，鲁国君臣恪守礼义之事未必会作为史事书写，但有违礼义之举往往付诸笔端，通过相关的规谏、评论、谴责强调尊礼的重要性，像隐公、桓公、庄公、文公都因一些违礼的事由遭到鲁国大夫的劝阻或者规谏，而至于三桓，更是频遭抨击。谨守周礼还体现在《论语》之中，《论语》直接谈到"礼"38次，"礼"在《论语》中拥有着无与伦比的地位，《论语·泰伯》说："兴于诗，立于礼，成于乐。"颜回感慨"夫子循循然善诱人，博我以文，约我以礼"（《论语·子罕》）。孔子也说"博学于文，约之以礼，亦可以弗畔矣夫"（《论语·颜渊》）。孔子教育自己的儿子孔鲤"不学诗，无以言""不学礼，无以立"（《论语·季氏》）。从以上的论述来看，孔子在弟子教育过程中重视礼，认为人若不知礼，就无法在这个世界上立足。

尊尊亲亲，也是鲁国宗周重礼的重要文化特征，而这方面又显现出典型的以亲情伦理为本的文化特征。《淮南子·齐俗训》："昔太公望、周公旦受封而相见，太公问周公曰：'何以治鲁？'周公曰：'尊尊亲亲。'"当然，这个故事极大可能是虚构的，但鲁国尊尊亲亲（即尊重君长，亲近亲人）的立国根基是符合史实的。后世鲁国执政者言必称"先世周公"，恪守立国之初的祖训。尊尊亲亲欲实现的是《孟子》所言的"父子有亲，君臣有义，夫妇有别，长幼有序，朋友有信"的这种建立在亲情基础上的井然的社会认知、运行秩序，或者亦可以说是一种以亲情伦理为中心的宗法等级制度。具体而言，周人根据立嫡制度，确定了统治权力分配关系，确立君臣名分；根据祭祀庙数制度，将祖宗神祇有序排列进行祭祀，确立大宗小宗的隶属关系；根据同姓不婚制度，将异性大族结为婚姻甥舅，以实现不同宗族的横向联结，达到统治阶层的政治团结。

尊尊亲亲是文化、精神层面的选择，而恪守周礼显然是制度层面的设计，二者皆以亲情伦理为本。

三、齐国的创建及齐文化的特征

周立国初期将功臣姜尚封在齐地，姜尚成为齐国的始祖。与鲁文化宗周重礼特征不同，齐国文化显现出"举贤上功"的特征。同样是在《淮南子·齐俗训》中记载，当周公回答完姜太公的问题后，反问姜太公"何以治齐"，太公回答："举贤而上功。"即尊重、任用贤能之士，对功劳和过失做到赏罚分明。齐国之所以选择这种治国方略，与姜尚的经历和齐国立国之初的境况有关。根据《史记·齐太公世家》记载，姜尚的远祖在夏朝时虽然有功而被分封，但到他生活的时代，已经成为庶人，因此姜尚早年经历了很多坎坷，到年老时无法施展自己的才华，做过屠夫和小商贩，直到遇到周文王，才获得重用。姜尚辅佐武王伐纣，建立大功，后来又支持周公，参与平定周王朝内部的叛乱，有效地维护了西周的统一和稳定，因此被分封到齐国。

齐国立国之初，在发展条件方面有利有弊。有利的方面是濒临东海，交通发达，具有发展海盐业、渔业和便于对外交流的优势，而且当地民众思维活跃，很有朝气。不利的方面在于齐地的土著东夷族势力很大，姜尚虽然也是东夷族，但他分封到这个地方做统治者，难免与东夷族的原有势力产生摩擦。因此稳定政治局面就是姜尚到齐地后最重要的任务。他一方面以"举贤上功"为国策，很好地调动了各方面的积极性，从而保障了齐国的政治稳定；另一方面，又"因其俗，简其礼"（《史记·齐太公世家》），在当地风俗的基础上推行周文化，采取了与鲁国完全不同的治国方针。同时大力发展工商业和渔盐业，这使得齐国的经济迅速发展起来，成为西周分封在东方的一个大国。

这一治国方略在齐国得到很好的传承，最具典型代表的是春秋五霸之一的齐桓公。齐桓公执掌政权后，首先做的就是求贤若渴、尊贤任能。他重用管仲的事迹成为历代传诵的佳话。管仲原本是公子纠的师傅，他想辅佐公子纠尽快登上王位，因此在公子纠和小白争夺国君之位的斗争中，为了阻挡公子小白返回临淄，管仲曾经一箭射中了公子小白的衣带钩。公子小白登上王位成为齐桓公后，便想杀管仲报一箭之仇。在管仲的好友、齐桓公的师傅鲍叔牙的劝说下，齐桓公不计前嫌，重用管仲做宰辅。管仲也是知恩图报，充分发挥了自己的才能，在任期间，使齐国国富民强，兵强马壮，一举成为春秋五霸之首。齐桓公不仅任用了管仲、鲍叔牙、高傒等各类人才，而且还能做到人尽其才。以能干出名的田宁戚、以大胆善谏著称的大理司宾胥无和担任大司马的王子城父等，都得到很好的发展平台和空间。正是由于齐桓公建立了一整套选贤任能的政策体系，君臣上下，同心协力，人尽其才，各尽所能，团结合作，使齐国逐渐发展成为春秋时期最富足最强大的诸侯国之一。

齐国举贤上功的治国方略与文化特征对于齐文化的塑造起到了重要的作用。由于举贤上功，加之齐国濒临大海，交通发达，因此国家经济昌盛，物质基础雄厚；雄厚的国力基础培育了齐人开阔的胸襟和自信包容的气度。战国中后期，齐国开稷下学宫，聚集四方学者在此辩难讲学，充分体现了这一特点。齐人开阔的胸襟、自信包容的态度与鲁国和儒家的仁爱、自省文化相结合，构成了中华文化最基本的特点。因为举贤上功，齐人重才术，善口辩，有才术才有可能为君王所用，有口辩才能让君王了解自己的才能。战国后期尤其是秦汉时期，齐人多术士与此有密切的关系。战国后期晏婴的口辩才能让人印象深刻。同时这种口辩才能又培养了齐人丰富瑰奇的想象力。与方术相结合，齐人多言鬼神，海外三仙山之首便是蓬莱。清代蒲松龄的《聊斋志异》乃至今人莫言的《生死疲劳》，都是这片土地滋养培育的文化硕果。因此，这种文化特征促进了齐文化的繁荣与昌盛。

总之，齐鲁文化从上古时期就是中华文明的有机组成部分，无论农业文明、宗族制度，还是祖先崇拜与巫术信仰，都深远地影响了后世文化的发展。鲁文化推崇礼乐、尊尊亲亲的特征塑造了国民谦虚谨重、重德守礼、敦厚淳朴的文化品格；齐文化举贤上功的治国方略与开放自由的文化思想赋予了国民自信包容、勇于进取、敢于想象的文化气质。随着春秋后期开始的中华文化重心东移，齐鲁文化对其影响日益增强，最后跃升为中华主流文化，在儒道互补的整体格局中占据了十分重要的地位。

第二节　孔孟思想的产生与影响

以孔孟思想为代表的先秦儒学在后世发展为儒家思想，成为中国数千年来的正统思想，深深影响了两千多年来中国社会的发展和人文品格的塑造，在今天依然有着不可或缺的价值和魅力。孔孟思想的内核可以简要地概括为如下几个方面：一是崇德贵民的政治思想；二是孝悌和亲的伦理架构；三是文质彬彬的礼乐修养；四是远神近人的民本思想。孔子和孟子均是鲁国人，整体而言，孔孟思想是以鲁文化为代表的中原文化的结晶，是中华民族早期文明结出的硕果。

一、孔孟思想产生的历史渊源与时代背景

孔子强调"慎终追远，民德归厚矣"（《论语·学而》），因此对前圣先王的继承能很好地显示其思想渊源，事实亦如此。论述礼与和的问题时，孔子以先王作为依据，说"礼之用，和为贵，先王之道斯为美"（《论语·学而》）。在《论语》中，他也多次提及尧、舜、禹以及周之文王、武王、周公、泰伯等。《孟子》中的相关引述更多，同时《孟子》中又多次引用孔子的言论，可以说，在《孟子》里，孔子也是作为前世先哲的形象而存在。

尧舜禅让天下，摒弃一己之私而大利天下；夏禹勤勉为政，重视祭礼，而自身非常节俭；泰伯以宗庙社稷为重，不贪恋权位，三度谦让天下。当然，尧舜等是远古圣王，传说的成分更大一些；而周朝的文王、武王、周公则是近世足以资鉴的贤王，可以说周朝的礼乐德治是孔孟思想的近世来源。尤其是周公，他在孔子心目中具有极其崇高的地位。孔子晚年甚至悲叹"甚矣，吾衰也！久矣吾不复梦见周公"（《论语·述而》），因为梦不到周公而觉得自己已经衰老。

以周公为代表的周人重视德行在政治教化中的地位，强调"明德恤祀"，即发扬好的德行，以此来祭祀先人，以此承担以祖先为代表的神人天意的责任；强调"敬德保民"，通过自己的美好德行实现王朝统治的民意归附，保境安民；强调"敏德康心"，即提高自身道德修养，以此强化为政者尤其是最高统治者的自我道德约束。尤其是"敏德康心"的自我约束，实际上含有"修德求福"、通过道德修为的提高来增强民众对统治者的认同，进而维护国家长治久安。周公显然是"敏德康心"的典范，他勤苦简朴、忠心辅政、任劳任怨、公而忘私、爱护小民、惠善鳏寡。周公的德行及推行的德政成为孔孟思想的重要来源，孔子以梦不到周公而悲慨，孟子在很多言论中也对周公衷心赞赏，将孔子与周公并列，以承绍周孔者自居。

西周末年，发生了周幽王烽火戏诸侯、犬戎攻破镐京、平王东迁洛邑等大事件，周王朝由盛转衰。此后的春秋战国时期，在政治、社会与思想等方面，都发生了重大的变化。孔孟思想就产生在这样的衰世。

首先，这是一个"礼崩乐坏"的时代。周王朝本是"溥天之下，莫非王土；率土之滨，莫非王臣"（《诗经·小雅·北山》），周天子拥有绝对的权威，"礼乐征伐自天子出"。但是随着平王东迁，周天子拥有的土地、民众数量大大减少，不但不能对诸侯形成约束，反而须有赖于诸侯国的扶持。周天子失去了对天下和诸侯国的控制力，权威下降。与此相应，诸侯国中"陪臣执国命"，即诸侯国中强盛的宗族、大臣，如鲁国的三桓、晋国的六卿，执掌一国之命运，诸侯在本国之权威也大为削弱。以至于到战国时期，演变为三家分晋、田

氏代齐的局面。

其次，这是一个战乱不断、民众处于水深火热的时代。因周天子权威不再，各诸侯国为了争夺土地财产，争夺会盟的话语权，展开了一系列战争。诸侯国之间弱肉强食、尔虞我诈，据《春秋》记载，在春秋时期发生的大大小小的战争达483次。经过这些大大小小的战争，诸侯国从春秋初期的百余个下降到战国初期的十余个。春秋战国时期不仅战祸多，并且战祸惨烈，战事规模日趋庞大。战祸给参战的士卒带来杀身之祸，同时严重破坏了社会生产与秩序，给普通民众带来了无穷无尽的灾难。

再次，礼崩乐坏，战乱频仍，使鬼神天帝观念受到冲击，人本思潮蔚然兴起，中国文化开始由宗教向人文转型。诸侯国在不断的竞争中，民心所向、民意所附成为决定其在弱肉强食环境中生存发展的重要因素。符合天道的德政填补天命退却的空白，因此决定一个国家命运的不再是天命，而是民心，而民心的取得，德政是必由之径。

春秋时期，贤明为政者的选择与孔孟的论述有很多的相似之处。如果说周公之德是孔孟思想的近源的话，春秋时期的政治文化背景就是孕育孔孟思想的现实文化土壤。从中我们也能看出，孔孟思想虽诞生于齐鲁大地，但其精髓却来自整个上古文明，是中华民族思想智慧的结晶。

二、立德修身——孔孟思想对士人文化品格的设计

孔孟之学有着不同的侧重点，大致而言，《论语》更侧重于君子士人理想人格的文化设计，多论立德修身的内容、路径及重要性。《孟子》则多谈为君之道，强调"仁政"，但仍以君子士人文化人格的养成为重要基础。

《论语·宪问》："古之学者为己，今之学者为人。""为"是修为的意思，意谓古之学者砥砺德行，完善自我；今之学者力图矫饰，博取虚名。从这种表述中能够感受到孔子对"为己"之学的重视。子路问君子之道，孔子回答了三个层面：修己以敬、修己以安人、修己以安百姓。（《论语·宪问》）能够看出"修己"，即提升自己修为、砥砺德行在君子人格的塑就中拥有着怎样的地位。

《论语·里仁》记载，孔子对曾参说"吾道一以贯之"。门人不解，曾参解释："夫子之道，忠恕而已矣。""忠恕"二字历来阐释较多，但放在《论语》的整体语境中，可以说这两个字很好地归纳并概括了《论语》有关立德修身的内涵。"忠"是立志诚笃，"恕"是宽仁包容，"忠恕"是高度抽象的概括，其内涵异常丰富。根据《论语》的相关表述，孔子所期待的君子，能够笃志于道、德、仁、礼、学，并能在实践中切实践行。当然这五者并不是孤立的，往往有机相连。

在孔子那里，"道"更多的是现世的礼乐规范、伦理道德，孔子说"君子谋道不谋食""君子忧道不忧贫"（《论语·卫灵公》），对道的追求、体认是君子的使命，而非君子士人自标身价，"人能弘道，非道弘人"（《论语·卫灵公》）。在孔子看来，道对于士、君子而言，带有终极追求的意味，"朝闻道，夕死可矣"（《论语·为政》），一朝闻道，人生就无遗憾了。所以孔子说："士志于道而耻恶衣恶食者，未足与议也。"（《论语·为政》）意思是说有志于求道、行道，却又以自己吃穿不好为耻辱的人，是不值得与他谈论道的。道毕竟还是比较抽象，作为现世中的规则，"义"更多地承担这样的使命，所以安贫乐道还可以表述为"不义而富且贵，于我如浮云"（《论语·公冶长》）。言而有信是君子必有的道德品格，但"信近于义，言可复也"（《论语·学而》）。如果承诺不符合道义，违背社会良知，还要去信守，就会变成"言必信，行必果，硁硁然小人哉"（《论语·子路》），就非君子所为。

道和义是内在的心性修养，仁和礼则是外在言行规范的具体体现。关于"仁"，孔子在不同的语境下有不同的阐释：克制自己，遵守礼制是仁；严谨地对待自己的工作，待人宽容而不苛责是仁；为人真诚，言行谨慎是仁；对他人有爱心，言行善良是仁。如果说仁还多少侧重于内在心性修为的话，对礼的恪守则更侧重于外在言行举止的规范。上一节我们讲到《论语》直接谈"礼"38次，"不学礼，无以立""不知礼，无以立也"，学礼、守礼是立身之根本。一些看似美好的言行，如恭敬、谨慎、勇敢、正直，如果不符合礼义，亦会变为徒劳、怯懦、野蛮、莽撞。在法制未兴的时代，礼既有道德意味的伦理规范意义，又在一定程度上承担了社会规则范式的功能，因此对礼的尊重实际上意味着对得到社会普遍认可的规则的敬畏。

而道、德、仁、礼非生而知之，德行的砥砺需要不断地学习，因此在立德修身中，孔子特别强调"学"的重要性。没有学习，美好德行修为的初衷可能会走样。

对于道、德、仁、礼、学，孔门显现出极大的诚挚与坚毅的追求，这形成了"忠恕"品格的一极，即"忠"，当然这些并非是"忠"的全部，而是在立德修身方面的概括。

在君子立德修身的"为己"过程中，"忠恕"品格的另一面"恕"占有重要的地位。子贡问："有一言可以终身行之者乎?"孔子回答："其恕乎! 己所不欲，勿施于人。"（《论语·卫灵公》）类似的表述还有"己欲立而立人，己欲达而达人"（《论语·雍也》）。孔子所说的"恕"是一种推己及人的仁爱之心，所以既是"恕"，亦是"仁"。子夏的门生向子张求教与人交往的道理、方法，子张反问子夏是怎么说的，门人转述子夏的话"可者与之，不可者拒之"（《论语·子张》），意谓值得交往的与他去交往，不值得交往的，远离他、拒绝他。子张说不同意以上说法，认为君子是包容的，尊敬贤能之人，对不如己或者德才有限之人给予矜怜之情，而非拒之千里。这种宽容显然是因为有诚挚、正义的道德人格追求而形成的自信。后世以孔孟儒学为根基的中国文化长久以来显示出一种巨大的包容性，而没有与其他思想、宗教发展成你死我活的宗教意识、价值理念之争，应该说与这种包容性有很大的关系。

所以，孔子说："君子求诸己，小人求诸人。"（《论语·卫灵公》）君子严于律己，宽以待人。以道、以仁为任，任重道远，立德修身，永无止境。于"恕"中又显现出"忠"的品格。所以，"忠恕"是两极，但并非截然对立。显然，孔子认为君子在为己之时，对待道德功业，应当孜孜以求，不因富贵贫贱而有转移；待人接物，应当推己及人，扬人之美，怜人之过。二者并举正是"中庸"的完美体现。何为中庸？中庸不是后世世俗所理解的庸俗的妥协主义，不是不上不下、不高不低、含糊其辞、模棱两可，孔子说："吾有知乎哉？无知也。有鄙夫问于我，空空如也，我叩其两端而竭焉。"（《子罕》）大多事物、道理存在相反相成的两极，孔子避免偏执，而是在两极之中，寻求合适的度。应该说这是极高明的治学、为己、待人、处世之道，至高至上、至大至刚之道。

《孟子》由仁人谈及仁政，故《孟子》涉及理想的执政路线比较多，而涉及立德修身的为己之学相对较少，内容亦不出孔子窠臼，不过是在继承孔子伦理亲情论的基础上探索礼乐养成，但是《孟子》在心性探讨方面应该说是比较深入的。在分析人的仁爱之心天生有之时，他举了一个例子：一个孩子即将掉到井里，人看到了就会很担忧，担心这个孩子，同情这个孩子，即"恻隐之心"，人有恻隐之心，并不是为了认识这个孩子的父母，也不是为了在朋友那赚得好名声，更不是因为厌恶孩子落井后那凄惨的哭声，这是他生而有之的反应，如果没有这种反应就不是人了。他认为恻隐之心是"仁之端"，同样，人天生就有着羞恶之心、辞让之心、是非之心，也即义、礼、智产生的心性基础，是"义之端""礼之端""智之端"，仁义礼智为人之四端，人之四端如人之四体，人无四体则不能行于世，人无四端则不能立于世。

所以仁义礼智，"非由外铄我也，我固有之"（《孟子·告子上》）。孟子的阐释具有重要的启发意义，也是对孔子为己之学的重要补充。用今天的眼光来看，按照马斯洛的需求理论，人有生存、安全、发展、认同、超越的需求，仁义礼智似乎是外在道德伦理规范的约束，但从本质上讲，每个人在生存、发展过程中渴望外部的社会环境是有利于自己的，而这种渴望在自我的投射反映便是对道德规范的认可与坚守，这也正是"己欲立而立人，己欲达而达人"（《论语·雍也》）的形象写照，也是"老吾老以及人之老，幼吾幼以及人之幼"

（《孟子·梁惠王上》）的升华。

三、孔孟思想对齐鲁文化家族的影响

自汉末至唐末，门阀士族兴盛，齐鲁士族因在政治、文化方面的卓越表现而备受瞩目。这一时期齐鲁比较著名的士族有琅琊王氏、琅琊诸葛氏、琅琊颜氏、东海徐氏、清河崔氏、兰陵萧氏、泰山羊氏等。这些家族鼎盛及衰落时间不一，家族主要名人居住地也并非都在齐鲁，但是作为簪缨之族，他们一方面在政治上不断有所建树，另一方面在文化上以书礼传家，拥有良好的家风。就后者而言，齐鲁士族也可以称之为文化家族。这些家族不但在文化方面颇有建树，更值得注意的是，这些家族往往有家训、家诫一类的著作传世。从中可以看出这些大家族对孔孟思想的传承，对礼乐宗法的坚守。其中的琅琊颜氏便是典型的代表。

琅琊颜氏以孔子弟子颜回为祖，是世代相传的文化大家族。颜回服膺孔子之学，深为孔子所喜爱，孔子说"一箪食，一瓢饮，在陋巷，人也不堪其忧，回也不改其乐"（《论语·雍也》），赞叹颜回安贫乐道，坚毅自守。颜回的子孙贤明之士历代不绝，到南北朝后期颜之推作《颜氏家训》，全面总结颜氏家族的家风以垂戒子孙。自唐以后该书广为流传，影响深远，以至有"古今家训，以此为祖"（明·王三聘《古今事物考二》）之美誉。

《颜氏家训》告诫子孙治家养生之法、为人处世之道、经国济业之策，内容极为驳杂。有些理论、主张在今天看来似乎过于陈腐，但大多见解对于今人亦并不过时。《家训》以儒学经典为本，以周孔为师，《教子》篇详细列举五经于教育子弟的作用，《文章》则将各种文体的源流追溯到五经。《家训》引用五经、《论语》处甚多，多次强调"周孔之教""周孔之业"。《家训》特别重视家庭伦理，重视在家庭伦理亲情基础上建立起来的礼，认为"礼为教本""礼，身之干也"。于家庭中强调和谐的家庭关系，重视父慈子孝、兄友弟悌、夫义妇顺；于国家社会层面，强调尽职忠君，仁义待人。

颜氏家族因良好的家训、家风，世代簪缨，即使入唐之后，亦不绝如缕。如颜之推之孙颜师古为唐初大儒，参与了《隋书》和《五经正义》编订，并注《汉书》。颜之推六世孙颜杲卿、颜真卿更是以忠烈名存青史。安史之乱爆发以后，颜杲卿与其堂弟颜真卿传檄河北，牵制安禄山叛军，最终兵力不逮。安禄山胁迫颜杲卿投降，但颜杲卿铮铮铁骨，怒骂安禄山，慷慨就义。唐德宗时期藩镇割据已然成形，淮西节度使李希烈尤为跋扈。宰相卢杞忌恨颜真卿刚直敢言，便向德宗建议由颜真卿宣慰诸节度，以借刀杀人。在跋扈的藩镇，颜真卿大义凛然，指斥藩镇将领的诱胁，诸叛将为之胆寒。颜真卿最终被害，平定叛

文化
概貌

乱后，颜真卿灵柩被扶归京师，德宗痛悼异常，亲自撰文赞颂颜真卿，并赐谥"文忠"。

颜氏家族只是有代表性的文化家族之一，齐鲁其他的文化家族，在诗礼传家、恪守和传承孔孟之道等方面，也与颜氏家族有相似之处。因此，多能做到名人辈出、福泽久远。这与齐鲁传统文化的滋养是分不开的。

总之，孔孟思想是中华文明在齐鲁大地的绚丽结晶，对中国社会、历史及文化，特别是在士人品格塑造方面，影响卓著而深远。齐鲁大地的文化家族自觉接受孔孟思想的洗礼，以孔孟为师，通过家风、家训世代传家，培养了一大批值得我们为之骄傲的文化巨匠、政治精英，这同样是齐鲁传统文化对中华民族的巨大贡献。

第三节　方术仙道与齐文化

如前所述，自上古时代起，齐鲁就是东夷族活动的重要区域。姜太公又奉行"因其俗，简其礼"（《史记·齐太公世家》）的治国思想，故齐文化在构建的过程中充分吸收了东夷文化的精华，特别是其中的巫医传统和长生信仰在齐文化中得到了较好的继承和发展。因此，齐地诞生了最早见诸史籍记载的两位名医——扁鹊和仓公，战国中后期以来兴起的方仙道、黄老道，以及盛行于稷下学宫的黄老之学，或以齐地为大本营，或与齐地关系密切，三者还对民族宗教——道教的产生具有直接的影响。与儒家学派相比，这一仙道传统也同样具有悠久的历史和深厚的积淀，因而能在中国文化的整体建构中发挥独特的作用。

一、东夷文化的不死信仰与齐地方仙道的发展

远古的巫术和巫师的职能是沟通人神，在实践演练中，逐渐形成了有关天界的观念及凡人突破死亡大限、超越凡俗的思想。在实践操作层面，则出现了与之相呼应、追求不死和永生的技术性探索。由于上古巫医不分，早期阶段的对生命永恒的探求，与巫医密切相关。根据《山海经》的记载，从事不死实践的巫医多与东夷族有关。其中，最著名的是掌握不死之药的"六巫"（巫彭、巫抵、巫阳、巫履、巫凡、巫相）和"灵山十巫"（巫咸、巫即、巫盼、巫彭、

巫姑、巫真、巫礼、巫抵、巫谢、巫罗），他们手中掌握着"不死之药"。这些神话记载虽非史实，但说明东夷文化中确实存在不死信仰。除神话外，这一点在现代考古发掘中也得到了印证。大汶口文化遗址中发现的砭石、獐牙、骨针、骨锥、牙刀、高柄杯、龟甲、象牙质和骨质雕筒、獐牙勾形器等实物，根据学者的考证，认为砭石、獐牙、骨针、骨锥、牙刀与针灸医疗有关，而高柄杯可能是种酒器，因治病离不开酒。人工酿酒的发明，也在一定程度上可以证明东夷医学的古老。

历史久远、积淀深厚的东夷巫医文化和不死信仰对后世影响深远。其中，战国中后期兴起于燕齐滨海地带的海上三神山（蓬莱、方丈、瀛洲）传说，与东夷文化不死信仰的长期孕育滋养显然有着最为直接的关系。立足这一传说和观念，参与寻找不死药和探索长生术的人，被史家称为方士。这一没有固定组织的群体，则被称为方仙道。齐地是他们的大本营，以齐地方士为代表，围绕三神山的传说，鼓动君王，传播神仙学说，发展各种求仙方术，其神仙理论和求仙活动促进了神仙文化的发展，并在战国两汉时期出现了三次发展高峰，成为齐文化独具特色的重要组成部分，对中国社会产生了深远的影响。

战国后期，邹衍提出了阴阳五行、五德终始学说，使方仙道获得了系统的理论支持，形成了方仙道发展的第一次高峰。到了秦始皇时期，齐人将邹衍学说上奏秦始皇，得到秦始皇的采纳。据《盐铁论》记载，当时赴咸阳的燕齐方士以千数，可以想见其规模。战国后期、秦始皇时期，追求长生不死成为方仙道的核心，方士们的这种追求和海上三仙山的传说，打动了秦始皇。《史记·秦始皇本纪》记载，齐人徐市（即徐福）受秦始皇命，率领童男童女数千人入海求仙，今青岛市琅琊台遗址被认为是徐市出海寻仙的起点。秦始皇为了求长生不死，三次东巡：第一次到了芝罘、琅琊，第二次到碣石，第三次到琅琊、荣成、芝罘。除第二次出巡地为燕地外，其余两次都为齐地海边，目的非常明确，就是"冀遇海中三神山之奇药"（《史记·封禅书》）。之所以如此，当然与以徐市为代表的一大批齐地方士的鼓动有关。由此形成齐地方仙道发展的第二次高峰。

西汉汉武帝时期，齐地方士可谓高手如云。《史记·孝武本纪》和《封禅书》为我们留下一大批齐地方士的名字和事迹，从某种意义上说，几乎可以当作齐方士合传来读。再结合其他文献记载，我们可以发现，齐地方士已经成为方仙道的绝对主力，他们人数众多，各怀绝技，从不同的方面丰富了方仙道的方术和理论，使其进入了一个空前繁荣的发展阶段。齐人李少君是以方术被汉武帝重用的第一人；齐人少翁因为善谈鬼神，被封为文成将军。与少翁出于同

一师门的栾大，通过乐成侯的推荐，得到了汉武帝的召见。他自称往来海中，见过安期、羡门等仙人，由此得到汉武帝的重用，先后被封为五利将军、佩天士将军、地士将军、大通将军、天道将军印，又以二千户封为乐通侯。据相关史书记载，"齐人之上疏言神怪奇方者以万数"（《史记·封禅书》），足以见出当时齐地方仙道之盛，李少君等人不过是其中最为显著的代表罢了。由此形成了齐地方仙道发展的第三个高峰。

方仙道发展的三次高峰，都是以齐地为大本营。特别是在后两次发展高峰中，齐地方士更是发挥了领袖和主导的作用，不仅提升了方仙道的地位，扩大了其影响，也促进了其方术的进一步发展。这为后来道教的成长和发展提供了丰腴的土壤和必要的前提，其神仙理论和仙道活动成为齐文化独具特色的重要内容。

二、齐文化与黄老学、黄老道

与齐地方仙道同时发展的，还有黄老之学。整体而言，黄老之学属于道家学派分支，政治层面讲求无为而治。黄老之学的发源地是齐地还是楚地，目前学界尚有争议，但是齐国稷下学宫的学术讨论对黄老之学的形成、传播起到了重要的作用，这一点毋庸置疑。黄老之学在稷下百家争鸣的过程中，逐渐发展成显学，当时的各家各派，包括儒家的荀子、孟子和法家的申不害、韩非子，几乎都受到过黄老之学的影响。

稷下以后黄老学在齐地民间的传播也未曾中断。西汉初年，在曹参的推动下，黄老学由民间传授转而上升为官方意识形态，成为黄老之治的思想基础。根据《史记·曹相国世家》，汉高祖六年（前201），刘邦立长子刘肥为齐王，曹参则在本年被任命为齐相国。他到任后，召集"长老诸生"，询问治齐的策略。他最后选择以盖公的黄老之术来治理齐国，从而使齐国获得大治。曹参任齐相九年，汉惠帝二年（前193）萧何去世，他被任命为汉朝第二任丞相，遂将治齐的黄老之术作为管理汉王朝的方略加以运用。此后，汉文帝、景帝、窦太后均将黄老之学奉为治理国家的最高指导思想。史家也多以为中国历史上著名的"文景之治"即是黄老之学在政治上结出的硕果。在汉武帝罢黜黄老、刑名百家之言，独尊儒术之后，黄老之学虽然不再是治国的主导思想，但作为一种学说和思潮，但官方乃至民间的影响并没有就此中断。直到东汉时期，黄老之学在学术和养生等领域，依然有着旺盛的生命力。所不同的是，东汉黄老之学更重视"隐遁山谷""清静少欲"，与西汉"无为而无不为"的黄老之学有了较大的不同。

西汉初年李少君、栾大等齐人借助黄帝宣扬自己的方术，表明方仙道已在有意地向黄老学靠拢。黄老家与神仙家的相互依托也从此拉开了序幕，黄老道的形成则是其重要的阶段性成果之一。就实际情况来看，方仙道与黄老学的融合，是通过编制道教经典，将方仙道零星的方术纳入治国、养生的体系中来完成的。这也为道教组织的形成做好了必要的理论准备。《太平经》和《周易参同契》被公认为道教产生之前最重要的两部道书，黄巾起义是道教产生时最具影响的大事件。这些史实的发生或与齐人有关，或以齐地为战略重镇，都表明齐文化与黄老道有密切的关系。

三、齐文化与道教的产生

从长远的历史演进脉络来看，史前东夷文化直到齐文化的种种新创、积累及发展变化，都在为民族宗教——道教做准备。因此道教的产生，事实上也可以看作是东夷仙道文化的一个完美的大归结、大整合。

使道教产生的因素很多，诸如古代宗教、民间巫术、神仙传说、方士方术、道家学说、黄老之学、儒学、阴阳五行思想、古代医学、体育卫生知识等多种要素，都或多或少地被看作是道教起源的重要因素。但是，这些要素决非同等重要，而是有着明显的主次之分。齐文化在道教的兴起中所起的作用是最为突出的。著名学者牟钟鉴先生说：

> 山东对道教起源的影响很大，我觉得，其中齐鲁文化，特别是齐文化，是道教的一个重要源头。……因为道教最核心的信仰是神仙崇拜，而这个神仙信仰（最早是神仙崇拜）流行最早的地方就是我们胶东。在这个意义上来讲，我觉得，齐文化是道教起源的一个比较核心的因素。如果说齐鲁文化对道教起源的重要性，我觉得就是，它有其他地方文化所不可替代的特点，它提供的是道教的核心信仰——神仙，如果没有神仙崇拜，就没有道教。道教的基本信仰是什么？简单地用几个字来概括，那就是八个字："长生不死，得道成仙。"那么，这个神仙与方仙道是相关的，这样的话，就是齐文化对道教的贡献最大。（赵卫东采访、整理：《道教与齐鲁文化——访中央民族大学牟钟鉴教授》，《弘道》2009 年第 3 期。）

可以说，战国以来，方仙道与黄老之学，在早期虽然有各自的发展方向，后来却相互靠拢、逐渐合流，形成了黄老道，终于汇合为道教的直接源头。而道教是以长生或成仙为基本信仰和主要特征的，它用来实现长生或成仙的一系列的具体办法，即形形色色的方术，正是道教产生的基础。道教也正是对源自东夷文化的齐地仙道文化进行了合理吸纳、全面改造，从而完成了对超现实巫

文化概貌

术信仰体系和不死仙国的系统化整合。道教以神奇丰富的想象力，从另一个侧面完成了独特的文化创造，对中国文化产生了多方面的影响，在当代的文化建设方面，也有着积极的现实意义。

总之，齐文化所吸收的东夷文化之不死信仰促成了神仙之说和神仙方术、方仙道的发展，同时齐文化对黄老学的传播与黄老道的产生做出了重要的贡献。二者整合，对本土宗教道教的产生起到了重要的乃至决定性的作用。而神仙传说、仙道方术和道教，则影响了民族文化发展的总体方向和特征，这也是齐文化对中华文化构建不可忽视的重要贡献。

结　语

从史前文明遗址来看，齐鲁先民从上古时期就参与了中华文明的构建。西周初年，齐鲁分封，因为各种客观的原因，鲁文化形成了崇德尚礼、尊尊亲亲的特征；齐文化则强调举贤上功、开发包容。鲁文化所孕育的孔孟思想，成为此后两千多年的正统思想，不仅深刻地影响了中国的政治历史走向，立德修身的思想也在很大程度上决定了中国士人的文化品格与道德品位；齐文化吸纳东夷文化，传承其不死信仰，并进行积极的探索，从而造就了大批的方士，形成了方术和方仙道，同时对黄老学、黄老道的孕育和传播起到了重要的推动作用，进而促成了道教的产生。中国人的内心儒道结合，少壮做英雄梦，垂老喜林下乐，齐鲁文化就是这样构建了我们这个民族的精神历程。

 思考练习

1. 查阅网络资料、图书资料，了解齐鲁大地有哪些史前文明遗址，出土了什么样的文物，这些文物对我们有什么启示。

2. 学习鲁文化的特征，思考鲁文化对山东人性格有什么样的影响，评价"好客山东欢迎您"这句山东旅游宣传口号的设计理念。

3. 通过网络、图书了解管仲，结合管仲与齐桓公的事迹，思考"举贤上功"对齐国强盛的具体影响。

4. 孔子"忠恕"理念于立德修身思想有哪些内涵，对于我们成长有什么样启示？

5. 思考并通过示意图形式说明齐文化、东夷文化、方仙道、黄老学、黄老道、道教这些概念之间的相互关系。

◎ 资源链接

参考书目

1. 吕思勉：《秦汉史》，上海开明书店 1946 年版。

2. 张光直：《古代中国考古学》，印群译，辽宁教育出版社 2002 年版。

3. 李学勤：《李学勤集》，黑龙江教育出版社 1989 年版。

4. 逄振镐：《齐鲁文化研究》，齐鲁书社 2010 年版。

5. 程树德集释：《论语集释》，中华书局 1990 年版。

6. 任继愈主编：《中国道教史》，上海人民出版社 1990 年版。

7. 袁珂校注：《山海经校注》，上海古籍出版社 1991 年版。

8. 王阁森、唐致卿主编：《齐国史》，山东人民出版社 1992 年版。

9. 王利器集解：《颜氏家训集解》，中华书局 1993 年版。

10. 王志民主编：《齐文化概论》，山东人民出版社 1993 年版。

11. 何宁集释：《淮南子集释》，中华书局 1998 年版。

12. 安作璋、王志民主编：《齐鲁文化通史》，中华书局 2004 年版。

13. 齐秀生主编：《举贤尚功——齐国官制与用人思想研究》，齐鲁书社 2005 年版。

14. 苑秀丽、刘怀荣：《崂山道教与〈崂山志〉研究》，中国社会科学出版社 2011 年版。

15. 屈万里集释：《尚书集释》，中西书局 2014 年版。

16. 刘怀荣、魏学宝、李伟：《以文化人——齐鲁文化与中国人文智慧》，山东人民出版社 2017 年版。

文化
概貌

第二章
文化名人

　　齐鲁大地是我国传统文化的代表性地域，不仅儒家、墨家、阴阳家等重要学派创立于此，孔子、墨子、孟子、荀子、邹衍等诸子名流，诞生或成长于此，而且奠定中国学术史第一次高峰的"百家争鸣"也发生在这里。从先秦至近代，这一优秀的文化传统绵延不绝，涌现出一大批优秀人物。如鲍照、刘勰、孔尚任等诗文、戏剧名家，以王羲之父子为代表的书法大师，以郑玄王士禛、刘墉等为代表的学术宗师和经世名臣。他们在各个领域的贡献，极大地丰富了齐鲁传统文化的内涵，也代表了齐鲁文化发展的高度。

第一节　思想巨擘

在诸子百家争鸣中，出现于齐鲁大地上的思想家堪称中国思想史最杰出的代表。儒家和墨家是当时最引人注目的两大学派，经历代演变，逐渐成为齐鲁传统文化的主干。其中，孔子、孟子和墨子为儒家和墨家思想的确立与发展做出了重要的贡献。修齐治平的人生追求，性善养气的人格理想，重视实证的科学精神，不仅激励一代又一代读书人奋发有为，而且对我国的政治、教育、道德伦理和科技等众多领域产生了极其深远的影响。

一、孔子

孔子世称儒家的"圣人"，他开创的儒学在西汉中期成为我国封建社会的主流思想。历朝历代，从个人修身到国家治理，孔子和儒家思想的影响几乎无处不在。后来随着国人走出国门，宣传中国传统文化，其中的最重要部分也必然包括孔子和儒学在内。因此，孔子已经超越了国界，成为一位对人类产生重大影响的世界文化名人，其思想对于当代中国和世界仍然具有积极的现实意义。

（一）孔子生平

孔子（前551—前479），名丘，字仲尼，春秋时期鲁国人。其祖先为春秋宋国贵族。西周分封时，宋国是殷商王族的分封之地，因此，孔子也是殷商后裔。

孔子先祖在宋国政治内乱中受到打击，随后逃到鲁国。他的父亲叔梁纥曾做过鲁国的官员，即现今山东曲阜一带的地方官。孔子出生时，叔梁纥已六十六岁。这种士人家庭的出身，使得孔子从小就受到家庭文化氛围的影响，较早地学习了一些文化知识。他后来少年出仕，曾在贵族之家做过小官，后任鲁国司寇，负责州狱、监察等日常事务。不久孔子不再做官。年过三十后，他开始周游列国，并在游历中广收门徒，为实现政治理想而到处奔走。孔子普及教育，在当时产生了很大的影响。颜回、仲由、曾点、宰我、公西赤、闵损、冉求等学生，纷纷投奔到孔子的门下。史称孔子有"弟子三千，贤人七十二"，他成为我国历史上最著名的教育家和思想家，儒家学派的鼻祖。儒家思想在后世的很长时间内不断得到发扬光大，逐渐从齐鲁地域文化跃升为中国主流文化，对我国社会、文化和士人都产生了极为深远的影响。

（二）《论语》简介

《论语》是一部语录体著作，记录的是孔子与其弟子的日常对话，内容丰富，语言通俗，集中体现了孔子和儒家的思想。到了西汉中期，汉武帝采纳董仲舒的建议，"罢黜百家，独尊儒术"。儒学从此成为我国历史上的正统思想，《论语》的地位不断被提升，影响日益扩大，宋代以后成为"四书"之一。

《论语》全书共二十篇，一万余字，东汉历史学家班固曾在《汉书·艺文志》中说：

> 《论语》者，孔子应答弟子、时人，及弟子相与言而接闻于夫子之语也。当时弟子各有所记，夫子既卒，门人相与辑而论纂，故谓之《论语》。

这即是说《论语》的内容大部分是孔子和弟子的对话，以及弟子之间的交谈。后来弟子门人分门别类地记录下来，就成了《论语》。

《论语》主要涉及孔子的教育、政治和道德伦理等思想，其中包括孔子关于怎样追求道德理想、如何治理国家以及日常生活中的为人处世方法等问题，尤以"君子"品格和"仁""礼"思想最为重要。此外，《论语》中的人物，形象鲜明，对话生动，神情形态跃然于纸上，特别是孔子作为温柔敦厚的师者形象，成为后世士人学习的楷模。

（三）孔子思想的特色

孔子生活的春秋时代，社会动荡不安，诸侯割据争霸。面对这种混乱局面，孔子怀抱责任感，想着拯救世道人心，其中最关键的是确立了"仁"的道德理想，而那些具有"仁"的品格的人被他称为"君子"。在孔子看来，"君子"的道德品格在家庭伦理、朋友交往和社会人际关系中都会有所体现。凡是具备"君子"品格的人，大都善于学习文化知识，在日常生活中真诚热情，怀有正直的态度。因此，孔子在《论语》中强调君子要严于律己，宽以待人，要有担当精神和高远理想。

如果说"仁"是针对个人道德品格而言，那么，在社会理想秩序方面，孔子更重视的是"礼"。他认为，"礼"应该涉及如何组织社会、怎样具体治理国家和国家怎么发展等问题。因此，"礼"的内涵较为复杂，具有明确的现实指导作用，这是儒家思想在后世被历代统治者用于国家治理的重要原因。西汉之后，儒家思想逐渐上升为国家的主流思想，就是得益于"礼"所具有的现实意义。

文化
名人

首先，社会中的个人在行为上应该遵守"礼"的规矩，尤其是约束个人欲望，注意克制自己，个人不能凌驾于集体之上，这就是"克己复礼为仁"。可见在处理个人和社会的关系问题上，孔子是以"仁"和"礼"的思想彼此联系，相互约制。其次，"复礼"即回到"礼"的规范，这是孔子的理想。当然，他所欣赏的"礼"并不是完全回到古代、照搬周代的"礼"，而是对夏、商、周的各种制度加以融会贯通，形成一种全新的思想。孔子关于"礼"的思想，主要体现于"正名"和"中"上。

"正名"就是要规范个人的名分和位置，每个人都有自己的社会身份，自己做的事情必须符合身份和地位，这就是"礼"所要求的规矩，大家都处在各自合适的位置，不能逾越名分的界限，即君臣、父子、夫妻、朋友等都有各自合乎名分的位置标准，这个标准最终符合于孔子尊崇的先王之"道"。"中"则是孔子对于现实问题的一种特殊的考虑，后来发展成为儒家思想的"中庸"之道。他认为君子首先要"时中"，既要遵守"礼"的规矩，又有"中"的灵活性。在审美文化上，孔子也以"中"表达自己所向往的礼乐理想，重视"中和"之美，并以此作为一种文化精神。真、善、美一直是我们所追求的理想境界，"中"则是真、善、美达到完美统一的理想状态，这既可以作用于人的修身养性，也能推动社会整体的文化和谐。可见，孔子的思想是以"仁"和"礼"为核心，既有对个人道德的约束，也有基于个体情感的对国家社会的理想设计，两者之间相辅相成，共同构成了孔子政治、道德、文化思想的核心。

孔子不仅是一位让人敬佩的思想家和政治家，而且也是一位对我国师教传统产生了重大影响的教育家。韩愈曾说："师者，所以传道受业解惑也。"孔子就是我国历史上第一位提倡和实践民间教育的儒者。《论语》中包含有丰富的教育思想。如"学而时习之，不亦说乎"（《学而》）、"三人行，必有我师焉；择其善者而从之，其不善者而改之"（《述而》）。此外，孔子在教育过程中提出的，如"因材施教""温故知新""举一反三"等，对于普及民众教育具有重要的作用，这些都成为后世所推崇的教育思想典范。

孔子虽自谦地说自己"信而好古""述而不作"，但他所创立的儒家思想既充分继承了上古三代文化，又能结合春秋时代实际加以改造，因而具有鲜明的文化创新特征。这是儒家思想能够成为我国两千年来核心文化价值的关键。因此，孔子既是齐鲁传统文化中最引人注目的人物，更是我国乃至世界文化史上一位永远值得纪念和学习的思想大师。

二、孟子

孟子被称为"亚圣"，指的是他在儒家传统中享有仅次于孔子的地位，这种地位的形成与孟子的文化贡献密不可分。一方面，孟子的"人性本善"论蕴含着深厚的人文主义关怀，成为我国弘扬优良美德的理论基础；另一方面，孟子推崇"浩然之气"，与此后中国向往的刚健有为的道德人格彼此相通，这对后世国人形成正确的文化价值观产生了深刻影响。

（一）孟子简介

继孔子之后，孟子是儒家学派的另一代表性人物，也是战国时代具有广泛影响的思想家、政治家和散文家。

孟子（约前372—前289），名轲，字子舆，邹人（今山东邹城市一带）。关于孟子的早年成长，历史上有很多传说故事，其中最著名的是"孟母三迁"。尽管这些故事未必完全真实，但透露出孟子在早年曾受到良好的教育。在儒学传统的发展中，孟子是一位承前启后的思想家，特别是他重视心性之学，对宋代至明代的理学有深远的影响。孟子在学问上的老师包括曾子、子思等人，而他的弟子，著名的有公孙丑、乐正子、万章、彭更、陈代、陈臻、咸丘蒙、孟仲子等十余人。

孟子的生活以游学为主，因此他也是战国时代著名的游士。据《孟子·滕文公下》记载："后车数十乘，从者数百人。"可见跟随孟子游学的人数很多。孟子到达之处，国君都以宾客之礼相待，非常重视孟子。根据后世研究，孟子在公元前333—前312年这二十余年间，曾游历了齐、滕、梁、宋等诸侯国，希望能够参与社会现实政治，真正实践自己的政治主张。然而战国时代诸侯争霸加剧，大多数国君看重现实利益的争夺，因而大多重"利"轻"义"。这与孟子以"仁义"治国的理想恰好相反。因而，孟子在现实中也是到处碰壁。但他的思想主张在后世引发了广泛的共鸣，故被尊为"亚圣"。

（二）《孟子》简介

《孟子》这本书既有鲜明特色的思想内容，在写作艺术上也独树一帜。据后世的研究，《孟子》书中的内容多为孟子与其弟子一起写成，现存有七篇十四章，共三万五千余字，其中大部分为孟子与弟子关于政治、哲学、教育、伦理等方面的思想主张。后世也有简称《孟子》为"孟"，后来经汉代和宋代诸多儒学家的解释阐发，《孟子》逐渐上升为儒家经典之一，进入"四书"和"十三经"之中，尤其是元、明之后又成为读书人参加科举考试的必读书，深刻影响了历代积极入世的士大夫阶层。

在语言风格和艺术特色上，《孟子》与《论语》有着显著的不同。战国时代，为了更好地阐发自己的主张，并在游历各国中说服各国诸侯王，孟子非常注意发挥语言功用，也很讲究论辩艺术。因此，《孟子》没有采取《论语》过于简洁的口语化语言，而是采用充满气势、感情丰沛、生动明快、譬喻有力的长篇大论，这使得《孟子》不仅具有深刻的思想价值，而且在艺术上也有很突出的特点，甚至影响到我国古代论说文的发展。

（三）孟子的思想和《孟子》的艺术风格

战国时代，各诸侯国纷纷发动战争，一心想着扩大地盘，增加财富，后世称这种治理国家的做法为"霸道"。生活于这样的时代，孟子并不认同"霸道"，他主要继承了孔子的文化遗产，并发展出自己的一套思想。其中，孟子强调人的本性都是"善"的，人一生下来就具有恻隐、羞恶、辞让、是非之心，即看到悲惨的人和事会生出怜悯、同情，特别是对那些身处困境的人；哪些事可以做，哪些事不可以做，自己可以判断。因此，孟子的这种性善论比孔子"仁"的观念更加具体，是从孔子的"仁者爱人"中发挥了"爱"的意义，强调人都应该有同样善良的情感。

在社会发展上，孟子则在"仁"的基础上发展出"王道"政治理想，他提出了两个十分重要的题目——"王霸之辨"和"义利之辨"，究竟是以"王道"治国还是以"霸道"治国，追求利益还是重视道义。孟子希望通过两个题目的对比，让当时的国君逐渐认同"王道"，摒弃"霸道"，重视"道义"而不要单纯地追求现实利益，这才是国家强盛、富国安民的长远选择。换句话说，孟子其实在强调国君应该有高远的政治理想，尤其是"道"代表的境界，而不要只盯着眼前短浅的地盘、人口和财富等现实利益。相比于孔子，孟子的哲学思想和政治主张明显更有现实感，对现实政治更有针对性。

孟子的"王道"仁政思想中包括"德治""民贵君轻"和"选贤任能"等具体内容。在治理国家的办法上，"王道"重视道德引导，让国人能够真心向善，孟子相信人性本"善"，那么他对人民的治理则应以"王道"为主，因而偏向以道德教化为重、人情疏导为主，反对"霸道"主张的高压政策。《孟子·公孙丑上》曾说：

> 以力假仁者霸……以德行仁者王……以力服人者，非心服也，力不赡也；以德服人者，中心悦而诚服也，如七十子之服孔子也。

这就是说如果借用武力推行仁政，是霸道，而要把每个人的道德修养好了，再借用道德推行仁政，则是王道。这与孔子的"导之以德，齐之以礼"的治国思想极为相似。

在治国的根本思想方面，孟子"民贵君轻"的思想对后世影响最大。他认为民众是治国最需要重视的因素，只有真正关心民众，才能保证国家的长治久安。孟子的这一思想具有朴素的民主色彩，孟子是想借此限制国家君主不断膨胀的权力和欲望。与西方类似的思想相比，孟子的这一思想出现的时代很早，并在此后发挥了深刻的影响，特别是对我国重视民生和民主等观念起到借鉴作用。

至于治国的具体措施，孟子主张"选贤任能"，即选拔具有德才兼备、真才实学的人才，这是对孔子贤人政治思想的继承发展。孟子希望当政者"贵德而尊士"，真正尊重士大夫，积极选拔品德高尚、才华出众的人作为各级官吏，使"贤者在位""能者在职"。只有这样，国家才能真正得到发展。

《孟子》一书给人印象最深刻的艺术风格，就是在论辩中透出的雄辩之气，这与战国时代论辩风气的流行密切相关。当时以孟子为代表的士阶层成为影响时代发展的重要力量，他们思想各异，形成各具特色的流派。这些士人不仅到各诸侯国发表自己的政治见解，而且相互之间经常展开辩论，为的是宣扬自己的意见主张，当然其中也有学术讨论的内容，因而论辩之风盛行一时。孟子置身其中，自然也会受到时代风气的影响。

除了时代风气的作用，孟子在文章中所彰显的雄辩之气还有其人格基础，这就是他向往的"浩然之气"。《孟子》中的"浩然之气"讲的是一种刚毅广大的精神境界，用现在的话说，就是充满了正能量。"其为气也，至大至刚，以直养而无害，则塞于天地之间。"在孟子看来，这种浩然之气，不能用强制或拔苗助长的方式获得，而只能以个人持续不断的修养才能达到。"浩然之气"的主要表现是"不动心"，即能够面对外界的各种诱惑而泰然处之，"富贵不能淫，贫贱不能移，威武不能屈"，说的就是这个道理。具有这种理想境界的人才能真正做到至大至刚，无所畏惧，而独立于天地之间。

以这样的精神境界为基础，《孟子》一书给我们展示出辩论中大气磅礴、饱含深情的艺术风格。孟子敢于面对王权而直接说出利害关系，从不唯唯诺诺，积极捍卫儒家学说，充满着历史的使命感，坚守仁政理想而不放弃自己的政治标准，这都是他对自己的理论思想充满自信的表现。为了突出这种"浩然之气"和雄辩之风，孟子在对话和文章写作中，善于利用譬喻和排比句式，深入浅出，借助通俗浅显的形象，再加上气势纵横的排比句作为辅助，从而使《孟子》具有排比错落、整齐有致的艺术美和铿锵有力、抑扬顿挫的音乐美。这一独特的论辩风格，对我国从《论语》式的语录体发展过渡到较为成熟的议论文，具有不可忽视的示范意义。后世的很多论说文作家，如贾谊、韩愈、欧阳修等，都将《孟子》作为写作模仿的典范，由此可见《孟子》在我国的文学史上的影响。

孟子是我国儒学史上一位影响深远的大师，也是对我国主流文化价值观产生重要作用的先哲，他思想中人性本善的哲学基础和"威武不能屈"的人格精

文化名人

神都是我国最宝贵的精神遗产。可以说，我国传统文化中具有理想主义色彩和崇高价值的思想内容，大多源自孟子。站在当代回望传统，孟子的思想和精神永远闪耀着不朽的光辉。

三、墨子

墨子开创的"墨家"是先秦时期与儒家齐名的"显学"之一。墨子的思想中不仅有对战国时期不合道义的争霸战争的批判，还有对普通大众的同情悲悯。同时，墨子还十分关注科学技术在生活中的运用。因此，重视实证的科学精神也是墨子及其墨家学派的重要特征。

（一）墨子生平

墨子（约前468—前376），名翟，鲁国人，生于今山东滕州一带，是战国时期著名的思想家、教育家、科学家、军事家，是墨家学派的创始人。

在先秦时期，墨家学派与儒家并称为当时的"显学"。据史书记载，墨子掌握了一套手工业生产技术，自己可以制造生产器具，因此墨子又有"技工始祖"的称号。据民间传说，当时也活跃于滕国一带的鲁班与墨子同样有名，他们都曾用木料制成一种器械，可以在空中连续飞行三天而不落地。

墨子出身低微，这在我国历史上的哲学家中并不多见，在墨子周围曾聚集了一大批手工业劳动者，他们志同道合，自称"墨者"。墨子把他们组织成一个很有秩序的团体，"墨者"团队的领导者被称为"巨子"，其成员的行动都遵从"巨子"的指挥。后人就此推论"墨者"可能是照着当时手工业行会的习惯组织而成，他的学生相当于手工业行会中的徒弟，而"巨子"则相当于师傅或手工业主。

墨子的政治社会活动以游学为主，他带着众多门徒弟子，以集团的方式大范围地游历各诸侯国，在此过程中宣传和实践自己的政治主张，其足迹遍布鲁国、宋国、楚国、卫国和齐国等。其中最值得夸耀的是墨子阻止楚国攻打宋国的壮举，当时的鲁班为楚国建造攻城云梯，准备攻打宋国。墨子听闻此事，从齐国出发，日夜兼程，十天赶到楚国的郢都，先用兼爱、非攻的理论说服鲁班和楚王，后又与鲁班在楚王面前进行一场攻防演练，结果鲁班的九种攻城器具一一为墨子的器械所化解。墨子的种种努力最终使鲁班和楚王放弃了攻打宋国的计划。

此后墨子又献书楚惠王，在鲁国与儒者辩论，围绕着礼乐思想、述作、言行、义利等问题展开讨论，批驳儒者的言行，尤其是关于丧服问题，深入阐述墨学的主张。

除了哲学、政治思想的创新外，墨子在先秦时期较早地创立了自然科学的理论，如几何学、物理学、光学等，其影响很大，在百家争鸣中有"非儒即墨"的说法。墨子一生有很多徒弟，其中著名的有禽滑厘、耕柱子等。墨子死后，墨家学派一分为三，即：相里氏一派、相夫氏一派、邓陵氏一派。秦汉以后，墨家学说日渐衰落，再也无法与儒学抗衡。

（二）《墨子》简介

《墨子》一书记载了墨子及其弟子门人的思想，一般认为是墨子的弟子及后学记录、整理的。《墨子》分为两大部分：一部分是记载墨子自己的说法，阐述墨子的思想，这主要反映了前期墨家的思想；另一部分《经上》《经下》《经说上》《经说下》《大取》《小取》等 6 篇，一般称作"墨辩"或"墨经"，着重阐述墨家后期学生的认识和思想。因此，根据后世的研究，《墨子》一书被认为是墨子的弟子及其再传弟子对墨子言行的辑录。原有 71 篇，现存 53 篇，其中 8 篇只有篇目而没有文字。

《墨子》一书思想非常丰富，涉及政治、伦理、哲学、逻辑和军事等众多领域，尤其是在逻辑思想方面，成为先秦逻辑思想史的代表作。《墨子》中所蕴含的思想极其丰富，在中国思想发展史上具有重要的地位。其思想反映了当时广大劳动人民的利益和要求，是劳动人民智慧的结晶。由于墨学后来与行会组织关系密切，这一点不被统治阶层所赏识，到了秦汉，墨学已没有多大影响，其学术地位远不及儒家、道家等学派。《墨子》一书的流传因而也较为有限，相关研究远没有儒道两家的学说深入。

通读《墨子》一书，墨子在文化态度上与儒家有着明显的不同，他倡导实用功利，鄙弃一切审美艺术，反对礼乐文化的铺张浪费，因此《墨子》在文章风格上是以质朴的语言风格为主，但整体行文具有很强的逻辑性，善于运用具体事例来说明深奥的道理，有的类似寓言故事，又经常从具体问题的争论中做出概括性的总结。《墨子》一书的整体风貌，可以概括为由小及大，层层推进，既是演说，又是比喻，论证明白而严谨简洁，这对我国古代论说文讲求逻辑性和严密性有很大的启发，因此《墨子》在我国散文发展史上具有一定的影响。

（三）墨子思想的特色

墨子及其弟子大多是社会底层平民和手工业者，加上他们所从事的行业与诸子百家的其他学派有很大的不同，这使得墨学的思想在当时极具个性特点。

在政治哲学思想方面，墨子最引人注目的观念是"兼爱""非攻"，这是《墨子》一书的核心思想。墨子的"兼爱"在当时也被称为"仁"，有爱人的意思，这和孔子的"仁者爱人"有相似的地方，但在具体内容上却有很大的差异。孔子注重的"仁"是以家庭血缘关系为基础，随着血缘关系的远近亲疏，这种"爱人"的感情程度会有一定的差别，即所谓的"爱有差等"。即便是有修养的"仁者",爱父母一定比爱同族的人更多,爱同族则比爱同族之外的人更多,这是受儒家强调的血缘关系的影响所致。而墨子主张的"兼爱"是"爱无差等",没有因宗亲远近而厚此薄彼,是不分老少、贵贱的兼爱,是一种普遍平等的爱,不论社会地位、家庭背景或个人修养,每个人都应该爱人如己,有些像西方所说的"博爱"。这种爱不同于儒家的偏爱,即局部的、有差别的爱。墨子提出用"兼爱"代替"偏爱"。"兼爱"的表现在墨子看来就是"交相利",他号召不同的人要互相帮助,"有力者疾以助人,有财者勉以分人,有道者劝以教人",每个人可以根据自己的能力帮助别人。这种互相帮助就可以使"弱者""贫者""贱者"得到更多的关心,因此墨子的"兼爱"理论具有反抗阶级歧视和等级压迫的特点,这与墨者多出身于较低阶层有一定的关系。

从"兼爱"的中心思想出发,墨子在政治上主张"非攻"。战国时代,各诸侯国为了扩大地盘,抢占耕地,发动了很多不义的战争,民众饱受苦痛,出身低微的墨子及其弟子感同身受,因而发出了"贼虐万民"的痛苦呐喊。"非攻"主要反对当时日益激烈的兼并战争,墨子希望通过"兼相爱,交相利"的教育来解决国家之间的争斗。从总体而言,墨子的"兼爱"和"非攻"是其思想的两个方面,涉及国家的内政外交等,带有较为朴素的非暴力色彩,这在民众饱受战争疾苦的战国时代具有一定的积极意义。

在治国的措施方面,墨子希望任用有能力的人才,推崇"尚贤""尚同"的思想,"尚贤者政之本也",治国的根本在于任用贤能之人,而"尚同"则是主张最高统治者也应该由"贤者"担任,统治者应该与任用的贤人在品质上是一致的,能够做到彼此尊重,判断对错的标准也尽可能地统一,可见墨子的"尚贤""尚同"思想与"兼爱""非攻"的认识是相互联系的,最终都是推行"兼爱"思想的保证。

在人际关系和推理逻辑上,墨子有着与众不同的认识,这使得《墨子》一书的思想内容别具一格。他对人际关系的认识,以衡量善恶为基础,而善恶的分别则以"利"为标准。关于"义""利"观念的辨析,在先秦时期有两种看法:一种是现实物质利益与高尚道德修养的对立,一种是行为的效果与动机的对立。儒家的思想多是以第一种标准为主,无论是孔子的"君子喻于义,小人喻于利",还是孟子的"义""利"之辩,都是以道德修养对比现实利益。而墨子则是以第二种标准为主,注重行为效果的功利性,判断一个行为的对错善恶,是以行为效果为标准,这说明墨子比较看重做事的实际效果。

墨子的"义""利"观影响到他对社会文化的总体态度,如对待丧葬礼仪等方面,墨子就强烈反对儒家讲求过于繁多的各种规矩,认为丧葬礼仪和讲究衣服的文采等,都是铺张浪费,对增加物质财富没有帮助。因此墨子极力主张

"节用""非乐",反对统治阶层的奢侈享乐。这种追求功利实用的思想,导致墨子对文学审美是排斥的,整部《墨子》倾向于质朴的艺术风格。墨子认识不到写作活动中修辞语言的重要作用,对文采、藻饰采取轻视的态度,甚至将其当作毫无价值的奢侈和累赘之物。

这种思想虽然在语言审美上限制了《墨子》的艺术表现,但使墨子更加具有科学精神,尤其是在判定真伪是非的标准上。他认为判定事物的真伪有三个标准,即"三表"之说。第一表"上本之于古者圣王之事",根据过去的历史经验教训;第二表"原察百姓耳目之实",即考察现在民众的感官经验;第三表"发以为刑政,观其中国家百姓人民之利",即在实践上考察其效果。可见墨子非常注重实践经验,加上墨子本人出身于普通手工业者阶层,其门人弟子也多是如此,这使得墨子也善于在手工实践中总结经验,反对空谈。在此过程中,墨子还发现了很多符合于现代几何学、光学、军事学、数学等方面的实际知识。可以说,墨子崇尚功利的趋向对其思想体系,尤其是科学精神的形成具有不可估量的作用。

在先秦诸子百家争鸣中,墨学以其特立独行的文化精神,给后世展现了出身底层的思想者的独特魅力。诸子百家留给后世的大多是对高远文化理想的探索,而墨家思想中的节用爱人、重视实践、强调逻辑推理等内容,都显示了墨学者们脚踏实地的文化姿态,这就显得尤为可贵。在此后我国科技发展的历史过程中,墨学思想的指引可谓功不可没。

先秦诸子的思想光辉至今仍值得我们反思学习,甚至在某些方面还深刻影响着国人的思维方式和现实生活。齐鲁大地上诞生的思想巨擘就是其中的优秀代表,孔孟之道的哲思理念经过世代儒学家的发扬光大,早已成为中国传统文化的主流,甚至越出国门而成为东方哲学和文化的杰出代表。墨子思想中的底层特色对于后世民间思想的影响不可估量。因此,我们站在当代文明的崭新起点,依然需要回到齐鲁思想家所开创的诸子时代,温故而知新。

第二节　经世名臣

自古以来,受地域文化的深刻影响,出身齐鲁大地的文人大多投身政治,报效国家,形成一批声名显著的经世名臣,这是齐鲁文化的显著特点之一。特

文化名人

别是代表齐文化精神的管仲、晏婴，早已成为我国民间耳熟能详的人物，他们凭借杰出的政治才能，在现实政治实践中取得了令人瞩目的业绩。而清代的刘墉不仅位高权重，为政清廉，而且书法功底深厚，在书法艺术中渗透了深厚的文化内涵，人品和艺品合二为一，表现出齐鲁文化名人德艺双馨的崇高品格。

一、管子

管仲是齐桓公时代著名的宰相，他在政治上的成功，与深刻把握齐地文化的特点密不可分。他的政治生涯充满了跌宕起伏的戏剧性，从齐桓公的政治对手变成重要的谋臣，后来二人一道，审时度势，制定出符合齐国发展实际的政策和目标，使齐国迅速发展为东方强国，齐桓公也跻身为霸主之位，而管仲的思想也成为齐文化的重要资源。

（一）管子生平

管子（约前725—前645），颍上（今安徽颍上县）人，名夷吾，字仲，春秋时期著名的政治家、思想家、军事家。早年生活比较坎坷，年轻时曾在齐、鲁交界的南阳一带做生意，积累了一定的商业经验。后来在齐僖公时代，管仲逐渐进入齐国的上层。凭着敏锐的政治眼光和坚忍不拔的进取精神，管仲成了公子纠的师傅。经历齐国内乱后，由于鲍叔牙的极力举荐，管仲又成为公子小白（即齐桓公）的宰相，使齐国进入了快速发展时期，并帮助齐桓公完成了"九合诸侯，一匡天下"的霸业。

担任齐国宰相后，管仲开始整顿齐国的内政，恢复农业生产，任用贤能的官员，将盐和铁的买卖统一收回到国家机关，这些举措极大地提高了齐国的国力、民力和军力。经过几年的努力，齐桓公和管仲齐心协力，四面出击，终于在春秋时期完成称霸的大业。后来管仲死于齐桓公四十一年，齐国的国势也随之逐渐衰落。

管仲作为春秋时期最有名的政治家，曾得到孔子、司马迁等人的高度评价，孔子曾说："桓公九合诸侯，不以兵车，管仲之力也。"（《论语·宪问》）即齐桓公之所以能成为霸主，军事实力不是主要原因，管仲的谋略才是最重要的。同样的意思，司马迁也说过："管仲既用，任政于齐，齐桓公以霸，九合诸侯，一匡天下。"（《史记·管晏列传》）可见，齐桓公的霸业，主要来自管仲对齐国政治和外交的改革，这奠定了齐国强盛的国力基础。

（二）《管子》简介

《管子》主要记录了管仲及其学派的思想，其成书过程比较漫长，根据后来的研究，最早记录和整理管仲思想的应该是当时的史官。此后，管仲学派的后学活跃于战国的稷下学宫，他们花费了很大的气力，对当时流传于民间的

《管子》一书进行了全面的整理。此后，西汉时期，对《管子》又有再度修订，奠定了今本《管子》的雏形。

《管子》一书记载的是管仲学派从春秋到战国逐渐形成、定型的思想，其中既有管仲自己的创建，也有后学在不同时期的发展，可以说是一套治国安邦的百科全书。书的内容极为丰富，和儒、道、法、阴阳等诸子学说完全不同，但又有吸取百家之长的特色。这部书是以富国强兵为主要目标，从务实的态度出发，积极融汇了一些经世致用的治国方法。

《管子》在我国散文创作的发展过程中也有一定的影响，其中的论说文和记叙文最具特色。《管子》中的论说文立意明确，主旨集中，每篇文章都是相对独立的，中心论点突出，内容条理井然，讲究层层剖析。在论证过程中，注意发扬政论文的雄辩气势，说明道理时详尽透彻，运用大量连环推理和逆向推理的方法，层层推进，步步深入，最终达到点题的效果。在说理中，《管子》善于运用鲜明的譬喻、排比和对偶，显示了凌厉的气势和壮美的文采。而在记叙文中，《管子》善于通过完整的故事和生动的细节，塑造了管仲、齐桓公、鲍叔牙等著名人物的形象，故事短小精悍，寓意深刻，含蓄耐读，具有较高的文学感染力。

（三）管仲的思想

管仲的思想比较复杂，尤其与儒家的孔孟相比，差别更大。管仲是从齐国的政治现实出发，以富国强兵为目标，解决国家面临的实际问题，因而其思想的现实针对性极强。

受齐文化的影响，管仲极为重视实际效果，因而在政治上推崇"礼"和"法"并用，即重视法律与道德的相辅相成。各诸侯国大多追求现实利益，面对竞争压力，管仲在治理国家时树立起"法律"的权威，"所谓仁义礼乐者，皆出于法""法者，天下之至道也，圣君之实用也"（《管子·任法》）就是为了适应当时的现实。与此同时，管仲又不排斥礼仪规范，将礼仪规范看作是刑法的有效补充。在春秋时期混乱的时局中，这样的思想就比单纯的儒家和法家思想更管用。

管仲思想的实用特点还突出地表现在经济方面。国家的强大来自于民众的稳定，因此管仲特别强调要关注民众的感受，由此引申出来，治国的关键问题就是如何处理国君与普通民众的关系。在管仲看来，统治者应该大力满足民众的生活需求，国家强盛的目标才有机会实现。与此同时，管仲没有忽视礼仪道德对治国的作用，他一方面认为民众需要在文化上加以引导，加强礼仪教化，另一方面则强调"仓廪实则知礼节，衣食足则知荣辱"（《管子·牧民》），认为民众吃饱穿暖，才能有道德文化方面的追求。由此可见，管仲是一位真正的实

文化名人

干家，其思想是以重视实效、富国利民为核心。

这种实用特点也体现在管仲的政治军事思想中，就是赏罚分明的治军策略和"尊王攘夷"的政治导向。在残酷的战争中，为了激励士兵奋勇向前，管仲在治军中强调有功者必赏、有罪者必罚的措施，以现实利益充分激励士兵作战的积极性。对待士兵，管仲觉得赏罚不仅要明确，而且要讲信用，使作战勇敢的士兵能够真正受到重用，"赏罚不信，民无廉耻，而求百姓之安难，兵士之死节，不可得也"（《管子·权修》）。

春秋时期周天子的权威已经很弱了，在此情形下，管仲建议齐桓公还应打出"尊王攘夷"的旗号，利用周天子的权威，以号令诸侯，这显示出管仲深刻的政治洞察力。"尊王"，即尊崇周王的权力，维护周王朝的政治。齐桓公在以霸主身份主持葵丘之盟后，凡遇到侵犯周王室权威的事，齐桓公都会过问和制止。"攘夷"，则是对长城外戎、狄等游牧民族和南方楚国的骚扰进行抵御。经过多年努力，很好地维护了周天子的权威，当然也巩固了齐桓公的霸主地位。

总体而言，管仲的思想具有调和折中的特点，注意吸收儒家、道家、阴阳家和法家的思想，结合春秋时期的政治现实，表现出明确的实用特征。不仅使齐国迅速发展为东方强国，客观上也为促进中原经济和文化的发展提供了安定的外部环境，为中华文明的发展做出了巨大贡献。这也是他能够得到孔子和司马迁高度评价的根本原因。

二、晏婴

作为齐国的著名人物，晏婴最让人称道的就是谏诤才华。面对齐国弊政，晏婴善于运用高超的讽谏艺术，委婉曲折地积极向齐景公等国君进谏，同时注意吸收众多思想流派中有价值的内容，为齐国的再度崛起做出了自己的贡献。

（一）晏婴与《晏子春秋》

晏子（？—前500），名婴，字平仲，春秋末期齐国夷维（今山东高密市）人，著名政治家。曾辅佐景公四十八年，担任齐国的宰相数十年，生活的时代大约处于春秋末期社会动荡的历史阶段。

这时的齐国已没有齐桓公时的鼎盛局面，各种政治势力互相斗争，统治阶层贪图享乐，不关心民众，百姓赋税也很沉重，社会矛盾逐渐变得严重起来。身为大臣的晏婴不仅看到上层的腐败，还能注意体察民生疾苦。当时田姓贵族正打算取代齐国的姜姓国君，晏婴很清楚这些局势的变化，他为此一方面提醒齐国国君，希望挽救弊政，另一方面则对田姓贵族的做法采取包容的态度，也算顺应当时发展的趋势。晏婴不仅对自己要求严格，而且厉行节俭，重视民生，这些都成为我国文化遗产的宝贵财富。

晏婴也是著名的外交家，他曾经三次出使楚国，楚王为了显示大国的威风，在晏婴面前提出了一些无理的要求，都被晏婴机智地逐一化解，这都展示了晏婴的聪明才智和不畏强权的勇敢精神。

《晏子春秋》是记录晏婴言行的一部著作，但该书的真伪颇有争议，唐代的柳宗元就对《晏子春秋》的真实性表示过怀疑，因而后来许多人视《晏子春秋》为伪书，不加以研究和重视。但 1972 年 4 月，山东银雀山一号汉墓中出土了《晏子春秋》的竹简本，从而证实其并非伪书。经当代学者研究，《晏子春秋》大致成书于战国时期，与孟子的时代相近。由于成书时间已经和晏子的生活时代相距较远，因而《晏子春秋》中的观念只能代表该书实际作者的思想，而不能完全看作是晏婴的真实思想。但其中有关晏婴的描述，应该与史实有密切的联系，可以作为后世了解晏婴生活和思想的重要途径。

现存《晏子春秋》经西汉刘向等人整理，共有八篇，二百一十五章，书中思想内容丰富，不仅反映了春秋时期社会、历史及政治的发展，其中讲述的故事，语言优美，情节细致曲折，也具有较强的文学性。

（二）《晏子春秋》中"晏婴"的思想特征

晏婴是当时著名的政治家，参与齐国政治数十年之久，因此《晏子春秋》中呈现的"晏婴"的思想多集中在政治方面，大体接近儒家一派，其关键内容包括重视民众、兼顾义利和任用贤才等。晏婴深知国家兴亡在于是否"得民"，国家要想保证长治久安，则"政必合乎民"（《晏子春秋·内篇问上》），让民众过上顺畅的生活。在君民关系上，晏婴希望君主要"先民而后身"（《晏子春秋·内篇问下》），对人民实行仁政，关心他们，这样才能做到爱民、利民、富民。与此同时还应顺应民意，轻徭薄赋，行"明王教民"（《晏子春秋·内篇问上》）之术。晏婴在"义""利"观念上，不同于儒家的重"义"轻"利"，而是兼顾两者，"义"在晏婴眼中不仅是个人的修养问题，还与国君实行仁政密切相关，因而关系着国家的命运。与此同时，晏婴深知民众疾苦，普通民众生活需要"利"的支持，因而呼吁国君要给人民以"利"，自己不要过分求"利"。这是对民本思想的发展。晏婴也非常重视礼治，在他看来，"礼"应该包括"君令臣忠、父慈而教、子孝而箴、兄爱弟敬、夫和妻柔、姑慈妇听"（《晏子春秋·外篇上》），这几乎是一整套使家庭伦理和谐的礼仪规范。晏婴以此作为道德标准，不仅普通臣民要遵循，国君也须遵循，只有这样国家才会安宁祥和。

晏婴在《晏子春秋》中是一位很会提建议的大臣，这不仅是他任贤思想的表现，而且体现了他高超的进谏技巧。晏婴要求君主任用贤才，礼贤下士，并

文化
名人

把这看成是和以仁政治国一样重要的法则。他所谓的"贤能"之人是以道义为核心，积极入世，为民请命。这在晏婴自己身上有着集中的体现。晏婴与齐景公、齐庄公多次谈话、议政，都展示出巧妙的讽谏艺术：或委婉曲折，微言中听；或积极启发，因势利导；或滑稽设套，请君入瓮；或正言反说，迂回批评。既坚持原则，又讲求方法，革除了景公时代很多的弊政。《晏子春秋》中这些有关晏婴的故事，不仅让我们看到了晏婴关心民众的正直形象和他高超的进谏艺术，而且很有文学感染力和艺术表现力。

三、刘墉

刘墉是清代中期著名的政治家，他不仅担任过封疆大吏，也做过位高权重的内阁大臣。但其为人为官，都能严守儒家道德信条，公正清廉，敢作敢为。他还是一位书法家，其人品与书品融会贯通，可谓是深受齐鲁文化影响的文士型官员典型。

（一）刘墉生平

刘墉（1719—1804），字崇如，号石庵，山东高密逢戈庄（今山东诸城一带）人，是清代著名的政治家、书法家和诗人。刘墉出生于名门望族，其父刘统勋原是乾隆年间的名臣。历任刑部尚书、工部尚书、吏部尚书、内阁大学士、翰林院掌院学士及军机大臣等要职，官至宰相。

刘墉在乾隆十六年（1751）参加在故宫举行的科举会试，以二甲第二名进士及第，被授予翰林院侍讲。从乾隆二十一年（1756）起，刘墉离开北京，开始了在地方做官的经历，此后20余年，先后担任过安徽学政、江苏学政、太原知府和江宁知府等职，大多是负责当地教育和行政管理的事务。任地方官期间，刘墉继承其父刘统勋正直干练与雷厉风行的作风，整顿科场积弊与官场恶习，为百姓做了很多的实事。同时刘墉也遵从皇帝的旨意，查找不符合当时正统思想的书籍，得到皇帝的称赞。

之后，刘墉又历任陕西按察使、内阁学士、湖南巡抚、都察院御史、直隶总督、吏部尚书、体仁阁大学士、太子少保等显赫官职，逐渐成为位居政治核心的内阁大臣。他的晋升与家族的显赫声望不无关系，但他的个人能力及清正廉洁的品格，也是非常重要的因素。刘墉为官五十余年，宦海沉浮，深得乾隆和嘉庆的赏识。嘉庆九年（1804）十二月，病逝于北京，谥号文清。

（二）刘墉的仕宦生涯与为政之道

刘墉是清代乾隆、嘉庆时期的名臣，为官清廉，在民间也有很好的口碑，20世纪90年代曾热播的电视剧《宰相刘罗锅》就是以他为原型拍摄的。当然电视剧的内容多为戏说，具有很多娱乐的因素，但真实生活中的刘墉所坚持的为政之道也是值得后人仔细思考的。

诸城刘氏家族是当时的名门望族和书香门第，刘墉曾祖父刘必显、祖父刘棨和父亲刘统勋分别是顺治、康熙和乾隆年间的进士，后来都是朝中显官。他们都秉性正直，为官清廉，曾受到康熙和乾隆的表彰。这种家风对刘墉有很深的影响，他的仕途也因此而比较通达。

中进士不久，刘墉先被外放担任安徽和江苏的提督学政官，主要负责当地的教育问题。在这一过程中，刘墉表现出年轻人的锐气，改革当地的教育弊端，严格约束管理地方教育官员，消除了一些不良风气，激发了读书人真心向学的精神，这些措施受到乾隆的大加赞赏。此后担任江宁知府等地方官，也因能为民做主深得百姓的爱戴，声望甚高。此后，他调任湖南巡抚，就是湖南的最高长官，也是最能锻炼外放官员的职位。在任期间，湖南遭遇水灾，刘墉积极组织当地百姓展开抗灾救助活动，抚恤受灾百姓，受到朝廷的嘉奖。

乾隆四十六年（1781），刘墉结束地方官生涯，回到京城做了一名京官，上任后主持审理了国泰舞弊案。当时的国泰是山东巡抚，曾是和珅的亲信，在朝廷也有一定的关系。刘墉不顾权贵的说情和和珅的袒护，据理力争，最终让国泰伏法，这件事情让刘墉声名大震。他很快被提升为吏部尚书和大学士。嘉庆三年（1798），刘墉还奉旨办理了和珅结党营私、擅权纳贿的大案，可以说刘墉在一生中见证了清代乾隆、嘉庆之际由盛转衰的整个过程，他也是这一时期能够在官场上左右逢源、坚持原则的正直官员之一。

总的来看，刘墉是一位正直而有担当的政治家。他忠于职守，坚持原则，这在处理国泰舞弊案时表现得最为突出。这是儒家思想和家学传统共同熏陶的结果。当时出使清朝的朝鲜使者洪乐游曾评价说："阁老刘墉之言最多采纳，皇帝眷注，异于诸臣。盖墉素负朝野之望，为人正直，独不阿附于和珅。"[1] 这在当时确实是难能可贵的。

刘墉还是一位书法名家，在当时与成亲王、铁保和翁方纲并称为四大书法家。他特别善于广泛学习，借鉴钟繇、王羲之、颜真卿、苏轼等名家之长，融会贯通，形成了自己独特的风格。

刘墉既是经世名臣，也是一位饱读诗书、游心艺苑的杰出文士。他的家学和个人修养以儒学为根底，他在为官、治学及书艺探索的活动中所表现出来的文化精神和人格魅力，也同样与博大精深的齐鲁传统文化，特别是儒学密不可分。

齐鲁文化积极用世的特点极为鲜明，无论是鲁文化孕育出的儒学思想，还

① 吴晗编：《朝鲜李朝实录中的中国史料》，中华书局 1979 年版，第 82 页。

是齐文化关注现实、重视实效的价值取向，在历代齐鲁名臣身上都有突出的表现。他们务实开放、重视实效、富国利民、为民请命的优秀品格，不仅是对齐鲁传统文化的践行和发扬，也为中华文明增添了光彩。

第三节　学术宗师

受孔子和儒家思想的影响，齐鲁地区历来重教育、重学问，风气所及，孕育了一批具有深远影响的学术宗师。其中，在儒家经学研究方面承前启后的郑玄、著名藏书家聊城杨氏父子，以及提倡神韵说、在诗学领域独领风骚的王士禛等，不仅是齐鲁学坛的佼佼者，也是我国学术史上的一代宗师。

一、郑玄

齐鲁作为儒学发源之地，学术研究一直是传统文化中重要的组成部分。汉代"独尊儒术"之后，研究儒家经典的学问被称为经学。朝廷设五经博士，经学成为利禄之学。读书人受教育和做官，都须研习经学。郑玄就是汉代经学研究的集大成者，且对此后经学研究多有启发。

（一）郑玄生平

郑玄（127－200），字康成，北海高密（今属山东省潍坊市）人，东汉末年著名的儒家学者和经学大师。郑玄自幼聪慧好学，八九岁即可"下算乘除"，十三岁开始诵读经书，但他不喜欢做官。在北海太守杜密的帮助下，进入太学学习。太学是当时国家规格最高的教育机构。郑玄非常珍惜这个机会，努力钻研《京氏易》《公羊春秋》《三统历》《九章算术》等，又向张恭祖学习《古文尚书》《周礼》《左传》等。后经大儒卢植引荐，跟随马融学习古文经学。学成归乡后，在东部沿海一带，继续研究学问，广收门徒，弟子达数千人。

郑玄生活的东汉后期，外戚、宦官当权，皇帝成为傀儡，国家秩序日渐混乱。有责任感的士大夫团结起来，反对这些腐朽的势力，结果引起宦官和外戚的反扑，很多士人遭到禁锢，终生不得为官，这就是历史上著名的"党锢之祸"。这种局面更坚定了郑玄潜心学问的决心。他在讲学之余，先后完成了《三礼》（《周礼》《仪礼》《礼记》）、《诗经》《古文尚书》《周易》《论语》的注释，终成一代大儒。

郑玄遭逢动荡的乱世，他下定决心不做官，一心一意投入到经书研究中，其最大的贡献就在于对西汉和东汉的经学研究进行了全面的总结。在儒学研究历史上，郑玄对儒家经典进行较为全面的注释，这件事此前基本没有人做过。他是以毕生精力整理古代文化遗产，使经学进入到一个"小一统时代"的第一人，也是我国经学史上的一位学术巨匠。

（二）郑玄的经学研究

郑玄在经学上的研究涉及各种经典，如《古文尚书》《毛诗》《三礼》《论语》《周易》等儒家经典。但随着历史的发展，郑玄的大部分著述都散佚了，今天能够看到的较为完整的包括《三礼注》和《毛诗笺》两部。

《毛诗笺》是郑玄对前代《诗经》学研究的一次总结，也是汉代《诗经》学的集大成之作。郑玄凭借自己深厚的学术积累，充分利用丰富的图书资料，同时灵活吸收各家《诗经》研究的特长，从中选择有用的材料，逐渐形成具有自己体系特点的《诗经》学研究。

西汉经学研究形成了各种派别，门生弟子大多不敢质疑老师。但在东汉时期，经学研究已经开始突破老师的说法，注意转益多师。郑玄就很好地实践了这一新方法。他在二十多年的求学过程中，不断地追求新的知识和新的研究方法，先后遇到第五元先、张恭祖、马融等著名经师。因此，郑玄在《诗经》研究中力图寻求更好的注释方式，其研究方法的改进也受到东汉时期兴起的不拘师说的深刻影响。

郑玄曾首先跟随张恭祖学习《韩诗》，因而在《三礼》注中，郑玄主动采用《齐诗》《韩诗》和《鲁诗》各家学说的有益内容，同时兼及《毛诗》中的一些说法。与此同时，受马融的指点，郑玄继承了一部分马融对《毛诗》研究的成果，当然其中也有一些郑玄突破马融研究的新观点，这种不拘守师说的学术态度，才是郑玄广泛吸收众家之长而提出己见的真正原因。

另外，郑玄在《毛诗》注疏中也注意古今融汇，尤其是善于运用今古文经学的成果，吸纳了前代已有研究的成果，将三家诗，即《齐诗》《鲁诗》和《韩诗》的精华部分融入对《毛诗》的笺注中，形成精深简约的解经风格。同时郑玄的学问并非闭门造车、完全脱离现实，反而其中寄托着郑玄对现实的深刻看法。通过对《毛诗》的注解，郑玄注意将历史与现实相结合，反映动荡的社会现实与严酷的政治环境。特别是在碰到《诗经》中有关政治怨刺的作品时，他往往会在注释中寄寓无限的政治感慨。如提到乱世、衰世时，大多体现了以古讽今的批判精神。郑玄精通谶纬之学，在为《毛诗》作笺的过程中，他有意识地运用了谶纬的知识，他希望以这种方式实现对统治者的干预，让他们有所收敛。

文化名人

东汉政治中出现了"谶纬"的问题，即一些人利用自然现象编造某些政治寓言，用来影响现实政治。郑玄在《三礼》的注释中也有意识地利用谶纬之学，巩固王权神圣的观念，君臣有各自遵守的道义。在礼仪教化中，郑玄倡导以周礼的规范制约现实社会政治和生活，《三礼》本是我国古代社会伦理道德的理想图景，郑玄有意地将自己对所处时代的问题的理解引入对《三礼》的认识中，因此郑玄的《三礼》注可谓是古今结合、历史与现实互相阐发的结晶。

总之，郑玄的经学研究，重点是整理注释儒家经典文献，"念述先圣之玄意，思政百家之不齐"（郑玄《诫子书》），即以会通的精神整理和注释儒家经书。郑玄对当时政治的理解也融入他的经学研究中，主张维护国君的权威地位，君臣有道等。门派的意识和烦琐的研究是汉代经学发展的趋势，郑玄能够突破这种局限，在经学研究中积极吸取各家的长处，使经学的思想理论更加明晰通畅，从而达到广博、会通、精要兼而有之的特点，因而成为两汉时期经学研究的集大成者。

二、王士禛

齐鲁文化给人的总体印象是，诞生于鲁地的儒家思想为我国传统文化铺垫了追求实际的底色。受此影响，出生于山东的文化名家多是注重现实功用，文化品格偏向质实的特点。而王士禛则与此恰好不同，他积极融汇了齐文化的精神品格，受到浪漫幻想思想的感染，在诗歌境界上独辟蹊径，转向空灵神韵的一路，为齐鲁文化增添了别样的风采。

（一）王士禛生平

王士禛（1634—1711），字贻上，号阮亭，别号渔洋山人，原籍山东省诸城县（今属潍坊市），后来迁至新城县（山东省淄博市桓台县一带）。他是清代初期著名的诗人和诗学理论家，常自称为济南人。王士禛的家学深厚，他的父亲与其他三个兄弟都是当时有名的诗人，故王士禛幼年接受了良好的教育，加上他自己非常刻苦，很早就显露出出众的文才，受到著名诗人钱谦益的赏识。顺治十二年（1655），王士禛进士及第。顺治十六年（1659）开始担任扬州推官，五年后，调任京城，最后官至刑部尚书。

王士禛虽然日常的工作很多，但闲暇时依然保持作诗的兴致，曾游览过楚、陕、蜀、粤、吴、越等地，足迹遍布全国各地，留下了众多的诗歌。由于诗歌创作的影响越来越大，继钱谦益之后，王士禛成为主盟文坛的代表诗人，与当时的朱彝尊并称为"南朱北王"。王士禛除了诗歌传世之外，还留下了《池北偶谈》《香祖笔记》等作品。

　　王士禛虽然职位很高，又是著名诗人，但一点没有名人的架子，他与同时代的下层文士交往很多，非常尊重他们的才学。其中与蒲松龄的交谊最值得纪念。蒲松龄是淄川人，与王士禛的家乡相邻，但两人的政治处境却截然不同。王士禛早已蜚声海内，而蒲松龄却始终是一位贫困潦倒的穷书生，在有钱人家做启蒙老师的工作。但这种身份差距并未影响两人的交往，蒲松龄欣赏王士禛的诗作，而王士禛也尊重蒲松龄的道德学问，两人通过写诗成为好朋友。王士禛曾为蒲松龄的《聊斋志异》做点评，有《戏书蒲生〈聊斋志异〉卷后》，对《聊斋志异》评价很高。蒲松龄也有《次韵答王司寇阮亭先生见赠》一诗，表达了对王士禛的感激之情，称道其名士风度。

　　此外，王士禛对民间无名诗人也很关注，常把所见所闻及时写下来，后汇集到《渔洋诗话》中。这种到处采集诗歌材料的方式，无疑丰富了王士禛自己的诗歌素材和创作构思，使他的诗歌境界得到拓展。

　　（二）王士禛的"神韵说"

　　清代是我国诗学理论得到极大发展和总结的时期，其中最引人注目的就是出现了四大诗学理论，分别是沈德潜的"格调说"、袁枚的"性灵说"、翁方纲的"肌理说"和王士禛的"神韵说"。

　　"神韵"这一概念是王士禛诗学理论的关键词汇，它是随着王士禛诗歌创作经验的不断丰富而被总结出来的，其间大致经历了三个阶段。王士禛在年轻时就曾以"典、远、谐、则"为创作原则，这与我国诗歌创作的传统是一致的，强调诗歌创作的典雅特色，抒情而不脱离正统的思想观念，这是第一个阶段。第二个阶段中，王士禛开始以"神韵"这一概念概括自己的诗学思想，突出"神韵"理论中人与自然的和谐。第三个阶段，是王士禛五十余岁时。他的"神韵说"理论最终形成，把诗歌创作集中在创作构思上，注意天才式的灵感，追求审美的灵性，艺术风格上也追求语言清新，不拖泥带水。通过这三个过程的提炼，王士禛是把不好描述的诗歌创作感觉，用"神韵"这个词讲清楚了。

　　用钱锺书的话说，"神韵，不外乎情事有不落言诠者，景物有不着痕迹者，只隐约于纸上，俾揣摩于心中。以不画出、不说出为画不出、说不出，犹'禅'之有'机'而待'参'然。故取象如遥眺而非逼视，用笔宁疏略而毋细密"，又说"曰'气'曰'神'，所以示别于形体。曰'韵'，所以示别于声响。'神'寓体中，非同形体之显实，'韵'袅声外，非同声响之亮彻；然而神必托体方见，韵必随声得聆，非一亦非异，不即而不离"。（钱锺书《管锥编·全齐文·谢赫〈古画品〉》论"神韵"）这段话大致是说，诗歌写作不太好用具体的语言说出来，都是很模糊地隐藏在作者的心里，诗里面写到的景物也是朦胧隐约的，和具体眼前看到的事物并不一样。

文化名人

这样的思想观念，符合道家推崇的"有无相生"的认识，这一点就被用来说明我国传统艺术创作中难以讲清的体验，那就是如何处理实写和虚写的关系，如果创作者达到很充实的精神状态，才会产生宇宙万物一片生机的景象，就像苏轼曾经体会的"胸中之竹"，作者必须能够充满灵感，从整体上把握要描写的对象。而使写作方法能够"传神写意"，写作效果才能"气韵生动"，这就是"神韵"。"神"与"韵"互相补充，彼此渗透，虚实相生，具有画面感觉的艺术境界。

从我国诗学理论发展的总体走向来看，王士禛的神韵说，离不开我国传统的形象思维。道家审美思想自老庄开始，历经陶渊明、李白和苏轼等诗人的创作实践，已经为诗歌审美的"神韵"观念积累了很多的经验。王士禛是通过总结这些经验，结合自己创作体验，才提炼出"神韵"的概念。这种审美思想也可从中西对照中来加以认识，如西方印象派画作中偏于自然风光的部分，就可以与王士禛的"神韵"诗学相互发明，注重感觉表现，只需通过一刹那、一瞬间的审美感悟，就可以表现出自然宇宙精神的实质内容。这是中西文化中对于审美感悟和表现的相通之处。王士禛也正是抓住了这种人类普遍具有的对美的追求，才能在诗学理论的领域有独创的发现和总结。

三、杨以增、杨绍和父子

我国古代图书典藏的文化历史悠久，尤其在清代发展很快，最具特色的就是藏书楼在各地竞相兴起，这与私人藏书的风气紧密相连，其中出现了历史上著名的四大藏书楼，即江苏常熟瞿绍基的"铁琴铜剑楼"，浙江杭州丁申、丁丙的"八千卷楼"，浙江吴兴陆心源的"皕宋楼"和山东聊城杨以增、杨绍和的"海源阁"。这些藏书楼是清代私人藏书风气影响下涌现的优秀代表，不仅藏书丰富，而且各具特色，如吴兴陆氏的"皕宋楼"以宋版书收藏闻名于世。四大藏书楼中，唯一地处北方的就是位于山东聊城的"海源阁"。

（一）杨氏父子与"海源阁"

杨以增、杨绍和父子是清代道光、咸丰时期有名的文人。杨以增（1787—1855），字益之，号至堂，别号东樵。乾隆五十二年（1787）出生于聊城，幼年聪慧，喜读书，道光二年（1822）进士及第。曾在贵州、广西、湖北等地历任知县、知府、道员等官职，后升任两淮盐运使、甘肃按察使、陕西布政使、陕西巡抚等地方重要的官职。道光二十九年（1849）升为江南河道总督兼漕运总督。咸丰五年（1855）卒，终年 69 岁。杨绍和（1832—1875），字彦合，杨以增次子，同治四年（1865）进士，历任内阁中书、户部候补郎中等官职，后授翰林院编修、同经局洗马、翰林院侍读和讲学士，曾跟随当时的古文大家梅曾亮学习古文。

　　杨氏父子为官清廉，尤其是杨以增在地方上官声很好。在贵州任职期间，他曾大力推行儒家教化，使得当地文化水平得到很大提升。在湖北时则注意消除盗贼的隐患，使民风逐渐归向淳朴。在任甘肃按察使时，杨以增深入体察民生疾苦，减轻赋税，赈济贫民，真正做到以民为本。其作为有两汉循吏之遗风。

　　"海源阁"位于山东聊城市光岳楼南、万寿观街路北的杨氏宅院内，建成于清代道光二十年（1840）。结构为单檐硬山脊，坐北朝南的二层楼房。一楼是杨氏家族祠堂，供奉先人牌位。二楼为宋元善本及手抄本等秘籍收藏处。"海源阁"藏书楼口的上方门楣悬挂着杨以增亲自手书的"海源阁"阳文匾额，匾额后方有杨以增自题的跋语："先大夫议立家庙未果，今于寝东先建此阁，以承祀事，并藉藏书。取《学记》'先河后海'语，颜曰'海源'，盖寓追远之思。亦仿鄞范氏之以'天一'名阁云。时道光二十年岁次庚子亥月中浣，以增敬书并识。"一楼家祠门前的立柱上挂着木质楹联："食荐四时新俎豆，书藏万卷小琅嬛。"

　　海源阁藏书是杨氏四代人潜心搜集所得。据杨氏第四代杨保彝编著《海源阁宋元秘本书目》及《海源阁书目》，总计藏书二十余万卷，其中宋元珍本逾万卷。海源阁还与北京的文渊阁、皇史宬，宁波的天一阁，并列为中国历史上官私藏书的典范，深为海内外学者所仰慕。

　　（二）杨氏父子的藏书过程与藏书思想

　　杨氏藏书始于杨以增的父亲杨兆煜，他潜心文史，闲暇的时候就注意搜集古籍善本。在即墨任职时，就曾走访当地藏书名家王氏和郭氏，看到他们的藏书后感触很深，开始立志藏书，大力搜求地方文献，其中包括宋元古书数十种，建有"袖海楼"和"厚遗堂"，这为"海源阁"的藏书奠定了良好的基础。

　　杨以增因循其父的遗志，继续在各地搜罗古籍善本，在湖北和江浙等地不断拜访当地藏书名家。当时正值战乱动荡之时，杨以增任江南河道总督时，南方许多私家藏书时有散出，他就抓住时机及时收购了苏州大藏书家汪士钟的"艺芸书舍"散出的藏书，还曾购得大藏书家黄丕烈的"士礼居"藏书一宗，这些藏书被杨以增用运粮船沿大运河一线运往聊城的"海源阁"。此后杨绍和在先人的基础上，继续广搜典籍，"孤本珍籍，精校名抄，乃悉集于聊城"。他在北京做官时，曾幸运地碰到清室怡府的"乐善堂"散出的一部分藏书，这其中有价值的书籍达一百余部，多为名家旧藏，宋元善本古籍非常多，这批书进入海源阁，使得"海源阁"的藏书得到极大的丰富。

　　我国古代把图书分为四大类，即经、史、子、集，俗称"四部"。"经"主要是儒家相关的图书资料，"史"是历代的史书，"子"则是与诸子百家相关的图书，"集"是历代文人的别集，有点类似后世的文学作品集。根据"海源阁书目"的统计，共收藏经、史、子、集四部图书，三千二百三十六部，共计二十万八千三百卷有余。如此宏富的藏书规模，深受海内外藏书家的欣赏，民国藏书家傅增湘曾称赞"海源阁"为"海内之甲观"。除了藏书多以外，"海源阁"藏书还具有少见和补缺的特征，许多不见于各类公私书目的唐人写经、宋元抄本和明清珍本都在其列。另外，还有书画、碑砚、印章等丰富的收藏，商周铜器数十箱，历代碑刻拓片二十多箱。经过杨氏父子等几代人的不懈努力，"海源阁"的各类收藏都取得很高的成绩。

杨氏父子的藏书思想具有鲜明的个性特色，总结起来，有会通汉宋、经史并重、因读而藏、用广其藏等特点，即版本注释和义理阐发并重，注意搜集儒家经典和史学著作，藏书是为了读书，让图书有更大的价值发挥，注意扩大收藏范围。杨以增父子身处乾嘉汉学鼎盛之时，当时的读书人大多关起门来注释经典，很少进行义理的解释。杨氏父子却没有过分的门户之见，在收藏图书过程中注重实事求是的理念，汉学、宋学中有利于学术传承的图书，都在他们的收藏视野中，经典注释和义理发挥的著作都是他们收藏的重点。

另外，"海源阁"的藏书中，以"四经四史"最为著名，这包括《毛诗》两种，《周礼郑注》《仪礼郑注》《礼记郑注》各一种，《史记集解》《汉书集注》《前汉书注》《后汉书注》《三国志》各一种，均为宋版珍本，这种"经史并重"的藏书理念与杨氏父子倡导的经世致用的学问趋向是一致的。杨氏父子在藏书过程中特别注意读书和刻书，精心校勘，希望以此影响更多的读书人。杨氏父子的藏书思想对于我国古典学问的研究和传承无疑具有十分重要的意义。

"藏书"这一与读书人日常生活密切相关的风雅之事，在清代中后期可谓是盛极一时。当时涌现出一大批学问渊博、治学精深的著名藏书家，杨氏父子是其中的代表性人物，"海源阁"在江北藏书楼中也是独领风骚。这不仅是齐鲁文化在书籍收藏方面的鲜明体现，其丰富的收藏也为齐鲁文化乃至中国传统文化的传承和发扬光大做出了巨大的贡献。

博雅的学者气象和深厚的学术功底，显示了齐鲁学术名家的底蕴和内涵。他们深受儒家重视教育思想的影响，以学问作为立身之道，将人格塑造、日常生活和理想追求都融会到学问中。因此，齐鲁学术名家的身上彰显出的是一种追求真、善、美和谐统一的执着精神，这是我国历代学者身上最宝贵的优秀品质，对我国当代学术的发展依然具有深刻的启发。

结　语

　　本章所介绍的思想家、政治家及学问家，不仅成长于齐鲁，深受齐鲁文化滋养，而且还以其深邃的思想、出众的才华，或创派立说，或造福于民，或在文化传承方面有卓著的功绩。他们虽然只是众多齐鲁文化名人的一小部分，但他们的文化创造，不仅极大地丰富和发展了齐鲁传统文化，也为中国乃至世界文化宝库增添了无价的宝藏。在历史的演进中，他们的影响也早已超出了齐鲁之地，而扩展到全中国乃至全世界。在中华民族文化走向复兴的今天，他们作为齐鲁文化名人的优秀代表，仍将发挥积极的不可替代的作用。

◎ **思考练习**

1. 谈谈孔孟思想的比较与儒家哲学的本质特征。
2. 试论管仲、晏婴的历史贡献及其与齐文化的关系。
3. 说说齐鲁学术名家的多元特色与文化个性。
4. 思考山东文化名人的文化精神与当代启示。

◎ **资源链接**

参考书目

1. 杨伯峻译注：《论语译注》，中华书局1980年版。
2. 杨伯峻译注：《孟子译注》，中华书局1984年版。
3. 匡亚明：《孔子评传》，南京大学出版社2011年版。
4. 杨泽波：《孟子评传》，南京大学出版社1998年版。
5. 邢兆良：《墨子评传》，南京大学出版社1993年版。
6. 池万兴：《管子研究》，高等教育出版社2004年版。
7. 王志民：《齐鲁文化概说》，山东文艺出版社2004年版。
8. 丁延峰：《海源阁藏书研究》，商务印书馆2012年版。
9. 金春峰：《汉代思想史》，中国社会科学出版社1987年版。
10. 王小舒：《神韵诗学》，山东人民出版社2006年版。
11. 李新泰主编：《齐鲁文化大观》，中央党校出版社1992年版。

文化名人

第三章
文化标识

　　标识又叫作标志，是表明特征的记号或事物。文化标识，即指那些承载了文化和历史的自然和人文遗迹。齐鲁文化缤纷多彩，难以遍举。但论其翘楚，则有代表儒家文化的曲阜故都及"三孔文化"（孔庙、孔林、孔府），体现泰山文化的岱庙等宗教建筑，承载仙道文化浪漫想象的蓬莱阁，记录着海航发展史的海上航线和烟台、青岛港，铭记着古代海权防卫历史的登州港、戚公祠和甲午战争纪念馆，以及展现着齐鲁人民智慧的京杭大运河南旺分水闸，它们从不同方面为我们展示了齐鲁山水及人文文化。在本章中，我们将一起来了解这些文化标识，从中感受齐鲁传统文化之美。

第一节　曲阜与"三孔"文化

　　西周初年，周公受封鲁国，因须辅佐年幼的周成王，故派长子伯禽代父到任，以宗周重礼的国策治理鲁国，使鲁国成为著名的"礼乐之邦"。孔子出生、成长于这样的环境，故"年少好礼"（《史记·孔子世家》）。成年后，首开私学，广收门徒，以诗书礼乐教。后周游列国，宣传自己的主张。晚年回到鲁国，删诗正乐，作《春秋》，序《易传》，成六艺，全面整理传统典籍，创立儒家学派，成为中国的文化圣人。因为有了孔子这样的伟大思想家和教育家，鲁国"礼乐之邦"的形象愈加深入人心。而鲁国故都曲阜及孔庙、孔林、孔府，均成为举世闻名的文化标识。

一、鲁国故都曲阜

　　曲阜坐落于山东西南部，北依泰山，南引凫峰，东连沂蒙群山，西俯平野千畴。泗水北枕，沂河南带，滋润一方水土。曲阜城东的寿丘，相传为黄帝诞生地。黄帝之子少昊，也是五帝之一，曾在曲阜营建都城，其陵寝至今仍耸立于曲阜城东。殷商时代，曲阜名为奄地，一度曾是商王朝的国都。

　　武王灭商后，"封周公旦于少昊之虚曲阜，是为鲁公。周公不就封，留佐武王"（《史记·鲁周公世家》）。他的儿子伯禽便代他治理鲁国。因此，鲁国文化深受周礼熏染，礼乐文明甚为发达，即使到了礼崩乐坏的春秋后期，晋人韩起在出使鲁国时仍有"周礼尽在鲁矣"（《左传·鲁昭公二年》）的感叹。可见，其礼乐文化在当时已闻名遐迩。

　　曲阜作为鲁国都城前后约有八百年之久，其历史悠久、积淀深厚的礼乐文化孕育了孔子、孟子等伟大的思想家。自汉武帝以来，我国长期实行"独尊儒术"的国策，随着儒学地位的上升，曲阜逐渐成为无可替代的文化圣城，不仅千百年来吸引了无数的帝王、文士，而且直至今天，在世界范围内也备受关注，堪称齐鲁文化古城中最耀眼的明珠。

二、"三孔"文化

　　曲阜的"三孔"，即"孔府、孔林、孔庙"。孔府位于孔庙东侧，是在孔子故居基础上扩建而成的孔子嫡系长孙的府邸。孔林为孔子及孔氏墓群。孔庙主要用于祭祀，是孔氏后人及历代朝廷奉祀孔子，世人景仰追思孔子的地方。"三孔"虽同为展示、传承孔子文化的物质载体，但又各具特色。

（一）孔府

孔子去世之后，故宅被改为庙宇，而子孙依庙而居，庙堂合一，称为庙宅。汉高祖刘邦封孔子九代孙孔腾为奉祀君。汉元帝时，孔子十三代孙孔霸收到朝廷封赏，"赐爵关内侯，食邑八百户，号褒成君，给事中，加赐黄金二百斤，第一区"（《汉书·孔光传》），这是朝廷赐封孔子后裔宅第的最早记载。孔霸为孔光之父，有四子，孔光最少。

东汉时期，孔氏族孙仍多住在曲阜，嫡孙褒成侯所居之处离庙也不远，只是"四时来祀，事已即去"。考虑到"庙有礼器，无常人掌领"，当时的鲁相乙瑛上书"请置百石卒史一人，典主守庙，春秋飨礼"，皇帝乃使旁孙孔龢担任百石卒史一职，常驻守孔庙，地方官为其建造"百石吏舍"（汉代《乙瑛碑》）。其后，经魏至唐，孔氏家宅逐渐扩大。

北宋仁宗至和二年（1055）始封孔子四十六代孙孔宗愿为"衍圣公"，宋徽宗时封为世袭"衍圣公"，孔府也就称"衍圣公府"，仍依庙为宅。有墙垣将庙府围在一起。金代的孔庙和孔府都有所扩大，府地规模和形制大体完备。

明朝初年，五十六代衍圣公奉敕创建衍圣公府，朱元璋一次性赐地200余亩建孔府。其后虽又扩建，但变化不大。孔府形成前堂后寝、庙宅合一的独特布局。如今的孔府，与孔庙仅一墙之隔，府庙仍是浑然一体。

现在的孔府基本上是明、清两代的建筑，占地约7.4公顷，包括厅、堂、楼、轩等近500间，共九进院落，中、东、西三路布局，有"天下第一人家"之称。

孔府是孔子嫡长子孙（历代衍圣公）办公的衙署，又是他们的住宅。是"以名虽公署，实赐第也"（孔繁灏《修衍圣公府纪恩碑》），是中国封建社会官衙与内宅合一的典型建筑，建筑模式皆严格遵守儒家礼仪。

孔府的建筑核心为中路。有前厅、中居和后园之分。前厅为官衙，分大堂、二堂和三堂，是衍圣公处理公务的场所。衍圣公自明代起便为正一品官阶，班列百官之首，"养以禄而不任事"（《明史·儒林传》），专主孔子祭祀事宜，不兼任地方官，不担政事。前厅另设知印、掌书、典籍、司乐、管勾和百户厅等六厅办事机构，负责办理礼乐农兵等庶务，为孔府服务。中居即内宅，后花园居于中路最后方，二者是衍圣公及其眷属活动的地方。前上房、前后堂楼等建筑、内宅的前后楼，是府上衍圣公及子女住所。

与中路为孔氏宗子衍圣公居所相对，东路前部名东学或东书院，是衍圣公崇仰皇恩，接待官员及读书之处。中部为奉祀先人之所，后部则为衍圣公奉祀子思的世袭翰林院五经博士用房。另有一贯堂及内宅，为次子所居，体现宗子居中、次子为辅的秩序。西路名西学或西书院，前部为衍圣公学书画、诗文会友之所，后部为子女学习和衍圣公闲居处。

从整个孔府的布局来看，对外场所、家族生活居住及家族内部活动之处分隔明确，严格遵循明代百官宅第的营造规矩。

孔府累世珍藏有大量珍贵历史文化资料和文物，如孔府的万余卷藏书和历代孔子画像、衍圣公及夫人像，在研究古代礼制、服饰等方面，具有重要参考价值。孔氏家族的族谱，自北宋神宗元丰年间（1078—1085）建谱之后，一千多年来，保持着完整清晰的谱系，是我国历史上最悠久、最完整的族谱。孔府内保留有明清民国时期大量表笺奏章、往来公文等，记载了从明嘉靖十三年（1534）到1948年，孔府在宗族府务方面的大事。可见，孔府文化内涵之丰富、地位之独特。仅就孔府本身而言，也是儒家文化、宗族文化、建筑文化最典型、最生动的展示。

（二）孔林

孔林原是孔子墓地，因为世人对孔子的尊敬而形成孔氏家族专有墓园。《史记·孔子世家》："孔子葬鲁城北泗上……弟子及鲁人往从冢而家者百有余室，因命曰孔里。鲁世世相传以岁时奉祠孔子冢，而诸儒亦讲礼乡饮大射于孔子冢。孔子冢大一顷。"孔子葬在曲阜城北的泗水之滨。其弟子及乡人在其墓旁依冢而居，形成村落，名为"孔里"。鲁国世代沿袭在逢年过节时要到孔子墓地祭祀的习俗，当地儒士也都会在孔子冢旁举行乡饮酒礼和大射礼等重要仪式。据《史记·孔子世家》裴骃集解引《皇览》记载，孔子墓地约为百亩，本无祠堂等建筑。孔林中最早的树木皆为孔子弟子所植，当年有数百棵，且树种奇异，当地人都不知其名。民间传言是孔子的别国弟子从各自的家乡带来的树种。

从汉代到清代，历代朝廷奉行尊孔崇儒的治国思想，孔林围绕孔子墓向四周延伸扩建，由汉初100余亩发展为清代3000余亩，墓葬10万余座，碑刻4000余通，渐成如今规模。孔林是世界上延续时间最长、规模最大的氏族墓葬群。

孔林位于孔庙和孔府的正北方，距曲阜城北约两公里。整体布局包括神道、林区、墓地及各种建筑。

神道即孔林中的林道，由曲阜城北门至孔子享殿前。道路两旁柏桧林立，多为宋元时期所植。林道首先由城北穿越文津桥，经过第一座高大建筑为"万古长春牌坊"，其次为大林门和紧靠其前的"至圣林"门木构牌坊。由此往北进入二林门。苍松夹路，路面矢直，尽头牌坊崇立，肃穆庄严。进入二林门后，经过洙水桥，过墓门、思堂、享殿，直达孔子墓。

现存孔子墓封土东西 30 米，南北 20 米，高 5 米有余。有石碑两通。一为元代墓碑，篆书"宣圣墓"；一为明代碑，篆书"大成至圣文宣王墓"，皆为孔子封号。相传子贡手植的楷树便在孔子墓近旁。

孔子墓东部为其子孔鲤墓，正南为其孙孔伋墓，此种布局俗称"携子抱孙"。三墓四周有围墙环绕，形成孔林园中园。墓葬前有享殿、香炉、甬道等。享殿在三墓墓门正北，是孔林主体建筑。屋面在雍正年间（1722—1735）以黄色琉璃瓦重新覆盖。雍正时有规定，黄色琉璃瓦为最尊，只用在皇宫、社稷、坛庙，即使是皇宫建筑，也并不能全用黄色。所以，享殿是孔林中级别最高的建筑物。甬道东有供主祭人员斋戒沐浴的斋宿。

此外，孔子墓前西侧的子贡庐墓是明代为纪念子贡在此守墓而建。孔子去世后，弟子服丧三年，相继大哭拜别离去。唯有子贡，又继续坚持守墓三年。所以，明代特别建造子贡的庐墓，也是弘扬尊师重教的传统。

林区占据孔林的大部分。孔子下葬后，弟子各以四方奇木来植，所以树的种类很多。弟子更在其墓上遍植松柏，现在孔林中的大面积林区正是以孔子墓为中心延展开来。后来历代增植林区达 3000 余亩，有 130 余种树木共计 4 万多株。

孔林还有历代衍圣公墓。封建社会的古代嫡庶之分鲜明。衍圣公是孔氏一族中的大宗嫡支，地位特殊。所以历代衍圣公墓同样比别的孔氏后裔墓规格高，表现在墓葬封土高、石仪多，墓碑大且多由当时书法名家题写等方面。

除了园中园和衍圣公墓，孔林还有汉至清所存碑刻 4000 多块。碑刻以墓碑为主，另外也有帝王将相或文人学士（如李东阳等）的谒林碑和修林记事碑。除了时代较早的孔谦、孔君、孔宙墓碑等被移入孔庙汉魏碑刻陈列馆外，如今孔林中宋代至清代及民国的碑刻，仍有很多。

孔林作为世界上历时最久、规模最大、保存最完整的氏族墓葬群，有着十分重要的文化价值。儒家提倡孝道，最重礼制，孔林中从春秋至明清的墓葬，对我们考察历代墓葬和丧葬文化有着非常重要的价值。而其中的墓碑等，多为历代大书法家的亲笔题字，是碑刻艺术和书法艺术的宝库。

（三）孔庙

孔庙是奉祀和纪念孔子的祠庙，位于今曲阜市中心鼓楼西侧。孔子去世第二年，鲁哀公下令将孔子故居的三间房屋改为祠庙，收孔子衣冠、书、琴等遗物摆放其中，令孔氏子孙按时祭祀，鲁哀公还亲自写文悼念。据《史记·孔子

文化
标识

世家》记载，这种祭祀活动，"至于汉二百余年不绝"，西汉高祖十二年（前195），刘邦以最高礼仪太牢礼祭孔子，当时的诸侯卿相到鲁地为官者，也常常在上任前先去祭拜孔子。

自西汉至清代千余年的发展中，孔庙为历代统治者所推重而兴盛不衰，曾有十余位皇帝亲至孔庙祭孔。除上所言汉高祖刘邦外，唐高宗李治、玄宗李隆基等也曾亲临。其他如东汉明帝等，则遣人以太牢祭祀孔子。而历史上少数民族统治的王朝，出于倾慕汉文化和巩固统治的需求，也都尊孔崇儒。康熙祭孔曾行三跪九叩大礼于孔庙，行一跪九叩之礼于孔林，乾隆更是先后八次来曲阜祭孔。

孔庙自建成后，东汉恒帝曾在永兴元年（153）拓建并立碑，封孔氏后人为守庙官。后经历朝不断修葺扩建。但到北魏前，仍以故居为庙。隋炀帝大业七年（611），曲阜县令陈叔毅重修孔庙，改变故宅为祠庙规制。到唐代，孔庙已颇具规模。宋金元三代，孔庙两度毁于战火又重建和扩建。与此同时，孔庙建制也被不断提高。

金明昌二年（1191），崇尚儒学的金章宗下令大修孔庙。此次大修，至明昌五年（1194）方告竣，大致形成了今天的格局。到元至顺二年（1331），孔庙成为三路布局、五进院落、环以围墙角楼的仿皇宫式建筑。明代孔庙，数次扩建，基本奠定现存孔庙的规格，同时，通过正德和万历年间两次改变县城布局，形成了现在孔庙居于曲阜城正中央的格局。清代孔庙曾遭雷火而大规模重建，但重建后规模愈加壮观。

现在的孔庙占地300余亩。主体多为明清两代的建筑。庙内南北纵长630米，横宽140米，主体以南北为中轴，分左中右三路，左右对称。中轴线上由南至北分别为庙前五坊、庙内五门、奎文阁、十三碑亭、杏坛、大成殿、寝殿、圣迹殿，为九进院落。大成门至杏坛段东侧为孔子故宅，四周红色高墙围护，配以角楼。

大成殿为整个孔庙建筑的核心。孔子像供于大成殿内正中，两侧为四配（东位为颜回、孔子孙子孔伋，西位为曾参和孟子）。其后闵子骞、子夏等十二哲、朱熹等分列两侧，穿戴如公卿，各置于木制贴金的神龛内。神龛前供桌香案俱全，上摆放笾、豆等各色礼器。殿内陈列乐器、舞具等。大成殿的两侧由大成门至寝殿有东庑和西庑，两庑殿供奉历代先儒先贤，只供木主（牌位），无塑像。

大成殿之名乃宋徽宗所取，取《孟子·万章下》"孔子之谓集大成"句。今所见大成殿主要是清雍正二年（1724）重建，"大成殿"三字也是雍正御书。大成殿门外还有雍正帝御书"生民未有"，与殿内正中康熙御书"万世师表"

等，昭示着孔子的影响力。

杏坛在大成殿前庭园中央。相传为孔子当年讲学处。到宋代天禧年间，大成殿因扩建北移，孔子四十五代孙孔道辅在正殿旧址上设坛场，周围遍植杏树。坛旁有古桧树一株，相传为孔子手植。

十三亭又称"御碑亭"，因专门保存古代皇帝御制石碑而得名。碑亭内共存唐至民国所刻碑五十余块，碑文内容主要是朝廷对孔子追封、加谥、祭祀活动及修整庙宇的文字记录。

奎文阁原是宋时所建，是珍藏历代帝王御赐经书的藏书楼，名"御书楼"，金代重修时，依据"奎"为二十八星宿之一，奎星象征"文官之首"，因"奎主文章"之说改名奎文阁，象征孔子为天下文官的领袖。

孔庙中路除了以上主体建筑，还有颂扬孔子功德的庙前五坊（金声玉振坊等五座牌坊）、依照古代"天子五门"的礼制修建的庙内五门（由南至北的圣时门至大成门）、依古代传统前寝后殿的帝后居室规制所修用于祭祀孔子夫人亓官氏（又作"丌官氏"）的专祠、位于孔庙最后端存有石刻《圣迹图》的圣迹殿。孔庙的东路和西路建筑，则是分别用以祭祀孔子上五代先祖及孔氏中兴祖和祭祀孔子父母。

两千多年来，曲阜孔庙在历代帝王的重视下经过不断扩建，成为中国最大、最古老的孔庙，也成为国内现存最大的古建筑群之一。

孔庙作为历代封建王朝尊孔崇儒的礼制建筑，被广泛推广，并非曲阜独有。除了曲阜孔庙和宋时建立的浙江衢州孔庙这样的家庙①，更有历代在京城最高机构太学中设立的"国庙"（京师孔庙）和各处将国家行政教育、儒家经典学习及祭孔场所相结合的"学庙"。

不唯国内，因为孔子及儒学影响遍布于整个东亚汉字文化圈，孔庙也见诸朝鲜、日本等国家。如朝鲜著名的成均馆、日本足利孔庙等，现在仍有祭孔活动。日本现仍保存三十多处孔庙，越南各地也有许多孔庙。

孔庙是奉祀孔子的场所，更是宣扬儒学和教化的文教圣地。从三间祠堂到占地三百余亩的宏大建筑群，从祭祀孔子一人发展到祭祀历代鸿儒先贤一百七十三人，从曲阜孔庙到遍布全世界，孔庙显示着孔子及儒家文化在世界范围内的影响力。但是，诸多孔庙中，地位最尊贵的仍然是集家庙、国庙于一身的曲阜孔庙。

文化标识

――――――――――――

① 素称"南宗"的浙江衢州孔庙，是北宋末年金兵南侵时，孔子第48代裔孙孔端友负孔子及夫人楷木像离开曲阜，南迁至衢州后由南宋朝廷敕建的孔氏家庙，是曲阜孔庙外全国仅存的孔氏家庙。

曲阜故都和曲阜"三孔",是齐鲁文化的骄傲,也是世界文化的瑰宝。1961年,曲阜孔庙、孔林、孔府因其悠久的历史、丰富的文化内涵及唯一性和完整性,成为中国第一批重点文物保护单位。更于1994年被确定为世界文化遗产,正式列入《世界遗产名录》。世界遗产委员会考察报告评估说:

> 它是中国漫长历史时期宗教艺术和建筑的最杰出的代表(尽管由于多次火灾后重建,大多数建筑物是明清风格的)……作为孔子出生和埋葬之地,曲阜的这处纪念性建筑是独一无二的。……这组纪念性建筑由于中国历代封建帝王的支持,因而具有杰出的艺术价值。最好的艺术家和工匠参与了这组建筑物的设计和重建。……这组建筑群代表了在相当长的一个历史时期内中国物质文明的进步在建筑方面的体现。

这一评价是符合实际的,也说明曲阜"三孔"的文化价值和影响力获得了国际社会的广泛认可,当然也从一个侧面昭示了孔子及儒学文化的独特魅力。

第二节　泰山文化

泰山文化源远流长,是中国古老文化的重要源头之一,更是齐鲁文化中不可或缺的一部分。泰山文化发源很早。泰山东南沂源县发现的距今四五十万年的猿人化石,东部新泰乌珠台发现的五万年前的智人牙化石,以及新石器时期泰山南麓的大汶口文化,均为中国史前文化的典型代表。这些史前文化虽已杳然难寻,但泰山文化却在历史的演进中层层积累,愈加浑厚。古往今来,"五岳独尊"的泰山崇拜所衍生的建筑文化、祭祀文化及文学艺术等,更使泰山成为优秀的自然文化、历史文化遗产。

一、五岳独尊的泰山崇拜

泰山"五岳独尊"之称由来已久,唐玄宗《纪泰山铭》已有"五岳之伯"的赞词,北宋石介①《泰山》诗则云:"七百里鲁望,北瞻何岩岩。诸山知峻

---

① 石介:北宋思想家,教育家。曾创建泰山书院、徂徕书院。

极，五岳独尊严。"到清代，"五岳独尊"四个大字更被书刻于泰山极顶（玉皇庙东南）通往玉皇顶途中两米多高的巨石上。

"诸山知峻极，五岳独尊严。"比泰山高的山很多，却为何泰山"独尊"呢？可以说，是大自然的钟灵毓秀和中华文化的民族特性，一起造就了泰山的地位。

首先，泰山有着雄伟的自然景观。泰山耸立于华北平原东侧，总面积426平方公里。最高峰玉皇顶海拔1500多米。古人对于泰山的高峻，是有非常直观的感受的，"泰山"之名便因此而来。"泰山"又称"太山"或"大山"。

> 《管子·形势解》："所谓大山者，山之高者也。"
> 《易·系辞上》"易有太极"，惠栋述："极大曰太。"

所以"泰山"本就是"大山"的意思。古人以"太山"之名称之，正在于其"大之极"。当然，后来的"太"字改作"泰"，"泰"除了表示极大，还表示安宁、安定，如《字汇》"泰，安也"，又赋予了泰山以镇守四海、国泰民安的美好寓意。

此外，古人很早便在诗歌里赞叹泰山之高。《诗经·鲁颂·闭宫》："泰山岩岩，鲁邦所詹。"其中的"岩岩"之意便是高峻的样子。而杜甫的《望岳》之诗，更是道尽泰山之巍峨。

泰山不仅高大，还以巨石岩岩显出刚劲的风骨。泰山南部分布三大断层，呈阶梯式降落，形成泰山南坡陡峻高拔的三大台阶式地貌。山北部山阴和山左、山右虽山势相对平缓，却也是层峦叠嶂，众丘岗环簇，使泰山显得稳固雄壮。所以，后人有"稳如泰山""重如泰山"之说。

其次，泰山的地理位置优越。居于华中平原东侧，是泰山地位尊崇的又一个原因。泰山又称"岱宗"：

> 李白《名堂赋》"告成岱宗"王琦辑注："岱者，代也，东方万物始交代之处。"
> 《白虎通·巡狩》："东方为岱宗者何？言万物更相代于东方也。"
> 《古经解钩沉》引《礼记·王制》"至于岱宗"崔灵恩《礼记义宗》注云："东岳之所以谓之岱者，代谢之义。阳春用事，除故生新，万物更生相代之义。"

由此可知，东岳之所以谓之"岱岳"，有代谢之义。乃是其方位象征着万物新生，阴阳交替，轮回之始，万物更生相代，因为在空间上具有神秘意味，泰山日出便有了万象更新的独特含义。基于传统阴阳五行中的东方崇拜，泰山成为"万物始交代之处"，被誉为象征生命、新生的"圣山"。这种"主生"的神秘性主宰着大到国家政权更替，小到个人生死。所以，泰山形成了独特的封禅祭祀活动和求子、求长生习俗，相关神话传说更是多与此有关。

第三，政治原因进一步奠定泰山五岳独尊地位。《史记·封禅书》记载远古七十二帝王封禅泰山，《尚书》记载舜在泰山祭祀，秦皇汉武封禅泰山更是为后世帝王效仿。历代统治者们泰山祭祀和封禅的活动，进一步巩固和提高了泰山五岳独尊的地位。《尚书·舜典》记载：

> （舜）类于上帝……望于山川，遍于群神。……岁二月，东巡狩，至于岱宗。柴，望秩于山川。

舜执政后，在泰山上举行了古老的"柴望"仪式，祭祀上帝、山川及众神。"柴"和"望"是两个不同的仪式。"柴祭"是在山顶积起柴堆，加牲其上，烧柴引火，以敬告天神，即所谓"燔柴祭天"。泰山顶北斗台下现有"舜至孔登"的刻石。"望祭"则是在"柴祭"完成后，再于山顶举火，遥望四方，意即照会四方从属部落。四方从属也纷纷登上本方境内的高山举行祭祀仪式，向泰山遥祭，表示臣服于泰山，归顺于舜。这个仪式叫"望秩山川"。泰山由此成为"众望所归"。泰山山顶玉皇庙大殿前还有"柴望遗风"的匾额。其后，"柴望"仪式逐渐演变为封禅仪式。

> 《尔雅·释山》"泰山为东岳"邢昺注引《风俗通》："泰山，山之尊，一曰岱宗。岱，始也；宗，长也。万物之始，阴阳交代，故为五岳长。王者受命，恒封禅之。"
> 《后汉书·祭祀志下》："封者，谓封土为坛，柴祭告天，代兴成功也。"

堆土为坛叫作封，所以在泰山极顶筑土为坛以祭天，感天之功德，向上天报告人间之功及祈福，也叫作"封"。而在泰山脚下的小山上祭地，感地之厚德，报地之福，叫作"禅"。"禅"原写作"墠"，后来，为了增加其神圣意味改为"禅"。

古代帝王，要进行封禅，必须具备三个条件：一是"受命于天"，二是有"功德"，三是有"符瑞"（吉祥征兆）。三者具备方可封禅。齐桓公曾打算封禅泰山，但被管仲以"非有符瑞，不可封禅"的理由劝阻了。基于三个条件，泰山封禅具有古代帝王昭示政权合理性、美化自己政绩功德和天佑神权的特殊意义，虽然秦汉以来只有秦始皇、汉武帝、光武帝、隋文帝、宋真宗等十二位皇帝举行过封禅（武则天曾在嵩山封禅），但历代帝王对泰山的崇奉却是与日俱增的。

第四，历代名士泰山情节的文化加持。如果说泰山的祭祀和封禅是从政治层面一步步强化了泰山的尊主地位，那么后世名士文人的登临则为泰山赋予了更多的文化意味。如今在岱顶南侧的瞻鲁台，相传是孔子登山眺望鲁国的地方。此处曾有"孔子小天下处"刻石。《孟子·尽心上》载："孔子登东山而小鲁，登泰山而小天下。故游于海者难为水，游于圣人之门难与言。"泰山登临，代表了古代士人砥砺日新、不断精进的精神，更是孔孟文化中所弘扬的心怀安邦治国平天下之宏志的写照。而到司马迁写出"人固有一死，或重于泰山，或轻于鸿毛"（《报任少卿书》）的名句，"重于泰山"更成了重大义而轻生死之精神境界的代名词。在魏晋文人的游仙诗里，如曹植的"仙人揽六箸[①]，对博太山隅。……四海一何局，九州安所如"（《仙人篇》），泰山又是仙踪缥缈之所在。杜甫写《望岳》，更让泰山"造化钟神秀"的美名变得四海皆晓。可以说，泰山的"地灵"之姿，与历代"人杰"以妙笔书写的泰山情思，赋予了泰山独特的精神品格，更赋予了泰山深厚而独特的文化底蕴。

二、岱庙等建筑文化艺术

建筑是凝固的历史。如同曲阜"三孔"凝聚了故都历史和儒家文化，泰山上的各色建筑，也是泰山文化立体和具象的呈现。岱庙是泰山崇拜文化的产物，而碧霞祠、普照寺等宗教建筑，也体现着泰山汇聚包容的精神气魄。

（一）岱庙

历代帝王对于举行封禅大典和祭拜泰山神的重视，形成了泰山上最为宏伟的祭祀建筑——岱庙。

岱庙又称岱宗庙、东岳庙、泰岳庙，坐落于泰山南麓泰安城内通天街北端，是泰山面积最大、保存最完整的古建筑群。与北京故宫、曲阜"三孔"、承德避暑山庄的外八庙，并称中国四大古建筑群。

史书记载，汉代奉祀泰山山神东岳大帝的庙宇有上中下三庙。岱庙是三庙中的下庙。有"秦即作畤""汉亦起宫"之载，是说岱庙在秦代即有兴建计划，从汉代开始兴建宫殿。其后历代均有重修，到宋代曾有较大拓建。

----

① "六箸"或作"六著"，古代博戏用具。俗名骰子、色子。

现所存岱庙为宋代的建筑规模，南北长 406 米，东西宽 237 米，总面积近 10 万平方米。它的整个建筑群由南起旧泰城南门，北至南天门的中轴线贯穿，位于中轴线上的主体建筑有遥参亭、岱庙坊、正阳门、配天门、仁安门、天贶殿、后寝宫、厚载门。其他汉柏院、唐槐院、东御座、西道院等则左右对称排列。庙宇四周，又有城墙高筑，四角及门有楼阁耸立。

岱庙一大特色，是其建筑风格至迟从宋代起便严格采用帝王宫城的式样，总体布局上按照唐宋以来祠祀建筑中最高标准修建，内部建筑排列布局遵循儒家礼制观念。这在岱庙的主体建筑天贶殿上体现得尤其明显。

天贶殿是岱庙的主体建筑，它与北京太和殿、曲阜孔庙大成殿并称为"中国三大殿"。贶（kuàng），《说文解字》释为"赐也"。天降嘉贶，即"天赐"的意思。相传北宋真宗大中祥符元年（1008）六月初六有"天书"降于泰山，宋真宗即于次年在泰山兴建天贶殿，以谢上天。

天贶殿位于岱庙中轴线偏后的高大台基上，整个岱庙便是以天贶殿为中心，形成"前朝后寝"格局。天贶殿还采取"九五之制"。"九五之制"指天贶殿开间为九间，进深（指建筑物纵深各间的长度）为五。古代常以"九五至尊"表示皇权。通常只有王宫正殿，才能使用"九五"之数作为开间。再者，天贶殿的殿顶是重檐庑殿顶，是古代建筑中形制等级最高的。至今，天贶殿仍是重檐八角，斗拱飞翘，上覆黄色琉璃瓦，檐间悬挂"宋天贶殿"的巨匾，庄严无比。

此外，天贶殿内东、西、北三壁，有始绘于宋代的《泰山神启跸回銮图》，高 3.3 米，总长 62 米，"启"即起行出发，"跸"（bì）即帝王出行时开路清道，又指帝王出行的车驾。"銮"（luán）为皇帝车驾，又可代称帝王。画面中东岳大神由文武百官簇拥出巡回宫。东岳大帝头戴冕旒，身着衮袍，端坐六马玉辂中，完全一副帝王气象。

（二）其他建筑

除了岱庙之外，泰山其他建筑也呈现出儒、释、道兼容并蓄，道观、佛寺相得益彰，本土文化与外来文化交融的独特魅力。

体现泰山东方文化崇拜特色的，除了供奉东岳大帝的岱庙，还有供奉碧霞元君的碧霞祠。

供奉泰山神女碧霞元君的神庙在明清之际也有上、中、下三庙。碧霞祠是三庙中的上庙，由正殿、配殿、大山门、东西神门、钟鼓楼、南山门等组成，始建于宋代，相较于岱庙起源较晚。碧霞祠初名玉女祠，金代为昭真观，明代扩建后称碧霞灵佑宫，碧霞灵应宫，清代时改称碧霞祠，延续至今。

碧霞祠有两大特色。一是素为古人所称道的选址精妙。从建祠位置看，它居于玉皇顶之南，北有玉皇顶，东北有大观峰，东南有日观峰，南临断崖，西通天街。从玉皇顶俯视，碧霞祠藏蕴峰崖，一派仙山琼阁的景象。而从天街望去，碧霞祠立于通向岱顶的必经之路，临峰而立，姿态杳渺。二是作为高山建筑，碧霞祠自明代起，其主要大殿均以铜瓦为顶，而檐顶正脊、鸱吻、垂脊、走兽等也都以铜制。东西配殿、大山门也都有铁制构件覆顶，以防御山顶风雨之灾祸，是高山建筑的杰作。

普照寺是泰山南麓唯一的一座佛教寺院。相传为魏晋南北朝时始建的古刹，金大定五年（1165）曾奉敕重修，题为"普照禅林"，有敕牒石刻勒殿壁。其后明、清皆有重建，一度复兴，新中国成立后也多次修缮。普照寺后院有粗达数抱的"六朝松"，传为六朝始建时种植。

灵岩寺位于泰山西北麓，是泰山现存规模最大的一座禅寺，也是泰山最早的佛寺之一。初建于东晋，兴于北魏，盛于唐，与浙江天台国清寺、南京栖霞寺、江陵玉泉寺并称我国寺院四绝，且负"四绝之首"盛名。灵岩寺之盛名远播，还因为其深厚的人文气息。如曾巩、苏轼、苏辙、辛弃疾等，或登临题咏，或留下墨迹，明代文学家王世贞更发出"游泰山而不至灵岩，不成游也"的赞叹。

除了以上这些，泰山还有位于登山盘道起始处的关帝庙；有三国时期已经建成，曹植"驱风游四海，东过王母庐"，抒发"俯观五岳间，人生如寄居"（曹植《仙人篇》）之感的王母池；还有玉皇庙、南天门、夫子庙、玉皇庙、登山盘道等。

千百年来，这些建筑几经风雨，几经颓垣新建，至今仍有香火缭绕，其中坚韧而绵延的，正是人们的信仰与泰山文化。

巍巍乎泰山，襟沧海而带昆仑，一览众山小。1987年12月11日，泰山被联合国教科文组织正式批准列入《世界遗产名录》，是中国第一个自然和文化双重遗产。世界遗产委员会评价："庄严神圣的泰山，两千年来一直是帝王朝拜的对象。其山中的人文杰作与自然景观完美和谐地融合在一起。泰山一直是中国艺术家和学者的精神源泉，是古代中国文明和信仰的象征。"在齐鲁历史上，能够与"三孔"相媲美的文化标识，泰山无疑是首选。

文化
标识

第三节　河海文化

山东半岛三面环海，北起无棣县大口河口，南至日照市绣针河口，向东伸入黄海，西北部濒临渤海，海岸线绵延曲折，海疆广阔，有大小不同的岛屿近300座，是我国最大的半岛。千百年来，勤劳质朴又天真烂漫的山东人，依水而生，形成了自己独特的河海文化。其中，起于海上三神山的蓬莱传说、海港与海上运输、海防及京杭大运河，都为我们留下了独特的文化标识。

一、蓬莱仙境与蓬莱阁

"蓬莱"是一个古老的名字。《山海经·海内北经》说："蓬莱山在海中，大人之市在海中。"郭璞注解释说："上有仙人宫室，皆以金玉为之，鸟兽尽白，望之如云，在渤海中也。"《史记·秦始皇本纪》也说："齐人徐市等上书，言海中有三神山，名曰蓬莱、方丈、瀛洲，仙人居之。"大海本就杳渺，加之海上风云变幻，又有海市蜃楼的奇观，蓬莱仙山的美丽神话，由此衍生出来。

蓬莱山一草一木仿佛已被世人尽收眼底的同时，仙山的踪迹却依旧难寻。于是，蓬莱山由"巨鳌背负"漂游于海中的解释也显得合理起来。《太平御览》卷三十八引《玄中记》："东南之大者有巨鳌焉，以背负蓬莱山。"

尽管仙山难求，蓬莱仙山仍成为渴望长生者关注的焦点。战国时期，燕、齐两国的国君已在做着"入海求仙"的长生梦。秦汉以来，秦皇、汉武以举国之力求取仙山灵药，使得蓬莱仙山进一步人间化。其后，虽然海上求仙的实际行动不再多闻，但是，蓬莱文化却伴随着民间传说和文人创作经久流传。蓬莱毕竟缥缈，而人们满腔的想象和情怀又需要现实的寄托，于是，蓬莱阁便应运而生。

坐落在烟台蓬莱市城北海崖上的蓬莱阁，始建于北宋仁宗嘉祐六年（1061），明代曾扩建，清代又曾重修。现高15米。重檐八角，回廊萦绕，清人铁保所书"蓬莱阁"金字匾额高悬阁前，以头头在在的姿态，成为连接幻想和现实的桥梁。

蓬莱阁选址于蓬莱，本就是缘于蓬莱仙话。北宋仁宗嘉祐年间（1056—1063），朱处约出任登州知州。梅尧臣作《送朱司封知登州》诗饯行，诗中

"城临沧海上，不厌风涛声。海市有时望，闾屋空虚生。车马或隐见，人物亦纵横。变怪其若此，安知无蓬瀛"（《宛陵集》卷二十三）一段，特别提到了"蓬瀛"。当朱处约来到登州，真切见识到居于渤澥的蓬莱那"层崖千仞，重溟万里……仰而望之，身企鹏翔；俯而瞰之，足蹑鳌背"的胜景，又想到"世传蓬莱、方丈、瀛洲，在海之中，皆神仙所居，人莫能及……而登州所居之邑曰蓬莱，岂非秦汉之君东游以追其迹，意神仙果可求也"一时之间，眼前之光景与亘古之仙山传说交汇于眼前，"听览之间，恍不知神仙之蓬莱也，乃人世之蓬莱也"（朱处约《蓬莱阁记》）。于是他在丹崖山海神庙的庙地之上，兴建了蓬莱阁。

蓬莱阁自建成后，便以"久负盛名"的姿态引得四方游客云集。元丰八年（1085），苏轼出任登州知州，就职第五日，便来蓬莱阁赏游。而素有情趣的他，更能发现人所不能见之处，写下了《文登蓬莱阁下，石壁千丈，为海浪所战，时有碎裂。淘洒岁久，皆圆熟可爱。土人谓此弹子涡也。取数百枚以养石菖蒲，且作诗遗垂慈堂老人》的长题诗，其中有"蓬莱海上峰，玉立色不改。孤根捍滔天，云骨有破碎"的诗句生动描画出蓬莱阁的临海卓绝之姿。更令人惊奇的是，他到官仅仅五日，即被朝廷召还，却有幸看到了海市，并写了《登州海市》诗，诗序曰："予闻登州海市旧矣。父老云：'尝出于春夏，今岁晚不复见也。'予到官五日而去，以不见为恨，祷于海神广德王之庙，明日见焉。乃作此诗。"这实在是蓬莱阁的一段佳话。

如今的蓬莱阁仍是海畔的登临胜地，人们或一享临风观海的景色，或抒发乘桴浮于海的情怀，或驰骋仙山海市的畅想。斗转星移间，蓬莱阁吞吐着万千气象，述说着那虚无缥缈间传承千年的神仙文化，也承载着世人对生命长久的美好寄托。

二、海港与齐鲁海运史

齐鲁的海上航线由来已久。勇于探索的先民们，面对浩瀚的海洋，绝不仅仅满足于驰骋想象，而是早早就开始了海上航线的开拓。随着海运的发展，沿海的海港繁荣发展，烟台、青岛因海港而形成年轻而有活力的城市，向我们展示着海洋文化独有的特色。

（一）古代齐鲁海上航线

齐鲁古代海上航线的开辟，大致分为四条：分别是北通辽东天津航线，南下江浙闽粤航线，沿山东半岛环行航线以及与朝鲜、日本往来航线。①

---

① 详见王赛时《山东海疆文化研究》，齐鲁书社 2006 年版，第 329—331 页。

北通辽东天津航线。这是齐鲁最早开发的一条海上航线。从考古发现的重达十余斤的新石器时代石锚可知，山东半岛与辽宁半岛之间通航甚早。据《三国志·魏书·三少帝纪》记载，魏明帝景初三年（239）"以辽东东沓县吏民渡海居齐郡界，以故纵城为新沓县以徙民"。魏齐王正始元年（240），又"以辽东汶、北丰县民流徙渡海，规齐郡之西安、临淄、昌国县界为新汶、南丰县，以居流民"，可见此时的山东辽东航线已经十分畅通。

南下江浙闽粤航线。这是山东通往江苏、浙江、福建、广东等南部地区的航线。《越绝书》记载，越王勾践"行霸琅琊"（《越绝书》卷一），曾派三百商艘到过齐国琅琊。其后，《史记·秦始皇本纪》也说，始皇三十七年（前210），在巡视会稽（今浙江绍兴）后，于海边刻石以记，然后"还过吴，从江乘渡，并海上，北至琅琊"。又《晋书·苏峻传》称，魏晋南北朝时期，北方动乱，大批北人南下避难，苏峻为避祸，乃"率其所部数百家泛海南渡"，到达广陵，也就是今江苏扬州。唐代时，南北方商务交流使登州、莱州、密州成为经济繁荣的口岸。到北宋时，这条南路航线更进一步向南延伸，甚至曾有从登州港到广东潮州的直达海船。而胶州湾密州的板桥镇港成为接纳闽粤乃至南洋诸国贸易船只的国际港。清初虽海禁，但至道光二十年（1840）恢复通航后，便已"材物种种，随时取给于江浙闽广，舟楫之利如此"（道光二十年《荣城县志》）。

沿山东半岛环行航线。因北上辽东航线与南路航线被不断地开发拓展，海口密布，港湾间通航便利。尤其在清代道光六年（1826），环山东半岛的海运航线被重新勘定，海道里程、停泊口岸、方位坐标和行驶航线皆做标识，并增加了罗盘导航的针经指向，航海路线更为缜密。

与朝鲜、日本往来航线。此航线大约自徐福东渡日本便已有之。史书记载山东半岛直达朝鲜半岛见于《后汉书·王景传》。王景的八世祖王仲本是山东琅琊不其（今崂山西北）人，为避祸乱而从海上向东到了乐浪山，并从此定居乐浪。[①] 乐浪在今天朝鲜平壤一带，包含朝鲜半岛北部地区，在当时为汉朝所管辖。乐浪还是从中国到日本航线的重要节点，全程是由山东先到达乐浪郡，然后从乐浪郡再到达日本各岛屿。直到唐代才又开辟了直达新罗的东路航道，并由此转抵日本。宋代指南针的使用，使得海上远程航行的导航更精确，从此，山东驶往朝鲜和日本的船只便可全部跨海直航。

---

① 《后汉书·王景传》卷七十六："（王景）八世祖仲，本琅琊不其人，好道术，明天文。诸吕作乱……仲惧祸及，乃浮海东奔乐浪山中，因而家焉。"

（二）青岛、烟台开埠史

烟台和青岛，是因航运而兴起的两座城市，从建设之初便是依港建市。又同样因为外国侵略，形成了自己中西合璧的城市风格。

1. 烟台开埠史

烟台早有渔村，据民国《福山县志稿》卷五《商埠》记载："古无烟台之名……元明海运之道皆泊之罘岛，而烟台无闻焉。""明为海防……设墩台狼烟，以资警备，土人因呼之曰烟台，其始不过一渔寮耳。"[①] 意思是说，元明两朝海运停泊在之罘岛（即今"芝罘"），《大不列颠百科全书》中仍称烟台为"CHEFOO"。直到明朝洪武三十一年（1398），为预防倭寇，在今烟台山设狼烟墩台，于是当地人称之为"烟台"。

烟台开埠，始于清朝。清朝海禁相对松懈后，烟台渐有商船聚集，到道光末年，商号已经发展到千余家。道光和咸丰年间，朝廷通过海运向京城供粮，山东各海口均承担中转维护及补给任务，从而给烟台港发展提供了契机。

烟台港的繁荣和优越的地理位置，也引起了西方列强的觊觎。英法联军与清廷开战，迫使清政府开放登州港后，法国在咸丰十年（1860）直接出动兵力占领了烟台港。为了控制山东沿海商业贸易，英、法两国在咸丰十一年（1861）强迫清政府签订了不平等的《天津条约》，烟台被辟为通商口岸，成为山东省最早的通商口岸和中国北方最早开埠城市之一。当年春，英国驻华公使派英国驻登州领事马礼逊前往登州筹办开馆事宜。之后英国、美国、法国、德国、日本等17个国家在烟台山的周围建立了领事馆，烟台港从此成为国际贸易大港。

烟台港的对外开放加速了港埠城市的发展。商号多达千家，双顺泰、万盛合等大商号港货贸易繁荣。而外商开设的洋行及代理行业也有20多家。港口贸易与城市建设、商业发展相互推动，烟台成为迅速崛起的海滨城市。

2. 青岛开埠史

青岛在19世纪才开埠。但从明代开始，青岛已经是航海者汇集的地方。青岛天后宫供奉着妈祖，从明代便是航海者祈求平安之处。又据青岛天后宫中所立清同治四年（1865）《重修天后宫碑》记载，在同治初年，青岛已经是商号集萃之地。

同治年间《即墨县志》记载："青岛，县西南百里。"但这个"青岛"指小青岛。1899年10月，德国皇帝威廉二世命名"胶州保护地的新市区为青岛"，

---

① 《福山县志稿》，转引自王赛时《山东海疆文化研究》，齐鲁书社2006年1版，303页。

青岛从此作为城市名字出现。

青岛这个新城市，从诞生起便被烙上了殖民地的烙印。清朝廷也曾注重胶州湾的战略地位。1891年，清政府听从李鸿章的建议在胶澳派兵设防，这被认为是青岛建置的开始。光绪十八年（1892）秋，清兵四营驻防青岛，并移总兵衙门在此，其后还建造栈桥和小码头，以供海军舰船使用。但清政府未来得及进行更多的建设。1897年11月，德国武力占领胶澳。1898年，强迫清政府签订《胶澳租借条约》，同意德国租借胶州湾为军港，租期为99年。

德军侵占青岛以后，一方面拨款拓建青岛港，使其后来居上成为山东沿海口岸第一海港。一方面依照城建服从港建原则，按港市规划城市的政策开发青岛市区，青岛城市建设围绕港口发展开来。德国人又输入现代工业和商业，比如在青岛设建公司，联合14家德国银行在青岛组建德华银行。

1914年第一次世界大战爆发，日本取代德国侵占青岛。1922年，北洋政府收回青岛主权。1929年南京国民政府接管胶澳商埠，设立青岛特别市。1930年改称青岛市。1931年，沈鸿烈接任青岛市市长，主政期间因地制宜，青岛获得了快速发展。但在1938年1月，日本再次侵占青岛。1945年抗日战争胜利后，青岛被南京国民政府接收，又成为美国的海军基地。直到1949年6月2日，青岛才全境解放。

烟台和青岛的百年历史，是被列强侵略的屈辱史。在城市经济、建筑、习俗等很多方面，都留下了非常明显的印记。这些特殊的文化标识，既是我们了解中国近代史的重要物证，也无声地告诉我们落后就要挨打的道理。

三、海防建设与海权

边防无小事。大海在汉唐以前，一直是我齐鲁之邦天然的屏障。直至宋代，朝廷因辽国的威胁才开始重视海防。宋明时期海防的胜利和清末海防的失利，使我们不得不直面历史，以惨痛的血泪史去铭记海防建设、海权的重要性。

（一）历代海防建设

北宋时期，由于辽国控制辽东半岛，与山东半岛隔海对峙，且宋朝势弱，所以，距离辽东半岛最近的登州由此开始建筑海疆防御体系。不过，由于当时辽国水军还相对薄弱，且登州海防建设到位，山东北部未有激烈海战。

山东海防真正危机频现，海防体系得以被严密构建，是从元朝末年开始的。从元末到明朝，海盗对山东海疆构成严重威胁，山东海疆防卫才被高度重视起来。

明朝从朱元璋起，开始加强海防。将原本隶属于莱州府的登州直接升级为府，设立蓬莱县，增设沿海卫所。明洪武年间（1368—1398），朱元璋初设卫于蓬莱、登州，后来逐步增设靖海卫、威海卫、鳌山卫等，到明成祖朱棣永乐（1403—1424）初年，基本完成环绕山东海疆的卫所设置。明朝还设置总管海防的专职官员，集中管理分散防卫的军队。朱元璋在登州设备倭都司，主管海防军队。朱棣设巡查海右道副使一职，及协调登州、莱州二府海防的"海防道"。虽然明王朝主要采取放弃海岛、严守陆地的消极防御手段，但因海防建设比较充分，基本保证了山东海疆的安全。

清王朝收复台湾后，自认为海疆危机解除，加之闭关锁国，海防意识越来越差。雍正年间（1723—1735），山东沿海更是撤卫建县，从明朝延续下来的卫所防御体系就此解散。之后，清朝仅采用水师巡逻和在重要海口设置炮台的方式来维持海防，沿海驻军日益减少。直到鸦片战争的炮声响起，清政府才意识到自己海防的脆弱，也曾试图加强部署，然而为时已晚。

（二）登州港的兴衰

登州港本是古老的商务港。自唐代启用后，很快成为北方重要大港。直到辽代时，因辽军占据辽东半岛，对山东海防构成威胁，为阻断宋辽之间的北上通道，宋仁宗封闭登州港口，禁止民用，后来更全面封闭。

随着海防建设的逐步强化，登州港的军事设施不断兴建。宋仁宗庆历二年（1042）扩大水兵编制，增设"刀鱼巡检"，并构建兵防水寨以纳战船和水兵，时称"刀鱼寨"。"刀鱼"是对当时浅海战船的称呼，因战船体瘦长而船头尖锐，形似刀鱼而得名。登州主港因此逐步发展成为大型军港。

至明代，因防范倭寇，登州港更是完全被改造成军事设施。明军在原来的刀鱼寨沙堤上夯筑土城，土城周长达两千米。后来万历年间（1573—1620）又在土城外砌以平均高七米、宽约八米的砖石，并在土城东、北、西三面增筑高台。城仅开南北二门。南门连接陆地，北门则为水门。原河道被拓展挖深，引海水入城，形成城内海。城内小海与城外大海沟通，由水门进出。小海用于停泊舰船、操练水师，有敌情，则出水门迎敌。史称"水城"。有明一代，登州水城除了作为军事要塞，还是朝廷向辽东输送战略物资的重要港口。在万历年间，还曾为支援朝鲜的抗倭战争输送物资。

清朝前期，登州水城仍然按照军港模式管理，限制民间船舶。顺治时（1644—1661）增设水城天桥铁栅以加强防卫。到雍正和乾隆年间，逐步放松了山东与奉天的商用航运，登州港军港作用日减，商港作用渐大。但后来随着烟台港的兴起，登州港日渐萧条。

（三）海权的重要性

海权，就是拥有或享有对海洋或大海的控制权和利用权。虽然"海权"一词是美国著名军事家艾尔弗雷德·塞耶·马汉在 19 世纪末才提出的，但海权却是从人类征服海洋开始，各国之间的权限涉及海洋那刻起便存在的，是国家完整、安定、安全的重要因素。中国近代海权的强盛与没落，十分鲜明地体现在戚继光抗倭和甲午海战的对比上。

1. 戚继光抗倭

从元朝末年开始，日本海盗屡屡骚扰我国沿海边境。而戚继光率领戚家军在东部沿海抗倭十五年，最终平定倭寇，解决了困扰中国沿海达二百年之久的倭患。

作为山东登州人，戚继光的戎马生涯从袭职登州卫指挥佥事开始。任职三年，便因目睹倭寇恶行写下"封侯非我意，但愿海波平"（《韬钤深处》）的诗句。之后，他又以署都指挥佥事一职管理登州、文登、即墨三营二十五个卫所。两年后被调往浙江，防守宁波、绍兴、台州三郡。在这里，他将招募的3000 农民训练成大名鼎鼎的"戚家军"，基本荡除东南沿海倭患。

戚继光是人民铭记的抗倭英雄。闽浙一带如临海北固山、温岭新河、福清、莆田等地有诸多的戚公祠，戚继光故乡山东蓬莱有戚继光纪念馆，都记录着人民对这位大英雄的景仰和怀念。

2. 甲午海战

清光绪二十年（1894），日本与中国爆发战争。由于 1894 年的干支纪年为甲午，中国史称"甲午战争"。战争历时 9 个月，战火从朝鲜半岛蔓延到山东半岛和辽东。威海卫之战是甲午海战中北洋舰队对日的最后一战。日军占领威海卫城，北洋水师于刘公岛做最后的坚守，却最终失败。威海卫海军基地陷落，保卫北洋海军根据地的防御战以失败告终。战后，双方签订《马关条约》，中方向日方割地赔款，中国清政府因此背负沉重外债，加速衰落，沦为半殖民地半封建国家。而日本因巨额战争赔款而得以充实国力，走上军国主义对外扩张之路。

在当年清朝北洋水师的诞生地、中日甲午战争的主战场，今威海市的刘公岛，有中国甲午战争博物馆默默伫立。博物院以清代原建的北洋海军提督署、威海水师学堂等清代建筑为主体。此外，还有丁汝昌纪念馆、北洋海军将士纪念馆等。国耻难忘，我们以一座遗址博物馆来铭记这段历史。

海权的物质基础是海上力量，核心是海军的军力。正是清政府对海权和海防建设的轻视，才让古老中国的最外层防线如此不堪一击。"海权握，国则兴；海权无，国则衰。"中国未来的政治安定，经济可持续发展，都有赖于海洋的开发、利用，而海权的稳定则是最重要的前提。

四、京杭大运河与运河水文化

我国地形西北高东南低，大江大河也多为东北—西南走向。在古代，粮食、大宗货物的运输在很大程度上需要依靠水运。但江河的自然走向，使得南北向水运因自然水路的稀缺而出现困难。于是，出于水路交通的需要，"运河"便应运而生。

（一）京杭大运河的开凿史

《中国大百科全书·交通卷》对于"运河"的定义是："人工开凿的航运渠道。"从三千年前殷商时代吴太伯开凿太伯渎开始，我们的老祖宗便开始开凿运河，只不过最早的运河称作渎、沟渠或漕渠等。春秋时期，各诸侯国出于战争和运输需要竞相开凿运河，邗沟是大运河河道成型最早的一段。但各自为政，规模有限，未形成统一体系。隋炀帝时，在旧有运河基础上，疏浚旧渠，拓展新渠，开凿了以东都洛阳为中心，北至幽燕、南下江南、西至关中的南北大运河，形成了后来运河系统的基本骨架。到了元代，在南北大运河基础上，又在山东境内开凿了济州河与会通河（通称山东运河），于是形成了我国运河之集大成者——京杭大运河。

京杭大运河全长 1794 公里，是世界上最长的人工运河。它北起北京，南达杭州，流经北京、天津、河北、山东、江苏、浙江六省市，沟通了海河、黄河、淮河、长江和钱塘江五大水系。

京杭大运河又是世界上最古老的运河之一，从春秋时期邗沟开凿到元世祖忽必烈至元三十年（1293）杭州至北京段全线贯通，跨越一千多年的历史。

（二）南旺分水闸在水利史上的地位

山东境内的京杭运河段地位十分重要。元代开凿的山东运河部分（济州河与会通河）直接贯通南北大运河，使得呈线形的南北大运河由多支型分布向单线型转变，成为呈直线型的京杭大运河。

除了两段主要河道，对京杭大运河影响巨大的，还有明朝时修建的南旺分水枢纽工程。

京杭大运河途经鲁西南，其中汶上县南旺地段地势高，形成"水脊"，水浅难以通航。明朝永乐九年（1411），工部尚书宋礼奉明成祖朱棣旨意疏浚会通河，采纳汶上民间水利家白英建议，利用汶上县北境的大汶河水源丰富的地利，在坎河口修筑戴村坝遏住汶水，又在戴村坝至南旺分水口间开挖小汶河，引汶入运，使得南旺段运河有了足够的水源。在小汶河入运河的"T"字形水口修石头护坡，建一鱼嘴形的石拔（分水尖），使汶水南北分流。此外，他们又兴建了一系列辅助工程，如导泉补源，挖掘汶上县东北山泉汇集流入运河，以补充水源；利用运河两岸的洼地创建人工湖，形成了蜀山湖、马踏湖、南旺湖等湖泊，名之曰"水柜"；又建斗门以调节运河水量，既减轻了小汶河下游洪涝灾害，又能保证枯水季运河畅通。

总之，宋、白二人因势造物，抓住了"引、蓄、分、排"四个环节，实施了疏河济运、挖泉集流、设柜蓄水、建湖泄涨及建闸节流等一系列设计缜密的举措，保证了大运河其后 500 余年畅通无阻，被誉为大运河上最具科技含量的工程。

为纪念宋礼、白英的水利壮举，明清两代在南旺汶、运交汇处建造了"分水龙王庙"。其后自明至清，又先后建成龙王庙大殿、宋公祠、白公祠等，形成了颇为壮观的综合性庙宇和祠堂群落。直到光绪二十七年（1901）运河停运，南旺分水枢纽工程也随之凋敝。

2008 年，南旺枢纽工程和分水龙王庙遗址的考古调查和发掘开启。2010年，汶上县南旺枢纽考古遗址公园被列入第一批国家考古遗址公园立项名单。

（三）京杭大运河的文化贯通作用

与巴拿马运河等以现代手段开凿的运河不同，京杭大运河是一铲一镐挖掘开凿的人工运河，凝聚了我们祖先的技巧和血汗。南旺分水闸一段，更是显示了古代人民卓绝的智慧。京杭大运河还是中华民族文明和历史文化的承载者与展现者。千余年来，村落城镇、民俗民风、歌舞曲艺等沿河而生，构成了独特的运河文化长廊。

京杭大运河南北跨越千里，经历上千年的历史变迁，留下了包括文化遗址、墓葬、石窟寺、壁画等许多重要的历史文化遗产。2006 年 5 月，国务院将"京杭大运河"公布为全国重点文化保护单位；同年 12 月，《中国世界文化遗传预备名单》将大运河列入其中，大运河成为我国文化遗产保护工作的重点之一。

齐鲁大地宽广的海岸线孕育了截然不同于内陆地区的河海文化。蓬莱阁所蕴含的浪漫仙道传说，先人们凭借智慧和勇敢在汪洋大海中开辟出的一条条海上航线，烟台及青岛两座新兴城市特殊的成长史，登州的海浪里炮火与刀剑嘶鸣的历史尘烟，以及大运河道上延续千年的开凿声。都让我们仿佛看到从新石器时代一路驶来的那一叶孤舟，历过巨浪与石情战火的洗礼，穿过历史的时光，一往无前抵达我们脚下的港湾。这就是悠久而又坚韧的河海文化，历经浮沉，却总能焕发新的生机，为齐鲁传统文化增添独特的魅力。

结　语

本章所述的文化标识，因齐鲁文化而生，又成为展现齐鲁文化的典型。古老的鲁国故都、举世闻名的"三孔"、五岳独尊的泰山，固然让我们由衷地感到骄傲和自豪。而蓬莱阁、古今海港和海防及全靠人工完成的京杭大运河，则让我们有神秘、惊险和坚韧等种种深切的感受。这些可见的物态化景观和遗迹，不仅以特殊的方式为我们载录了传统的样态，也以不同于文字记录的震撼力，传承了齐鲁传统的文化精神。因而共同构成了齐鲁文化标识最重要的元素，也为光辉灿烂的中华文明增添了耀眼的华彩。

◎ **思考练习**

1. 请简要梳理一下曲阜"三孔"的关系并说明它们的作用。
2. 关于泰山文化你还了解哪些？和大家分享一下。
3. 对比戚继光抗倭和甲午海战，分析甲午海战失败的原因。
4. 说一说你的家乡有什么传统文化标识。

◎ **资源链接**

参考书目

1. ［汉］司马迁：《史记》，中华书局2013年版。
2. ［汉］班固：《汉书》，中华书局1992年版。
3. ［晋］陈寿：《三国志》，岳麓书社1992年版。
4. ［南朝宋］范晔：《后汉书》，中华书局1993年版。
5. ［唐］房玄龄：《晋书》，中华书局1974年版。
6. ［宋］梅尧臣：《宛陵集》，文渊阁四库全书影印本。
7. 宗福邦：《故训汇纂》，商务印书馆2003年版。
8. 孔德平主编：《曲阜孔庙孔林孔府》，上海世界图书出版公司2008年版。
9. 金开成主编：《孔府孔庙孔林》，吉林文史出版社2010年版。
10. 陈传平主编：《曲阜孔庙孔林孔府》，三秦出版社2004年版。
11. 彭蓉：《孔庙：中国孔庙建筑与环境》，中州古籍出版社2011年版。
12. 泰山风景名胜区管理委员会：《世界遗产丛书：泰山》，上海世界图书出版公司2008年版。

文化标识

13. 蔡启伦等选注：《蓬莱阁诗文选注》，山东人民出版社 1983 年版。

14. 王赛时：《山东海疆文化研究》，齐鲁书社 2006 年版。

15. 嵇国煌：《中国三千年运河史》，中国大百科全书出版社 2008 年版。

17. 俞孔坚、张迪华等：《京杭大运河国家遗产与生态廊道》，北京大学出版社 2012 年版。

第四章
传统美德

  中华传统美德，内涵丰富而又源远流长。其主体部分，来源于儒家思想。齐鲁大地是孔孟之乡，是儒家思想的发源地。齐鲁传统美德，也是中华传统美德的精华。爱国思想在传统美德中占据核心地位。孔子、孟子爱国思想的内涵包括维护国家统一与捍卫民族独立两大方面。受爱国主义思想的感召，齐鲁大地涌现出辛弃疾、戚继光等著名的爱国人物。孝道历来被视为"德之本也，教之所由生也"（《孝经》），在传统美德中有着极为特殊的地位。孔子、孟子都曾系统阐发过孝德。在中国古代影响深远的"二十四孝"，其中有十孝出自齐鲁，由此可见孝道在齐鲁的盛行。仁爱思想也来自于齐鲁先秦儒家。孔子提出"仁"的核心概念，并指明从"爱亲"到"爱众"的实现路径。孟子则在孔子的基础上，提出"仁民爱物"的思想；儒家认为，诚信是立身之本，交友之道，也是治国之方。先秦儒家的仁爱思想和诚信思想，对齐鲁乃至整个中国的传统文化都产生了深远的影响。

第一节　爱国

中华传统美德，内涵极为丰富。其中，爱国主义思想占据核心地位，其凝聚人心、提振民气的作用，更是无可替代。爱国思想虽并不始于先秦儒家，但孔子和孟子有关爱国思想的阐发，对后世影响深远，对齐鲁士气民风的影响则更为直接。辛弃疾、戚继光等齐鲁先贤，就是践行爱国思想的典型。

一、孔孟的爱国思想

中华爱国思想起源极早，先秦儒家的孔子和孟子最早对其进行了较为集中地阐述。在孔孟的思想体系中，爱国精神的内涵包括两方面。

一是维护国家统一，反对分裂。这是爱国主义的重要内容。究其源头，则是儒家的"大一统"思想。孔子曾说："天无二日，土无二王。"（《礼记·坊记》）这里所讲的"王"，是指周天子。为了维护周天子的独尊地位，孔子在《春秋》中"不称楚越之王丧"（《礼记·坊记》），即不承认楚国和越国这两个诸侯国君自立为王的事实。孔子还说："天下有道，则礼乐征伐自天子出；天下无道，则礼乐征伐自诸侯出。"（《论语·季氏》）礼乐征伐自天子出，意味着周天子威权在握，天下一统。在孔子看来，这就是天下有道。至于实现大一统的途径，孔子认为是"克己复礼"（《论语·颜渊》）。这里所说的礼就是周礼。周礼对君臣、父子、夫妇、长幼各种人的行为都有严格规定，按照周礼行事，社会秩序就不会发生混乱，"礼乐征伐自诸侯出"的僭越行为更不会发生，天下就能长治久安。

孔子的大一统思想在孟子那里得到了继承。梁惠王曾经问孟子："天下恶乎定？"意思是说，天下如何才能安定？孟子回答说："定于一"，即统一为一个国家。和孔子略有不同的是，孟子主张通过施行"仁政"和"王道"来实现统一。所以当梁惠王进一步问他究竟谁能统一天下的时候，孟子说："不嗜杀人者能一之。"（《孟子·梁惠王上》）不嗜杀人即施行仁政，施行王道。

汉代以后，随着儒家独尊地位的确立，孔子的"大一统"思想日益深入人心，逐渐成为爱国主义的重要内涵，产生着重要影响。

二是捍卫民族独立，反对外来侵略。这是中华民族的又一爱国主义传统。

这一传统的形成也源于儒家。孔子曾说："微管仲，吾其被发左衽矣。"（《论语·宪问》）意思是说，如果没有管仲，我们中原的华夏民族，就要被异族所征服，华夏的先进文明就会遭到毁灭。这是孔子最不愿意看到的。在后世，每当有异族入侵，捍卫民族独立的思想总是激励着仁人志士们，发起拯救民族危亡的斗争。

孔子、孟子的论述，基本阐明了爱国思想的主要内涵，奠定了后世爱国主义思想的基调。辛弃疾、戚继光等齐鲁士人，则将此落实到了自己的人生实践中，堪称孔孟爱国思想优秀的践行者。

二、爱国词人辛弃疾

辛弃疾（1140—1207），原字坦夫，后改字幼安，号稼轩，历城（今山东济南）人。南宋豪放派词人，与苏轼齐名，并称"苏辛"。

辛弃疾出生时，北方就已沦陷于金人之手。他的祖父辛赞虽在金国任职，却一直心怀故国，常引领辛弃疾"登高望远，指画山河，思投衅而起，以纾君父所不共戴天之愤"（辛弃疾《美芹十论·总叙》）。同时，辛弃疾也不断目睹汉人在金人统治下所受的屈辱与痛苦。这一切使他在青少年时代就立下了恢复中原、报国雪耻的志向。

绍兴三十一年（1161），金主完颜亮大举南侵，压抑已久的中原汉族人民不堪金人严苛的压榨，纷纷起义。年仅二十二岁的辛弃疾也聚集了两千人，参加了由耿京领导的一支声势浩大的起义军，并担任掌书记。

绍兴三十二年（1162），辛弃疾奉命南下与南宋朝廷联络，受到正在建康劳军的高宗赵构的召见。辛弃疾"条奏大计"，受到高宗的重视。在他完成使命北返的途中，突然得到耿京被叛徒张安国等杀害的消息，便决然率领五十轻骑突击五万人马的金营，擒缚叛徒张安国，驰送建康，交给南宋朝廷处决。此举"壮声英概，儒士为之兴起，圣天子一见三叹息"（洪迈《稼轩记》）。

在起义军中的表现，以及辛弃疾惊人的勇敢和果断，使他名重一时。宋高宗任命他为江阴签判，从此开始了在南宋的仕宦生涯。

辛弃疾初来到南方时，对南宋朝廷的怯懦和畏缩并不了解，加上宋高宗曾赞许过他的英勇行为，不久后即位的宋孝宗也一度表现出想要恢复失地、报仇雪耻的锐气，所以在他南宋任职的前期，曾写了不少有关抗金北伐的建议，如著名的《美芹十论》《九议》等，深刻分析了宋金双方的形势，提出了统一国家的详密计划。尽管这些建议书在当时深受人们称赞，广为传诵，但朝廷却反应冷淡，只对辛弃疾在建议书中所表现出的实际才干感兴趣，先后把他派到江西、湖北、湖南等地担任转运使、安抚使一类重要的地方官职，负责治理荒

传统
美德

政、整顿治安。

现实对辛弃疾是残酷的。他虽有出色的才干，但他的豪迈倔强的性格和执着北伐的热情，却使他难以在官场上立足。他的刚正不阿和勇决果断，又使他触怒了一些权贵。淳熙八年（1181），辛弃疾受到弹劾，官职被罢。此后二十年间，他除了有两年一度出任福建提点刑狱和福建安抚使外，大部分时间都在闲居。

嘉泰三年（1203），主张北伐的韩侂胄起用主战派人士，已六十四岁的辛弃疾被任命为绍兴知府，兼浙东安抚使。年迈的辛弃疾精神为之一振。次年，辛弃疾得到了宋宁宗的召见，他向宁宗建言，认为"金国必乱必亡"（《建炎以来朝野杂记》乙集），要认真做好北伐的准备工作。召对后不久，辛弃疾被任命为镇江知府。此时他已六十五岁高龄，但仍竭尽全力为北伐筹划，组织新军，并多次派人深入敌境，侦察敌情。根据当时的情势，他认为北伐"更须二十年"的准备，力持慎重态度。但不久后，在一些谏官的攻击下，辛弃疾被降为朝散大夫、提举冲佑观。不久又改任绍兴知府、两浙东路安抚使，他辞而不就。之后，朝廷令辛弃疾赶赴行在奏事，试任兵部侍郎，辛弃疾仍未就职。

开禧三年（1207）秋，朝廷再次起用辛弃疾为枢密都承旨，令他速到临安（今浙江杭州）赴任。但诏令到铅山时，辛弃疾已病重卧床不起，只得上奏请辞。九月初十，辛弃疾病逝，享年六十八岁。据说他临终时还大呼"杀贼！杀贼！"（《康熙济南府志·人物志》）。德祐元年（1275），宋恭帝追赠辛弃疾为少师，谥号"忠敏"。

三、抗倭英雄戚继光

戚继光（1528—1588），字元敬，号南塘，晚号孟诸，卒谥武毅。山东蓬莱人（一说安徽定远人，生于山东微山）。明朝杰出的军事家、诗人、民族英雄。

嘉靖二十三年（1544），戚继光因祖先军功世袭登州卫指挥佥事，开始了他长达四十年的军旅生涯。嘉靖二十五年（1546），负责管理登州卫所的屯田事务。当时山东沿海一带遭受到倭寇的烧杀抢掠，戚继光有心荡平倭寇，写下了"封侯非我意，但愿海波平"（《韬钤深处》）的诗句。嘉靖三十二年（1553），戚继光受张居正的推荐，晋升为都指挥佥事，管理登州、文登、即墨三营二十五个卫所，防御山东沿海的倭寇。任任期间，肃靖所辖海疆，人民安然。

嘉靖三十四年（1555），戚继光被调往倭患猖獗的浙江，走上了抗击倭寇主战场的最前线。他招募金华、义乌矿工，编练戚家军，创鸳鸯阵，率领戚家军转战于宁波、台州、温州诸府沿海，给倭寇以毁灭性的打击。嘉靖四十一年（1562），浙江境内倭患平定，戚继光又奉调挥师南下，两度援闽，扫荡福建沿海倭患，并一度进入广东境内剿灭倭寇。在长达十年的东南抗倭生涯中，他历任都司金事、参将、都指挥使、副总兵、都督金事、都督同知、总兵诸职，防地自宁波始，渐次南移，终至福州。由镇守一隅防务，进而镇福建全境并浙江金、温二府地方，督水陆诸戎务。大小百余战，所向无敌，"戚家军"威名享誉天下。荼毒百姓数百年的东南沿海倭患从此基本平定。

隆庆元年（1565），东南沿海倭患已被肃清，戚继光奉调北上，以都督同知身份总理蓟州（今河北蓟县）、昌平、保定三镇练兵事务。不久又兼总兵，镇守京师外围蓟州、昌平、辽东、保定等地，总督防务。在任期间，他修长城，建敌台，编练辎重营，备制火器，并创造了一套步、骑、车协同作战的战略战术，使长城沿线防务严密，多次有效地抵御来自关外的侵略。长期困扰明廷的来自关外鞑靼骑兵入侵的压力随之解除，在镇十六年，"边备修饬，蓟门宴然"。因屡立战功，万历二年（1574）升左都督，七年加太子太保。张居正去世后，戚继光受到排挤。万历十一年（1583）被调任广东总兵官。十三年（1585）以年老多病，谢职归家，十六年（1588）病逝，著有《纪效新书》《练兵实纪》两部军事名著和《止止堂集》等。

农业文明的早熟，使我们的先民长期依赖于土地。故对家乡与国土特殊的深情，自上古时代即已形成。经过孔子、孟子的深入阐述，爱国终于成为中华传统美德中最重要的德目之一。生长于齐鲁的辛弃疾、戚继光，或将自己的一腔爱国激情凝结为精美的华章，或以过人的智勇奋起抵御外侮，可谓是齐鲁爱国者的文武典型。其发扬传统，鼓舞后人的榜样作用，至今仍令我们肃然起敬。

第二节　孝道

在中国传统文化中，孝道有着极为悠久的历史。金文中就已经出现"孝"字，先秦时期的《诗经》《尚书》等典籍中，也有着明确的"孝"的观念。《史记·舜本纪》和《孝经》对舜帝的孝德都有特别的记载，尧帝之所以选舜做接班人，主要原因之一是舜具有超乎寻常的孝德。周代，孝文化已经非常发达。

作为集夏商周三代文化之大成者的孔子，集中地阐明孝道的内涵，孟子则继承和发展了孔子的孝德思想。孝道，对齐鲁乃至整个中国传统文化产生了深远的影响。

一、孔孟的孝道思想

孔子对于孝道内涵的阐发，既是对夏商周三代，尤其是周代孝思想的总结，同时也加入了他个人的孝德观。孟子则继承和发展了孔子的孝德思想。二者的孝道观念一脉相承。

（一）孔子论孝道

孔子思想中最核心的概念是"仁"，而"孝"是"仁"的重要内容之一。孔子的学生有若说："孝弟也者，其为仁之本与！"（《论语·学而》）在孔子及其弟子看来，孝顺父母，敬爱兄长，是实行仁德的根本。

《论语》一书中有 19 次提到"孝"，孔子对于孝道内涵的论述，丰富而又深刻。他的孝道思想包括以下四个方面：

第一，对父母不但要养，而且要敬养。孔子的弟子子游问"孝"，孔子回答说："今之孝者，是谓能养。至于犬马，皆能有养；不敬，何以别乎？"（《论语·为政》）一般人认为，孝就是在衣食上供养父母，但在孔子看来，这种观念是不对的，因为连犬和马都能得到饲养，如果不敬，那养活父母和饲养犬马又如何去分别呢？敬是发自内心的，通过人的言行、表情、态度体现出来的。只有做到敬养，才算真正的孝。

第二，父母在世时，要关心他们的方方面面；父母去世后，要为他们守丧三年。孔子说："父母之年，不可不知也；一则以喜，一则以惧。"（《论语·里仁》）意思是说，当父母在世时，要关心父母的年龄，喜的是父母长寿，惧的是父母年事已高。孔子又说："事父母几谏，见志不从，又敬不违，劳而不怨。"（《论语·里仁》）父母有过错时，要轻微、婉转地进行劝谏；如果看到自己的心意没有被听从，仍然要恭敬地对待他们，并不怨恨。关于守丧的问题，孔子认为："子生三年，然后免于父母之怀。夫三年之丧，天下之通丧也。"（《论语·阳货》）当父母去世后，要为父母守丧三年。

第三，孝是对父母意志的尊重和继承。孔子说："父在，观其志；父没（殁），观其行，三年无改于父之道，可谓孝矣。"（《论语·学而》）父亲在世的时候，要观察他的志向；父亲逝世之后，要观察他的行为，如果他对于父亲志向中合理的部分，长期坚持下去，就可以说是做到"孝"了。孔子的弟子曾参转述他的话说："吾闻诸夫子：孟庄子之孝也，其他可能也。其不改父之臣与父之政，是难能也。"（《论语·子张》）在孔子看来，孟庄子的孝，别的都容易做到；而他能在其父去世之后，保持父亲的僚属和政治策略，这是难能可贵的。

第四，孝不违于礼。孟懿子问孝，孔子回答说："无违。"弟子樊迟问其具体所指，孔子解释说："生，事之以礼；死，葬之以礼，祭之以礼。"（《论语·为政》）孔子所谓的"无违"，是指不要违背"礼"，具体来说，父母在世时，要以"礼"来侍奉他们；父母死后，要以"礼"来安葬他们，安葬以后还要按照"礼"来祭祀他们。对父母的生养死葬都要以礼为标准，合于礼的规范要求。因而，是否做到了孝，是以礼为判定准则的。

（二）孟子论孝道

孟子基本上继承了孔子的孝道观念，同时又有所发展。孟子对于孝德的发展，可以归纳为三方面。

第一，孟子提出了"不孝"的五条标准："世俗所谓不孝者五：惰其四支，不顾父母之养，一不孝也；博弈好饮酒，不顾父母之养，二不孝也；好货财，私妻子，不顾父母之养，三不孝也；从（纵）耳目之欲，以为父母戮，四不孝也；好勇斗很（狠），以危父母，五不孝也。"（《孟子·离娄下》）用今天的话讲，所谓"五不孝"是指：1. 懒惰不劳动，不管父母的生活；2. 好下棋饮酒，不管父母的生活；3. 好钱财，偏爱妻子儿女，不管父母的生活；4. 放纵耳目之欲，寻欢作乐，给父母带来羞辱；5. 逞强斗殴，危及父母的安全。孟子设定了非常明确的标准，将不孝的问题具体化。

第二，孟子强调，孝顺父母之心，要始终如一。孟子曰："人少，则慕父母；知好色，则慕少艾；有妻子，则慕妻子；仕则慕君，不得于君则热中。大孝终身慕父母。五十而慕者，予于大舜见之矣。"（《孟子·万章上》）人在幼小的时候，会怀恋父母；知道了女子的美貌，就想念美丽的少女；有了妻子儿女，就迷恋妻子儿女；当了官，就讨好君上，得不到君上的信任，就急切地盼望。因此，一般人到了成年以后，就不再思慕父母，与父母亲近之心渐渐地淡漠了。但虞舜到了五十岁还思慕父母，所以，大孝的人，要像虞舜一样终生孝顺父母。这里所谓的终生孝顺父母，并不仅限于形式上，更在于对父母保持不变的情感。

第三，把"孝悌"与仁义礼智结合起来。孟子曰："仁之实，事亲是也；义之实，从兄是也；智之实，知斯二者弗去是也；礼之实，节文斯二者是也。"（《孟子·离娄上》）仁的主要内容是侍奉父母；义的主要内容是顺从兄长；智的主要内容是明白这两者的道理而坚持下去；礼的主要内容是调节、修饰这两者。

综上所述，孔子、孟子已将孝道思想的内涵进行了较为细致全面地阐释。

传统
美德

后经荀子的补充，最终由儒家学者将孝道思想总结于《孝经》一书中。齐鲁文化受到孝道思想的深刻影响，齐鲁大地也是孝文化最为盛行的地域之一。

二、齐鲁孝子

"二十四孝"是中国历史上广为流传的孝子故事，对于宣传孝道有着重要意义。"二十四孝"中有十孝发生于齐鲁大地，我们从中选取九个今天仍有借鉴意义的故事，列于下文，供大家学习和思考。

1. 舜：孝感动天

舜，传说中的远古帝王，五帝之一，姓姚，名重华，号有虞氏，史称虞舜。相传，舜的父亲瞽叟，以及继母、异母弟象，多次想害死他。比如，让舜修补谷仓仓顶时，他们从谷仓下纵火，但是舜手持两个斗笠跳下逃脱了。让舜掘井时，瞽叟与象却下土填井，舜掘地道逃脱了。事后舜毫不记恨，仍然对父亲恭顺，对弟弟慈爱。他的孝行感动了天帝。舜在历山耕种，大象替他耕地，鸟儿代他锄草。帝尧听说舜非常孝顺，而且有处理政事的才干，于是把两个女儿娥皇和女英嫁给他。后来，经过多年的观察和考验，选定舜做他的继承人。舜登天子位后，去看望父亲，仍然恭恭敬敬，并封象为诸侯。

2. 闵子骞：芦衣顺母

闵损，字子骞，春秋时期鲁国人，孔子的弟子，在孔门中以德行与颜渊并称。据传说，闵子骞生母早死，父亲娶了后妻，又生了两个儿子。继母经常虐待他。冬天，两个弟弟穿着用棉花做的冬衣，他却穿着用芦花做的"棉衣"。一天，闵子骞随父亲出门，拉车时，因寒冷而打战，将绳子掉落地上。他因此遭到父亲的斥责和鞭打。这时，芦花随着打破的衣缝飞了出来，父亲这才知道闵子骞受到虐待。回家后，父亲要休掉后妻。闵子骞跪在地上，求父亲饶恕继母，说："留下母亲只是我一个人受冷，休了母亲三个孩子都要挨冻。"父亲十分感动，就依了他。继母听说，悔恨知错，从此对待他如亲子。

3. 郯子：鹿乳奉亲

郯子，已姓，子爵，春秋时期郯国（今临沂市郯城县西南）国君，少昊氏后裔。郯子品性至孝，父母年老，患有眼疾，需要饮鹿乳疗治。郯子就披上鹿皮，前往深山里去，伪装在群鹿中间，挤取鹿乳，供奉双亲。有一次，猎人看见他，以为是鹿，便想射他。郯子急忙掀起鹿皮现身走出，将挤取鹿乳为双亲医病的实情告知猎人，猎人敬他孝顺，以鹿乳相赠，护送他出山。

4. 王祥：卧冰求鲤

王祥，琅琊（今临沂）人。王祥生母早丧，继母朱氏多次在他父亲面前说他的坏话，离间父子感情。但是继母患病，他衣不解带地侍候。继母想吃活鲤鱼，适值天寒地冻，他解开衣服卧在冰上，冰忽然自行融化，跃出两条鲤鱼。继母吃后，果然病愈。王祥隐居二十余年，后从温县县令做到大司农、司空、太尉。

5. 董永：卖身葬父

董永，相传为东汉时期千乘（今属山东省博兴县）人。家贫，自幼丧母，靠自己耕种养活父亲。董永每次去田间劳作，就用小车推着父亲，放到树荫下，并备有水罐，为父解渴。他们过着父子相依为命的生活。父亲去世，无钱治丧，董永便自卖其身以葬父。有一次，董永在槐荫下遇到一个女子，自言无家可归，于是二人结为夫妇。女子用一个月的时间织成三百匹锦缎，为董永抵债赎身。返家途中，女子告诉董永，自己是天帝之女，被其孝行感动，特来相助。

6. 曾子：啮指痛心

曾参，字子舆，春秋时期鲁国人，是孔子的得意弟子，世称"曾子"，以孝著称。少年时家贫，常入山砍柴。一天，家里来了客人，母亲不知所措，就用牙咬自己的手指。曾参忽然觉得心痛，知道母亲在呼唤自己，便背着柴迅速返回家中，跪问缘故。母亲说："有客人忽然到来，我咬手指盼望你回来。"曾参于是接见客人，以礼相待。

7. 王裒：闻雷泣墓

王裒，魏晋时期营陵（今山东昌乐东南）人，博学多能。父亲王仪被司马昭杀害，他隐居以教书为业，终身不面向西坐，表示永不做晋臣。其母在世时怕雷，死后埋葬在山林中。每当风雨天气，听到雷声，他就跑到母亲坟前，跪拜安慰母亲，说："裒儿在这里，母亲不要害怕。"

8. 仲由：百里负米

仲由，字子路、季路，春秋时期鲁国人，孔子的得意弟子，性格直率勇敢，十分孝顺。早年家中贫穷，自己常常采野菜做饭食，却从百里之外负米回家侍奉双亲。父母死后，他做了大官，奉命到楚国去，随从的车马有百乘之众，所积的粮食有万钟之多。坐在垒叠的锦褥上，吃着丰盛的筵席，他常常怀念双亲，慨叹说："即使我想吃野菜，为父母亲去负米，哪里能够再得呢?"

9. 江革：行佣供母

江革，东汉时齐国临淄人。少年丧父，侍奉母亲极为孝顺。战乱中，江革背着母亲逃难，几次遇到匪盗。贼人欲杀死他，江革哭告：老母年迈，无人奉养。贼人见他孝顺，不忍杀他。后来，他迁居江苏下邳，做雇工供养母亲，自己贫穷赤脚，而母亲所用甚丰。

"二十四孝"中的很多故事带有传说色彩，其所表现的观念可能也无法让今天的读者完全接受。但从这些故事中，我们仍能感受到齐鲁文化中浓郁的孝道观念。

据典籍记载，孝行早在尧舜时代就已被作为选择国君的重要标准，因此也应是选拔官员的标准。这一传统到了西周时期已是比较普遍的社会道德规范和官吏选拔任用的重要标准。孔子、孟子的系统阐释，不仅大大推进了以孝道为核心的中国伦理传统的定型历程，对孝德在后世的发扬光大也产生了重大的影响。一大批齐鲁孝子既是践行孝道的榜样，也是这种影响的具体体现。

第三节　仁爱

在中华传统美德中，仁爱思想有着重要的地位。追根溯源，仁爱思想来自于先秦儒家。孔子提出"仁"的核心概念，并指明从"爱亲"到"爱众"的实现路径。孟子则在孔子的基础上，提出"仁民爱物"的思想。先秦儒家的仁爱思想，对齐鲁乃至整个中国传统文化产生了深远的影响。

一、孔孟的仁爱思想

"仁"是儒家思想的核心概念，"仁爱"是儒家思想的精髓。从孔子到孟子，仁爱思想一脉相承，下面我们分别加以介绍。

（一）孔子的仁爱思想：从"爱亲"到"爱众"

孔子说："仁者，人也。"（《中庸》）可见，孔子认为"仁"是一个人做人的根本。然而，他并不认为对所有人的"仁爱"可以一步实现、一步到位，"仁爱"需要有步骤、有层次地进行。具体来说，"仁爱"的实现需要分两步走：

第一步，"仁爱"始于"爱亲"，即始于"孝悌"。孔子的弟子有子说："孝弟也者，其为仁之本与。"（《论语·学而》）"爱人"应始于与自己血缘关系最亲近的父母、兄弟，因为这是天性使然，是最容易做到的。这是"仁"的基础。

第二步，由"爱亲"进而"爱众"。孔子说："泛爱众，而亲仁。"（《论语·学而》）有了第一步"爱亲"的基础，进而将这种由"爱亲"而来的"爱人"之心推而广之，推及没有血缘关系的人，也就是泛爱大众。

此外，孔子还提出了"忠恕之道"，把"忠恕之道"作为实行"仁"的途径。他的学生曾参说："夫子之道，忠恕而已矣！"（《论语·里仁》）。那么，什么是"忠恕之道"呢？所谓"恕"，就是"己所不欲，勿施于人"，自己不喜欢的事，就不要强加于别人。所谓"忠"，就是"己欲立而立人，己欲达而达人"，自己站得住，也使别人站得住，自己行事行得通，也使别人行事行得通。"忠恕"，即是将我心推及人心，相信人同此心，心同此理。

（二）孟子的仁爱思想："仁民"

孟子继承了孔子"仁爱"的思想，并在此基础上，提出"仁民爱物"的思想，将"仁爱"的外延进一步扩大。

孟子说："仁，人心也。"（《孟子·告子上》）"仁"是每个人都先天具备的，"恻隐之心，人皆有之"（《孟子·告子上》）将这种"仁爱"之心，推而广之，即是："老吾老，以及人之老；幼吾幼，以及人之幼。"（《孟子·梁惠王上》）不断推己及人、推而广之的结果，就是："亲亲而仁民，仁民而爱物。"（《孟子·尽心上》）爱亲人进而仁爱百姓，仁爱百姓进而爱惜万物。将仁爱之心推及百姓，就应该对百姓实行仁政。

二、孔子不问马

孔子和孟子不但阐明了"仁爱"的基本内涵，而且指明了"仁爱"的实现路径。受其影响，齐鲁传统文化中仁爱之风盛行，延续至今。而孔子本人在实际生活中，也表现了仁爱的品德。《论语·乡党》载：

> 厩焚。子退朝，曰："伤人乎？"不问马。

这是说孔子家里的马厩失火了。孔子退朝回到家，问家人："伤人了吗？"不问马匹的情况。火灾之后，孔子不关心财物，而只关心马厩里仆人的安危。这是他"仁爱"思想的自然流露，也是知行合一的体现。

三、孔融让梨

孔融（153—208），字文举，曲阜人。孔子二十世孙，泰山都尉孔宙之子。东汉末年文学家，"建安七子"之一。《世说新语》刘孝标注引《孔融别传》说：

> 融四岁，与兄食梨，辄引小者。人问其故。答曰："小儿，法当取小者。"

《后汉书·孔融传》李贤注引《孔融家传》曰：

> 年四岁时，与诸兄共食梨，融辄引小者。大人问其故，答曰："我小儿，法当取小者。"由是宗族奇之。

"孔融让梨"是中国流传了千百年的传统美德故事，幼年孔融尊重长辈的优良品质，教育了一代又一代的儿童。其实，这则故事所表现的仁爱、礼让精神，无论对于青少年，还是成年人，都有教育意义。

"仁爱"是孔子对传统文化进行全面整合的关键词，也是儒家思想最重要的内核。从爱亲、爱人、爱众到"仁民爱物"，都闪耀着人性光华，甚至体现了与当代文化相通的特质。孔子"不问马"与"孔融让梨"，虽为微不足道的生活细节，但其所蕴含的人文精神，却是无论在古今中外，都有其现实意义的。

第四节　诚信

诚信是我国又一历史悠久的传统美德。诚信思想起源极早，在先秦时期就已经非常发达了。孔子和孟子都非常关注这一道德范畴，对其进行了系统的总结。在先秦儒家看来，诚信既是个人修身立德的基础，也是国家政治生活的基本原则。诚信观念深刻地影响了齐鲁大地的政治文化思想和民风民德。

一、孔孟的诚信思想

诚信思想并不始于儒家，但儒家对诚信的阐述最为突出。在孔孟儒学思想体系中，诚信这一重要的伦理道德范畴，有以下基本内涵。

第一，诚信是立身之本。在儒家思想中，诚信是一个人为人处世、安身立命的基础，是个体修养的重要目标。言行一致、信守承诺，是一种理想的人格。

孔子说："人而无信，不知其可也。大车无輗，小车无軏，其何以行之哉?"（《论语·为政》）意思是说，作为一个人，如果不讲信誉，就好比大车没有輗，小车没有轫，根本无法行走。所以诚信是人生存于世所必备的道德品质。孔子又说："言忠信，行笃敬，虽蛮貊之邦，行矣。言不忠信，行不笃敬，虽州里，行乎哉?"（《论语·卫灵公》）言而有信，忠厚恭敬，即使到了别的部族国家，也能行得通；言而无信，行为轻浮，就算是在本乡本土，也会处处受阻、寸步难行。孔子还说："狂而不直，侗而不愿，悾悾而不信，吾不知之矣。"（《论语·泰伯》）就是说，一些人狂妄而不直率，幼稚而不老实，无能而不讲信用，这样的人孔子是不知其所以然的。可见孔子对不讲信用之人的担忧。

孟子也说："诚身有道：不明乎善，不诚其身矣。是故诚者，天之道也；思诚者，人之道也。至诚而不动者，未之有也；不诚，未有能动者也。"（《孟子·离娄上》）他认为，诚是天道，思诚是人道，是人立身处世的基本道德原则。孟子又说："万物皆备于我矣。反身而诚，乐莫大焉。"（《孟子·尽心上》）这里将"诚"看作一种很高的道德境界。

第二，诚信是交友之道。诚信是人际交往中一项基本的道德原则，是健康和谐的人际关系得以维持发展的保障。

"与朋友交，言而有信。"（《论语·学而》）"老者安之，朋友信之，少者怀之。"（《论语·公冶长》）"主忠信，毋友不如己者，过则勿惮改。"（《论语·子罕》）孔子认为，诚信是与朋友交往的基本道德准则。他又说："益者三友，损者三友，友直，友谅，友多闻，益矣；友便辟，友善柔，友便佞，损矣。"（《论语·季氏》）有益的朋友应该是，正直、可信、博学多闻的人。孔子还说："巧言、令色、足恭，左丘明耻之，丘亦耻之。"（《论语·公冶长》）主张不要结交口是心非、花言巧语的伪善之人。孔子的弟子曾参也说："吾日三省吾身：为人谋而不忠乎? 与朋友交而不信乎? 传不习乎?"（《论语·学而》）把对朋友忠实守信作为自身道德修养的重要内容，每天都要反躬自省。

孟子说："圣人有忧之，使契为司徒，教以人伦：父子有亲，君臣有义，夫妇有别，长幼有叙，朋友有信。"（《孟子·滕文公上》）孟子认为人伦道德关系有五种，即父子、君臣、夫妇、长幼、朋友，诚信待人是"五伦"之一。可见诚信是与朋友交往的一项基本的道德原则。

第三，诚信是治国之方。儒家认为，取信于民是治理国家的关键。"子贡问政。子曰：'足食，足兵，民信之矣。'子贡曰：'必不得已而去，于斯三者何先?'曰：'去兵。'子贡曰：'必不得已而去，于斯二者何先?'曰：'去食。自古皆有死，民无信不立。'"（《论语·颜渊》）在治理国家的问题上，孔子把诚信放在首要的位置上，其次才是丰衣足食、兵强马壮。孔子又说："道千乘之国，敬事而信，节用而爱人，使民以时。"（《论语·学而》）意思是说，治理一个中等国家，就要严肃认真对待工作，讲究诚信，节约费用，爱护官吏，在农闲时节役使百姓。这里强调了诚信的重要性，是为政者治理国家应该遵守的基本原则。

二、桓公著信天下

齐鲁大地自古就是礼仪之邦，讲究诚信待人，诚信治国。齐桓公（？—前643）生活的年代早于孔子约一百六十余年，他之所以能成为"春秋五霸"之首，"九合诸侯，一匡天下"，诚信在其中起了很大的作用。这一点在齐鲁柯之盟中有非常典型的表现。《新序·杂事四》记载：

> 昔者齐桓公与鲁庄公为柯之盟。鲁大夫曹刿谓庄公曰："齐之侵鲁，至于城下，城坏压境，君不图与？"庄公曰："嘻！寡人之生不若死。"曹刿曰："然，则君请当其君，臣请留其臣。"及会，两君就坛，两相相揖。曹刿手剑援刃而进，迫桓公于坛上，曰："城坏压境，君不图与？"管仲曰："然，则君何求？"曹刿曰："愿请汶阳田。"管仲谓桓公曰："君其许之。"桓公许之。曹刿请盟，桓公遂与之盟，已盟，标剑而去。左右曰："要盟可倍，曹刿可雠，请倍盟而讨曹刿。"管仲曰："要盟可负，而君不负；曹刿可雠，而君不雠，着信天下矣。"遂不倍。天下诸侯翕然而归之。为鄄之会，幽之盟，诸侯莫不至焉；为阳谷之会，贯泽之盟，远国皆来。南伐强楚，以致菁茅之贡；北伐山戎，为燕开路。三存亡国，一继绝世，尊事周室，九合诸侯，一匡天下，功次三王，为五伯长，本信起乎柯之盟也。

齐桓公与鲁庄公在柯邑缔结盟约。鲁国的大夫曹刿对鲁庄公说："齐国进攻鲁国，军队已到城下，城池即将被攻破，您不准备保卫鲁国吗？"庄公说："唉！我这样的国君真是生不如死啊！"曹刿说："既然这样，那么大王您就对付齐国的国君，我来对付齐国的臣子。"到了会盟的时候，两国国君登上盟坛，两国宰相相互作揖。曹刿握剑走了进去，在坛上逼近齐桓公，说："城池攻破，大军压境，大王还打算进攻吗？"管仲说："既是这样，那您有什么要求吗？"曹刿说："希望齐国归还汶阳。"旁边的管仲对桓公说："请您答应他。"齐桓公便答应了曹刿的要求。曹刿请求结盟，齐桓公就与鲁国缔结了盟约。结盟后，曹刿弃剑离开盟坛。桓公身边的臣子说："在要挟下缔结的盟约可以背弃，曹刿可以视为仇敌，请求大王背弃此盟约，发兵讨伐曹刿。"管仲说："在要挟下缔结的盟约是可以背弃的，但国君却不背弃；曹刿可以视为仇敌，但国君却不把他视为仇敌。这样，国君就可以在天下显扬信义了。"于是齐国没有背弃盟约。

天下的诸侯不约而同地归顺了齐国。

齐桓公在齐鲁柯之盟中的表现，为他赢得了天下诸侯王的信赖。他后来主持鄄邑之会、幽地之盟，诸侯没有不参加的；主持阳谷之会，贯泽会盟，连边远的国家都来参加。齐国向南讨伐强大的楚国，使楚国敬奉菁茅贡品；向北讨伐山戎，替燕国开路。齐桓公尊奉周天子，九次会合诸侯，一匡天下，他的功德仅次于三王，成为春秋五霸之首。寻源追根，他的信义是从柯邑之盟建立起来的。

三、曾子守信烹彘

曾子是孔子的学生，他在面对自己的小孩时，也同样言出必行，坚守诚信。《韩非子·外储说左上》记载：

> 曾子之妻之市，其子随之而泣。其母曰："女还，顾反为女杀彘。"妻适市来，曾子欲捕彘杀之，妻止之曰："特与婴儿戏耳。"曾子曰："婴儿非与戏也。婴儿非有知也，待父母而学者也，听父母之教。今子欺之，是教子欺也。母欺子，子而不信其母，非所以成教也。"遂烹彘也。

这段话的意思是说，曾子的妻子要到集市上去，她的儿子哭着闹着要跟着去。母亲对儿子说："你回去，等我回来杀猪给你吃。"等她从集市上回来，曾子就马上要去杀猪。妻子阻止他说："我不过是和孩子开玩笑罢了。"曾子说："小孩子怎么能随便开玩笑。小孩子没有思考和判断能力，等着父母去教他，听从父母的教导。现在你欺骗孩子，就是在教他欺骗别人。母亲欺骗了孩子，孩子就不会相信他的母亲，这不是用来教育孩子成为正人君子的方法。"于是曾子就把猪杀了，煮了肉给孩子吃。

孔孟将诚信当作立身、交友及治国之本，为后世确立了基本的人伦规范。齐桓公听从管仲建议，信守盟约，以诚信的形象赢得了各诸侯国的拥戴，从而为他的霸业奠定了坚实的基础。曾子杀猪，虽为家庭小事，但从幼儿教育的角度来说确是关系孩子成长，甚至国家兴衰的大事。这两个齐鲁历史人物的诚信故事，前者为孔孟诚信思想的源头活水，后者是儒家诚信思想的具体体现。即使到了今天，对于我们仍有重要的借鉴意义。

结　语

中华文化历来被称为伦理性文化，爱国、孝道、仁爱及诚信等传统美德，其起源大都早于儒家，因而历史悠久，积淀深厚。以孔孟为代表的先秦儒家，对这些美德的系统阐述，对上古传统道德的传承和发展起到了凝练、总结、定型及推动的作用。齐鲁作为孔孟之乡，儒学的发源地，在接受儒家思想方面深得地利之便，在两千多年的历史发展中，不乏身体力行的先贤，他们重仁爱、守诚信，在家则孝顺长辈，出仕则为国尽忠。在践行、传承传统美德方面，谨遵孔孟训导，起到了率先垂范的作用，产生了广泛的影响。他们的事迹不仅是齐鲁传统文化重要的组成部分，也为中华美德增添了光彩。

◎ 思考练习

1. 中国古代，齐鲁大地还出现过哪些爱国人物？

2. 我们今天应该如何看待"二十四孝"的故事？

3. 齐鲁传统文化中，还有哪些仁爱事迹？

4. 中国古代，还有哪些著名的诚信故事？

5. 除爱国、孝道、仁爱、诚信之外，齐鲁传统文化中还有哪些美德？

6. 传统美德与社会主义核心价值观之间的关系是什么？

◎ 资源链接

参考书目

1. 杨伯峻：《论语译注》，中华书局 1980 年版。

2. 杨伯峻：《孟子译注》，中华书局 1960 年版。

3. 巩本栋：《辛弃疾评传》，南京大学出版社 1998 年版。

4. 范中义：《戚继光评传》，南京大学出版社 2003 年版。

5. 陈少梅绘：《陈少梅二十四孝图》，天津人民美术出版社 2009 年版。

6. 杨伯峻：《春秋左传注》，中华书局 1990 年版。

7. 刘怀荣、魏学宝、李伟：《以文化人——齐鲁文化与中国人文智慧》，山东人民出版社 2017 年版。

第四章

第五章
兵家文化

　　齐鲁兵家文化是齐鲁传统文化的重要组成部分，根植于齐鲁源远流长的儒家文化。周朝建国之初，吕尚封于齐，因俗简礼，尊贤尚功，重视经济与军事；周公旦封于鲁，以礼治国，尊贤重德，重视仁义礼乐、人伦纲常。在此基础上发展起来的齐鲁兵家文化，具有三方面的鲜明特点：一是兵儒互补、文武并重；二是崇尚智谋、注重实效；三是法治与德治并举。

　　"齐国兵法甲天下。"先秦时期，齐地兵家人才辈出。吕尚被誉为兵家鼻祖。《六韬》相传为吕尚所撰，学术界较为普遍的观点认为，此书成书时间在战国，其精华颇能代表吕尚兵法之要。辅佐齐桓公的名相管仲，著有《管子》，其中有近二十篇涉及军事问题。齐景公时的名将司马穰苴，著有《司马法》，《史记·司马穰苴列传》记载："齐威王使大夫追论古者司马兵法而附穰苴于其中，因号曰《司马穰苴兵法》。"《申鉴·时事篇》载，武帝时，此书极受重视，"置尚武之官，以《司马兵法》选，位秩比博士"。齐人孙武被誉为"兵圣"，其著作《孙子兵法》，奠定了中国古代军事理论的基础。孙武的后人孙膑，著有《孙膑兵法》，以"围魏救赵"和"减灶诱敌"取胜的马陵之战闻名于世。

　　与孙武同时的吴起，则是鲁地兵家的代表人物。著有《吴子》一书，具有鲜明的兵儒家融合的特点。《韩非子·五蠹》载："藏孙、吴之书者家有之。"可知吴子兵法堪与孙子兵法比肩，在当时广为流传。先秦齐鲁兵家是齐鲁乃至中华传统文化的重要组成部分，也是中国现代军事思想的理论源泉，反映了中华民族自强不息、积极进取的价值取向和人生追求，至今仍具有极强的指导和实践意义。

第一节　兵家鼻祖：吕尚

　　吕尚被誉为齐鲁兵家鼻祖，主要活动于周文王、周武王时期。他既是西周的开国元勋，又是齐国的开国始祖。托名为吕尚的《六韬》内容与其经历和思想大致相同，其中的军事思想和吕尚的军事实践在先秦早期很有代表性。

一、吕尚生平与主要事迹

　　太公望吕尚，本姓姜。后世又称姜尚，姜子牙，太公望等。吕尚的出身，有不同的说法。按照《史记》的记载，其先祖辅佐夏禹治理水土建立了功勋，舜、禹时被封在吕和申，吕尚就是其后裔。古代常常以其封地之名为姓，所以姜尚又称为吕尚。一种观点认为，吕大致就是今天的山东日照莒县附近，宋代罗泌的《路史》载："太公乃出东吕。吕，莒也。"罗苹注引《博物志》云："曲海城有东吕乡、东吕里，太公望所出也。"《太平寰宇记》载："汉曲海城在莒县东百六十里，属琅邪郡。"

　　关于吕尚归周的经过，说法不一。《史记·齐太公世家》有三种说法。其一是"访遇说"。吕尚一度非常穷困，遇见周西伯即周文王的时候，年纪已经很大了。周文王狩猎之前，占筮，卦辞暗示将会遇到"霸王之辅"。周文王在渭河北岸遇到正在钓鱼的吕尚，与之相谈甚欢。周文王说："我先君太公就曾说：'定有圣人来我周国，周会因此兴旺。'说的就是先生您吧？我们太公盼望您很久了。"因此吕尚又被称为"太公望"。后来，周文王就尊吕尚为太师。其二是"去殷就周说"。吕尚博学多闻，曾在商纣王时期在朝为官，"事纣，纣无道，去之"。四处游说列国诸侯，未得知遇之君，最终西行归依周文王，被尊为文王和武王的老师。其三是"召请说"。周文王被商纣王囚禁在羑里时，文王的臣子散宜生、闳夭久闻吕尚之名而召请他。吕尚也觉得文王尊老重贤，于是三人一起寻找美女奇宝，献给纣王，以赎取文王。文王因此得以被释，返回周国。三种说法或有差异，但活动时间和活动范围基本相同，也都说明吕尚仕此前已经积累了相当的政治、军事经验，有了很高的名望。

　　吕尚是西周开国元勋。周文王从羑里脱身后，吕尚成为他的主要谋士，为他策划治理国家的策略。周文王的主要功绩，诸如明断虞、芮二国的争讼，讨伐崇国、密须和犬夷，大规模建设丰邑等等，基本都是吕尚谋划的。周文王死后，吕尚继续辅佐周武王东征伐纣。十一年正月甲子（公元前1044年1月9日），在吕尚的谋划下，周武王召集八百诸侯牧誓师，讨伐商纣。纣军大败，周武王斩商纣于鹿台。第二天，武王立于社坛之上，群臣手捧明水，卫康叔封铺好彩席，被尊称为"师尚父"的吕尚牵来祭祀的牺畜，史佚策祝词，以告神讨纣之罪。周武王散鹿台之钱、发巨桥之粟，以赈贫民。封比干墓，释放箕子。迁九鼎，修周政，建立了新的王朝。《史记·齐太公世家》载："天下三分，其二归周者，太公之谋计居多。"在西周王朝发展以及推翻商王的王朝变革之中，吕尚以其卓越政治军事才能，建立了不朽的功勋。《诗经·大雅·大明》载："维师尚父，时维鹰扬。凉彼武王，肆伐大商，会朝清明。"翻译成通俗的语言就是：太师尚父姜太公，就好像是展翅翱翔的雄鹰。他辅佐着伟大的周武王，袭击殷商讨伐帝辛，一到黎明就天下清平。《诗经·大雅·大明》以诗歌的形式颂扬着吕尚的功绩。

吕尚是齐国的开国始祖。周王朝建立后，为了表彰吕尚的功绩，把齐国营丘封赏给吕尚。吕尚到齐国后，主要从以下三方面入手治理：

其一，简礼从俗。《史记·鲁周公世家》载：

> 周公卒，子伯禽固已前受封，是为鲁公。鲁公伯禽之初受封之鲁，三年而后报政周公。周公曰："何迟也？"伯禽曰："变其俗，革其礼，丧三年然后除之，故迟。"太公亦封于齐，五月而报政周公。周公曰："何疾也？"曰："吾简其君臣礼，从其俗为也。"（《史记·鲁周公世家》）

这段文献谈及了吕尚治齐和伯禽治鲁的区别。伯禽在鲁国花费了三年的时间"革其礼"，全面贯彻周礼，最终"周礼尽在鲁"；与伯禽的方式不同，吕尚在尊重当地风俗基础上，"简其礼"。齐鲁不同的政改措施体现了封国内不同的发展模式。

其二，"通商工之业，便鱼盐之利"（《汉书·地理志》）。齐地近海，土地贫瘠，与鲁国无法相比。但在渔业和盐业方面却有天然的优势，海上运输又便于发展商业贸易。吕尚对此谙熟于心，所以采取了与鲁国完全不同的治国方略。《史记·货殖列传》说："太公望封于营丘，地潟卤，人民寡。于是太公劝其女功，极技巧，通鱼盐，则人物归之，襁至而辐凑。故齐冠带衣履天下，海岱之间敛袂而往朝焉。"他充分利用地利，大力发展工商业、渔业和盐业，使得齐国经济迅速发展，国富兵强，成为东方强国。

其三，尊贤尚功。《吕氏春秋·仲冬纪·长见》载："吕太公望封于齐，周

兵家
文化

公旦封于鲁，二君者甚相善也。相谓曰：'何以治国?'太公望曰：'尊贤上功。'周公旦曰：'亲亲上恩。'"尊贤尚功是吕尚治齐的重要方针之一。具体说来，就是尊重和任用德才兼备的贤人，崇尚和奖励有功之人。尊贤尚功是针对为齐国新生政权贡献力量的人，而对于不合作的士人，吕尚则采取较为强硬的手段。齐国东海之上有"不臣天子、不友诸侯"的狂士狂矞、华士兄弟二人，被太公杀死，周公派人急问，太公答道："虽智不为望用，不仰君禄；虽贤不为望功，不仕则不治，不任则不忠"。太公杀东夷贤士的做法，大致为了为新政权立威，消灭抵制新生政权的力量。

吕尚的修明政事，顺其风俗，简化礼仪，开放工商之业，发展渔业盐业优势等策略极大地发展了齐国。这之后，周成王年幼即位，管蔡叛乱，淮夷也背叛周朝，值此危难之际，周成王授予吕尚讨伐叛国的权力，《史记·齐太公世家》载："东至大海，西至黄河，南至穆陵，北至无棣，此间五等诸侯，各地官守，如有罪愆，命你讨伐。"在吕尚的苦心经营下，齐国成为大国，为之后齐国称霸诸侯奠定了基础。"太公之圣，建国本；桓公之盛，修善政"，吕尚是齐国的开国始祖。

二、吕尚的著作、军事思想与实践

署名为姜太公的著作较多。《汉书·艺文志》载："《太公》二百三十七篇。（吕望为周师尚父，本有道者。或有近世又以为太公术者所增加也。）《谋》八十一篇，《言》七十一篇，《兵》八十五篇。"到了《隋书·经籍志》，篇目更多，有《太公六韬》《太公阴谋》《太公阴符钤录》《太公兵法》《太公伏符阴阳谋》等诸种。通常而言，时代越往后，著作应该越有所散佚，所以这些著作大多非吕尚所作，而是假托吕尚的好兵谋之人所作。

这些作品中，《六韬》历来较受关注。1972年山东临沂银雀山汉墓出土了竹简本《六韬》，足证其在西汉时期已经广泛流传。据南宋李焘《续资治通鉴长编》卷三〇三载，北宋元丰三年（1080）宋神宗赵顼诏命国子监校定《孙子》《吴子》《六韬》《司马法》《三略》《尉缭子》《唐太宗李卫公问对》等书，并颁行天下，这就是通常所说的宋刻武经七书。今本《六韬》即此本。学术界普遍认为，《六韬》大致是战国学者所作，但其内容与姜尚的军事思想相近。余嘉锡先生在《四库提要辨证·六韬》中说："周秦诸子，类非一人之手笔，此乃古书之通例，又不独《六韬》为然。"所以以《六韬》来观测吕尚的军事思想是有其可取性的。

今本《六韬》分《文韬》《武韬》《龙韬》《虎韬》《豹韬》《犬韬》六卷，集中体现了姜尚的政治智慧和军事谋略，基于姜尚在齐鲁兵学乃至中国古代兵家的特殊地位，《六韬》往往被认为是中国古代兵学的开山之作和奠基之作，有对"官天下""爱民""三宝""农工商""上贤去不肖"等关涉政治经济的讨论，有对选将、练兵、武器装备、战法布阵等军事战略和治军理论的研究。其军事思想主要表现为如下几个方面。

其一，修德施仁，民心为上。"德之所在，天下归之"，"天下非一人之天下，乃天下之天下也。同天下之利者，则得天下；擅天下之利者，则失天下"。（《六韬·文韬》）重人而轻神是吕尚军事思想的显著特点，强调发挥人的主观性去赢得战争的胜利，而非如殷商时期重视祭祀和占筮。

其二，重"文伐"，尚奇谋。所谓"文伐"，就是"以文事伐人，不用交兵接刃而伐之也"（《六韬·武韬》）。认为最大的胜利是不使用武力，"全胜不斗，大兵无创，与鬼神通"（《六韬·武韬》）。主张用各种手段瓦解敌国，先谋后事，善用奇谋。早在营救周文王之时，吕尚的"奇谋"就发挥了作用。吕尚广选美女珍玩进献，并买通佞臣；周文王回国后，则针对当时商强周弱的客观形势，采取了"阴谋修德以倾商政"的策略。对待商王采取麻痹态度，在国内力修政教，等待时机。公元前1027年的牧野之战，周武王姬发和吕尚大致有战车三百乘，虎贲三千人，甲士四万五千人，商纣王一方有守军和奴隶战俘等约十七万人。最终能够以少胜多，商军"皆崩畔纣"，与吕尚的善用奇谋密不可分。不仅如此，吕尚在受封齐国，东至封国之时，"夜衣而行，黎明至国，莱侯来伐，争营丘"（《史记·齐太公世家》），正因为日夜兼程，料敌在先，以谋取胜，才能在对莱夷的斗争中处于不败之地。更在之后的东征平叛中，稳定了周王朝的统治，提高了齐国的地位。司马迁指出："其事多兵权与奇计，故后世之言兵及周之阴权皆宗太公为本谋。"

其三，慎战与"命将"。《六韬·文韬》说："圣王号兵为凶器，不得已而用之。"这是先秦齐鲁兵家的重要思想，强调战争是维护国家利益和安全的手段而非目的，不到不得已时，绝不轻启战端。吕尚还特别重视将帅的作用。"故兵者，国之大事，存亡之道，命在于将。将者，国之辅，先王之所重也，故置将不可不察也。"（《六韬·龙韬》）在将"兵"视为"国之大事，存亡之道"的前提下，把"命将"，即选择、任命军事统帅，提到事关国家存亡的高度。

其四，明纪重法。盟津誓师之时，吕尚首明作战纪律。《史记·齐太公世家》载："师尚父号曰：'总尔众庶，与尔舟楫，后至者斩。'"牧野决战之际，周朝的军士训练有素，士气高昂，攻占朝歌后，更是安民为先，"散鹿台之钱，发钜桥之粟，以赈贫民"。吕尚擅长律法，散宜生等人或从其学，《毛诗·文王序》正义引《书传》载："散宜生、南宫括、闳夭三子相与学讼于太公。四子

兵家文化

遂见文王于羑里。"不仅如此，齐国之后的发展，诸如管仲治齐，一直延续着吕尚的治国模式，陈奇猷先生在《吕氏春秋·长见》注释中谈道："管仲治齐，上功行法，佐桓公，霸诸侯，其即原太公之遗教欤？故儒成于鲁，法起于齐，诚非偶然巧合，而实有所自。"

吕尚之时，齐国已经成为西周最大的封国；吕尚之后，齐国逐渐发展成为春秋时期的霸主。吕尚及其政治、军事思想，构建了齐国政治、经济、军事发展的基本框架；吕尚兵法，泽被深远，引导了齐鲁乃至中国古代兵学的发展。

第二节　兵家双璧：孙武与孙膑

孙武和孙膑都是春秋时期齐国人，著名的军事家。据《史记·孙子吴起列传》载："孙武既死，后百余岁有孙膑。"孙武有"兵圣"之称。著有《孙子兵法》。《孙膑兵法》历史上未见其书，1972 年，山东临沂银雀山汉墓中同时出土了《孙子兵法》和《孙膑兵法》两书的竹简，而且正好可以和班固《汉书·艺文志》中著录的《吴孙子兵法》《齐孙子》分别对应，证实了孙武、孙膑各有其兵法传世。《孙膑兵法》的内容和思想在师承《孙子兵法》的基础上又有新发展。

一、孙武生平事迹与军事思想

孙武，字长卿，春秋时齐国人，齐国公子陈完的后裔。公元前 672 年，陈国发生内乱，陈完逃至齐国，齐桓公委以"工正"之职，让他管理手工业，后改姓名为田完。齐国攻打莒国，孙武的祖父，田书（田完的五世孙）立下战功，齐景公把乐安（今天的山东惠民县）封给田书，更赐田书的一支为孙氏。公元前 532 年，齐国发生"四姓之乱"，孙武逃离了齐国，进入吴国。

孙武一生的主要军事活动都在吴国。《史记·孙子吴起列传》没有详细记载孙武的军事实践，却花了不少篇幅记载孙武为吴王阖闾以美人演习兵法之事。孙武精通兵法，吴王阖闾接见他，希望他能以美人代替士兵，小规模演练一下。孙武将后宫美女一百八十人，分为两队，让吴王阖闾的宠姬担任队长，然后教给她们口令。孙武说："你们知道自己的心、左右手和背吗？"美人们齐声应答："知道。"孙武又说："我说向前，你们就看向心口方向；向左，就看左手方向；向右，就看右手方向；向后，就看后背的方向。"美人们应答说："是。"号令宣布完毕，孙武就摆好斧钺等刑罚工具，又三令五申之。于是孙武击鼓发令，令美人向右，结果美人们哈哈大笑。孙武说："作为将领，没有申明纪律和号令，责任在我。"再次强调了号令。然后击鼓发令，令美人向左。结果美人们完全不听指挥。孙武说："没有申明纪律和号令，是将领的责任；不遵照号令行事，则是队长和士兵的过错。"于是要杀两队队长。吴王在台上观看，得知孙武要杀自己的宠姬，大惊失色。连忙派使臣传达命令："我已经知道将军善于用兵了。没有这两位爱姬，寡人食不甘味。"孙武答道："将在军，君命有所不受。"最终杀掉了吴王的两个宠姬，重新任命新的队长。再次击鼓发令，美人们完全按照指令行事，没有一点失误。吴王阖闾虽然心有不满，但知道孙武擅长用兵，最终任命他为将军。

吴宫教战之后，吴王阖闾任用孙武为将军，在伍子胥等人的辅佐下，准备了六年，公元前506年，大举攻打楚国。吴军连续五战五胜，占领了楚国的都城郢都。《史记·孙子吴起列传》载："西破强楚，入郢，北威齐晋，显名诸侯，孙子与有力焉。"

孙武有《孙子兵法》传世。今本《孙子兵法》以宋刻《武经七书·孙子》流传最广。《孙子》十三篇，包含《始计篇》《作战篇》《谋攻篇》《军形篇》《兵势篇》《虚实篇》《军争篇》《九变篇》《行军篇》《地形篇》《九地篇》《火攻篇》《用间篇》。值得注意的是，1972年山东临沂银雀山汉墓竹简发现的《孙子兵法》，是迄今为止最早的《孙子兵法》手抄本，陪葬年代大约在建元元年（前140）到元狩五年（前118）之间。

孙武的军事思想如下：其一，"慎战"。孙武指出，战争关系军民死生和国家存亡，"兵者，国之大事也，死生之地，存亡之道，不可不察也"（《孙子兵法·计篇》）。因此要慎重对待，不到万不得已，不能置国家和百姓于危难之中。"慎战"的思想反映了孙武对保民爱国的重视。《孙子兵法》指出："凡用兵之法，全国为上，破国次之；全军为上，破军次之；全旅为上，破旅次之；全卒为上，破卒次之；全伍为上，破伍次之。"（《孙子兵法·谋攻篇》）其二，"争利"。战争关乎生死存亡，故而指出："非利不动，非得不用，非危不战"，"合于利而动，不合于利而止。"（《孙子兵法·火攻篇》）其三，"全胜"。据学者统计，《孙子》一书，"胜"字反复出现八十余次，"胜"是孙子兵法的核心，甚至"相守数年，以争一日之胜"（《孙子兵法·用间篇》）。全胜的最高境界是不战而胜，孙武指出："百战百胜，非善之善者也；不战而屈人之兵，善之善者也。"（《孙子兵法·谋攻篇》）百战百胜并非上策，不战而屈人之兵才是上策。为了"争胜"，孙武重视将帅的作用，"夫将者，国之辅也。辅周则国必

兵家
文化

强，辅隙则国必弱"(《孙子兵法·谋攻篇》)，"知兵之将，生民之司命，国家安危之主也"(《孙子兵法·作战篇》)。为了"争胜"，更要重视战略战术。孙武提出："兵者，诡道也"(《孙子兵法·计篇》)，"兵以诈立"(《孙子兵法·军争篇》)，"因利而制权"(《孙子兵法·计篇》)，为了取得胜利，可以运用奇谋。为此，孙武专设《用间篇》。

《孙子兵法》这部著作，在孙武见到吴王阖闾之前已经成书并形成十三篇的形制。所以阖闾说："子之十三篇，吾尽观之矣。"可能在他任吴国将军之后，加入了他的实战经验，进而更加完备。《孙子兵法》非常讲究实际效用，代表了我国先秦时代军事思想发展的一个高峰，唐李世民曾言："观诸兵书，无出孙武。"此评不虚。

二、孙膑生平事迹与军事实践

孙膑，本名孙伯灵，战国时齐国人。因遭受膑刑、黥刑而改名孙膑。《史记·孙子吴起列传》载："膑生阿、鄄之间，膑亦孙武之后世子孙也。"可知孙膑是孙武的后人，大致出生在今天的山东菏泽鄄县附近。

据《史记·孙子吴起列传》载，孙膑曾经和庞涓一起师从鬼谷子学习兵法。庞涓后来受到魏惠王的重用，做了将军。他担心自己比不上孙膑，就秘密地召孙膑到魏国。孙膑不知是诈，还想到魏国施展才华，结果被庞涓"以法刑断其两足而黥之"，即砍去膝盖骨及以下部分(一说剔除膝盖骨)，并在脸上刺了字。庞涓以为这下孙膑就不能胜过自己了，毕竟没有人会重用一个残疾的人。此时，齐国的使者恰巧来到大梁，孙膑看到了逃跑的机会，就游说齐国使者，趁机跟随使臣到了齐国。

到齐国后，齐国将军田忌以宾客之礼对待孙膑。这时，田忌经常和齐国王公贵族赛马，孙膑对田忌的赛马进行了分析，发现田忌之马大致有上中下三等，就为他出主意："将军您尽管下大的赌注赛马吧，我能够保证你赢。"田忌相信孙膑，下了千金的大赌注。临场比赛时，孙膑让田忌用下等马对战王公贵族的上等马，用上等马对战他们的中等马，用中等马对战他们的下等马。三场比赛结束后，田忌败一胜二，赢得了齐王的千金赌注。孙膑在赛马中采取的方法，常被视为"策对论"的最早运用。后来田忌引荐孙膑见到了齐威王。齐威王向孙膑请教兵法，并把孙膑当作自己的老师。

公元前354年，魏国攻打赵国，赵国向齐国求救。齐威王打算任用孙膑为主将，孙膑辞谢说："受过酷刑的人，不能任主将。"于是任命田忌为主将，孙膑为军师，孙膑坐在带篷帐的车里暗中谋划。田忌本想率兵直奔赵国，孙膑指出魏赵两国相互攻打，魏国的精锐部队必定在国外精疲力竭，老弱残兵在国内疲惫不堪。此时应该乘虚而入魏国大梁。这就是著名的"围魏救赵"。田忌听从了孙膑的意见，两军在桂陵交战，魏军大败。公元前342年，魏国和赵国联合攻打韩国，韩国向齐国求救。齐威王派田忌为将，孙膑为军师，出兵援助韩国。孙膑再次采取"围魏救赵"的战术，直取魏国首都大梁。同时采取诱敌深入的战术，假装怯懦逃跑，引诱庞涓进入埋伏圈。庞涓信以为真，天黑之时，庞涓进入马陵。孙膑事前刮去道旁大树树皮，书写"庞涓死于此树之下"，并准备数万弓箭，约定"暮见火举而俱发"。庞涓行至此处，愤怒不已，"钻火烛之"，于是万箭齐发，魏军一片混乱。庞涓智穷兵败，乃自刭，曰："遂成竖子之名！"魏军大败，庞涓自刭，魏国太子申被俘。孙膑名扬天下。这就是著名的马陵之战。自此魏国元气大伤，失去霸主地位。齐国称霸东方。

历史上，孙武和孙膑一度皆被称为"孙子"。司马迁在《史记·太史公自序》中曾明确说"孙子膑脚而论兵法"，其中的"孙子"即孙膑。班固的《汉书·艺文志》以"吴孙子"和"齐孙子"区别二人。《汉书·艺文志》"兵权谋"类中载"《齐孙子》八十九篇，图四卷"，这里的《齐孙子》指的就是《孙膑兵法》。可能正因此，学术界一度有学者误认为历史上只有一个"孙子"。1972年山东临沂银雀山汉墓竹简《孙膑兵法》的出土实证历史上有两个"孙子"。今本《孙膑兵法》十六篇为1985年文物出版社据汉竹简整理出版。主要内容包括《篡卒》《月战》《八阵》《地葆》《势备》《兵情》《行篡》《杀士》《延气》《官一》等。

《孙膑兵法》的军事思想，直接继承和发展了《孙子兵法》。其一，慎战。"然夫乐兵者亡，而利胜者辱。"（《孙膑兵法·见威王》）孙膑进一步强调不能穷兵黩武，作为统治上层，乐兵好战将置国家和百姓于危险境地。其二，胜战。孙膑强调胜利的重要性，如果战争是不可避免的，那么战胜就是目标。"战胜，则所以在亡国而继绝世也。战不胜，则所以削地而危社稷也。"（《孙膑兵法·见威王》）孙子讲"全胜"，认为上策乃"不战而屈人之兵"，强调的是最好的战略战术乃是尽量减少损失获得最大的胜利，"合于利而动，不合于利而止"；孙膑讲"战胜"，强调的是唯有胜利才能国存。其三，贵人。"间于天地之间，莫贵于人"（《孙膑兵法·月战》），展现了对人和人才的重视。其四，战备。孙膑主张谋事在先，事备而后动，"用兵无备者伤，穷兵者亡"（《孙膑兵法·威王问》）。其五，重谋。孙膑不仅继承了孙子的"奇谋""虚实"等，更实践了《孙子兵法》中的理论。诸如奇正的用兵之法，公元前342年的齐魏之战，孙膑采取先疲后击的策略，以"减灶"引诱庞涓上当，最终大胜。公开出兵是为正兵，不往赵而奔大梁，是为奇兵；减灶和设伏诱敌又是奇兵。

"孙膑贵势"，这是孙膑用兵的一大特色。《吕氏春秋·审分览第五》载：

兵家
文化

老聃贵柔，孔子贵仁，墨翟贵廉，关尹贵清，子列子贵虚，陈骈贵齐，阳生贵己，孙膑贵势。（《吕氏春秋·审分览·不二》）

孙膑的"势"从孙子发展而来，并具有自己的特点，强调"巧"。"兵之胜在于篡卒，其勇在于制，其巧在于埶。"（《孙膑兵法·篡卒》）"篡卒"即选卒。孙膑总结了战国时期以步兵为主的战斗阵型，诸如方阵、圆阵、锥行阵、雁行阵、钩行阵、玄襄阵、水阵和火阵等等，并对使用的方法加以说明。孙膑兵法的"势"在阵势中得到最大的体现。

《汉书·刑法志》载："吴有孙武，齐有孙膑……皆禽敌立胜，垂著篇籍。"《孙子兵法》与《孙膑兵法》是中国军事理论的双璧，较为系统地总结了战役理论与军事实践，蕴涵了泽被后代的军事和哲学思想。不仅如此，孙子在世界范围内享有极高声誉，甚至被看作世界兵学史上里程碑式的人物。以色列战略家克里费德曾谈道："在所有一切的战争研究著作中，孙子是最好的，而克劳塞维茨则居于第二。"

第三节　兵家名将：吴起

名将吴起是鲁地兵家的代表人物。吴起虽是卫国人，但曾受学于曾子，鲁国又是其最早任将军之国，故儒家思想对他影响颇深。他后来在魏、楚等地为将，其兵法仍有鲜明的兵儒互补、德法并重的特点。后人常将吴起与孙膑等并举，曹操评价说："吴起贪将，杀妻自信，散金求官，母死不归，然在魏，秦人不敢东向，在楚则三晋不敢南谋。"（曹操《举贤勿拘品行令》）葛洪言："孙吴韩白，用兵之圣也。"（《抱朴子内篇·辨问》）虽然其为人颇受诟病，然其在军事上的成就是光耀千古的。

一、吴起生平与主要事迹

吴起，战国初期卫国人。吴起生长在千金之家，但性格颇为残忍，爱慕功名。据《史记·孙子吴起列传》载，吴起年轻时，为了求官散尽家财，同乡邻居都笑话他，他竟然杀掉了三十多个讥笑自己的人，然后逃离卫国。临行与母亲诀别，吴起咬着胳膊发誓道："吴起不做卿相，绝不再回卫国。"离开卫国后，吴起拜曾子为师。不久，吴起的母亲去世了，但他始终没有回到卫国去。曾子因此瞧不起他，并和他断绝了师徒关系。后来吴起便到了鲁国，学习兵法侍奉鲁国国君。

吴起在鲁国之时，齐国攻打鲁国，鲁国国君想任用吴起为将军，但因为吴起之前娶了齐国的女子为妻，鲁国国君因其妻为齐女而心怀疑虑。吴起欲成就大名，就把自己的妻子杀死，表达自己对鲁国的忠心。鲁国最终任命吴起为将军，带军攻打齐国，大获全胜。还有一种说法，据《韩非子·外储说右上》载，吴起没有杀妻，而是"出妻"，即将自己的妻子赶回了娘家。吴起虽然在鲁国当了将军，但不久，有人向鲁君进谗言，鲁君怀疑吴起，疏远了他。吴起就到了魏国，侍奉魏文侯。

到魏国后，魏文侯认为吴起善于用兵，廉洁不贪，很是重用吴起，任命他为将军攻打秦国，吴起夺取了五座城池。因为吴起的战功和较强的军事能力，魏文侯任命他为西河地区的长官，来抗拒秦国和韩国，《吴起兵法》很可能就是在这段时间内写成的。魏文侯死后，魏武侯继任。吴起做西河守，声望很高。之前朝廷之上做国相的是田文，吴起与之相安无事；田文死后，公叔出任国相，对吴起颇为畏忌，以下嫁公主的计策试探吴起，其实就是想排挤他。吴起怕招来灾祸，于是离开魏国，随即到了楚国。

从《史记·孙子吴起列传》等相关记载来看，吴起虽然是一员武将，但绝不是一介武夫，而是颇有政治才能。这一点在他侍奉魏武侯时就已经展现出来。魏武侯继位后，有一次和吴起泛舟黄河顺流而下，景色秀丽，魏武侯对吴起说："美哉乎山河之固，此魏国之宝也！"将山河之险固视为国之瑰宝，吴起援引典籍，应对说："在德不在险。"吴起指出政权的稳固在于施加百姓以恩德，不在于地势的险要，得到了魏武侯的认可。但是因为魏国丞相公叔的排挤和魏武侯的猜忌，吴起的政治才能在魏国没有施展的机会。到了楚国，楚悼王重用吴起，"素闻起贤，至则相楚"，直接任命吴起为丞相。吴起为楚国量身定做了一系列富国强兵的政策，这就是历史上著名的"吴起变法"。

吴起在楚国的变法内容大致有五：其一，严明法令；其二，裁减冗员；其三，停止王族疏远者的按例，抚养士兵；其四，致力于军队的建设；其五，抵制纵横游说者。吴起变法，"要在强兵"。"强兵"是吴起变法的核心和目标。严明法令，使得令从一出；限制权臣，整饬吏治，均平爵禄，开源节流，使得军事有足够的经济支持等。吴起依法办事，令出必行，加强军事，使得楚国一度非常强大。然而变法触动了楚国王公贵族的利益，他们对吴起恨之入骨。楚悼王一死，王室大臣发动骚乱攻打吴起，吴起逃至楚悼王尸体上，希望逃过一死。然而终究被箭射死，箭同时也射中了楚悼王的尸体。太子即位后，将射杀吴起同时射中悼王尸体的人，全部处死，由于射杀吴起而被灭族的有七十多家。

吴起是战国初期的军事家，更是杰出的政治家。他在楚国的变法卓有成效，而且较秦国商鞅变法早二十年，更有先驱性的引领作用。虽然最后失败被杀，但吴起变法的主要内容，在其死后继续实施。吴起变法在历史上的作用不可低估，《韩非子·和氏》载："楚不用吴起而削乱，秦行商君法而富强。"

二、《吴子兵法》及其军事思想

《吴子兵法》是中国古代著名军事著作，《武经七书》之一，是反映先秦时期中国军事思想的代表作之一。直到司马迁生活的西汉前期，《吴子兵法》仍然流传。今本《吴子》上下两卷共六篇，包括《图国第一》《料敌第二》《治兵第三》《论将第四》《应变第五》《励士第六》，六篇形成一个较为完整的体系。此六篇，学术界说法不一。从六篇的具体内容看，基本思想与《史记·孙子吴起列传》《吕氏春秋》《韩非子》等中所载的吴子思想有关，所以我们认为，今本《吴子》即使不是吴起兵法的真本，其基本思想还是吴起的。

吴子的军事思想具有以下特点：其一，以德治军。"内修文德"与"外治武备"相结合，吴起曾受教于儒家，这是其兵法的显著特点。吴起认为国家的安危"在德不在险"，如果"为政不善"，则山河的险峻也不足恃。强调"四德"："绥之以道，理之以义，动之以礼，抚之以仁。此四德者，修之则兴，废之则衰"。（《吴子·图国》）吴子将儒家的道、义、礼、仁等融入军事思想。其二，慎战慎胜。继承《孙子兵法》的"明君慎之，良将警之"的慎战思想，提出了战胜易，守胜难，认为"天下战国，五胜者祸，四胜者弊，三胜者霸，二胜者王，一胜者帝。是以数胜得天下者稀，以亡者众"（《吴子·图国》），进一步阐释了慎战理论。其三，总结出新的战争起源和性质。指出引发战争的五因："一曰争名，二曰利，三曰积恶，四曰内乱，五曰因饥。"（《吴子·图国》）彻底摆脱了神学和天命观的束缚，提出了新的战争起源理论。同时划分了战争的性质，"一曰义兵，二曰强兵，三曰刚兵，四曰暴兵，五曰逆兵"（《吴子·图国》），解读了义为禁暴救乱，强为恃众以伐，刚为因怒兴师，暴为弃礼贪利，逆为国乱人疲、举事动众。其四，"文武兼备"的人才培养论。选将要文武兼备："夫总文武者，军之将也；兼刚柔者，兵之事也。"（《吴子·论将》）选兵要因才重用："一军之中，必有虎贲之士，力轻扛鼎，足轻戎马，搴旗斩将，必有能者。若此之等，选而别之，爱而贵之，是谓军命。"（《吴子·料敌》）

吴起擅长兵法，李克曾经在魏文侯面前言其"用兵司马穰苴不能过也"。从吴起一生的战事来看，这种评价并不为过。吴起一生，战无不胜，攻无不克，在鲁国为将，击败过强大的秦国；到了魏国，击败秦国，夺取了五座城池，拓展了魏国西线的边界；吴起还参与过魏文侯灭中山国的战争。吴起"与诸侯大战七十六，全胜六十四，余则钧解"（《吴子·图国》），使得魏国一度强盛，秦国、韩国、赵国不敢觊觎魏国。

第四节　兵家智圣诸葛亮

诸葛亮是家喻户晓的中国古代历史人物，也是齐鲁兵家的代表性人物。诸葛亮以"智谋"著称，这也是其军事思想和军事实践的特色。其一生的主要事迹围绕着三国时蜀国的政治、军事展开。从刘备三顾茅庐之时提出《隆中对》，到联吴抗曹的赤壁之战，再到五次北伐，"三顾频烦天下计，两朝开济老臣心"（杜甫《蜀相》），一个运筹帷幄，于危难中竭尽全力维护蜀国的诸葛亮形象跃然纸上。

一、诸葛亮生平与著作

诸葛亮，字孔明，琅琊阳都人，即今天的山东临沂沂南人。诸葛亮出身于官吏之家，西汉元帝时其先祖诸葛丰担任司隶校尉，东汉末年其父诸葛珪担任泰山郡丞。父母早逝，诸葛亮和弟弟诸葛均一起跟随着叔父诸葛玄。诸葛玄先是任豫章太守，后来投奔荆州刘表，诸葛亮和诸葛均也到了荆州。建安二年（197）诸葛玄死后，诸葛亮隐居在南阳之邓县，他在襄阳城西二十里的隆中，躬耕陇亩，好为《梁父吟》。诸葛亮常常自比于管仲、乐毅，与博陵崔州平、颍川徐庶为至交好友。《三国志·蜀书·诸葛亮传》载："亮少有逸群之才，英霸之器，身长八尺，容貌甚伟，时人异焉。"诸葛亮又被誉为"伏龙"，《三国志》引《襄阳记》曰："刘备访世事于司马德操。德操曰：'儒生俗士，岂识时务？识时务者在乎俊杰。此间自有伏龙、凤雏。'备问为谁，曰：'诸葛孔明、庞士元也。'"

据《三国志·蜀书·诸葛亮传》载，刘备屯兵新野之时，徐庶向刘备引荐诸葛亮，说："诸葛孔明乃当世卧龙，将军是否愿意见见这个人？"刘备说："你让他来见我吧。"徐庶说："此人颇有能耐，先生应该亲自去拜见这个人。"于是刘备前去拜访诸葛亮，"凡三往，乃见"。相见之后，二人交谈甚欢，诸葛亮与刘备分析天下大势，刘备"与亮情好日密"，这引起了关羽、张飞等的不满，刘备说："孤之有孔明，犹鱼之有水也。愿诸君勿复言。"可见刘备对诸葛亮是非常赏识的。同样，诸葛亮在《出师表》中回顾了当时的情形：

> 臣本布衣，躬耕于南阳，苟全性命于乱世，不求闻达于诸侯。先帝不以臣卑鄙，猥自枉屈，三顾臣于草庐之中，咨臣以当世之事，由是感激，遂许先帝以驱驰。（《三国志》卷三十五《蜀书五》）

此段堪称经典，字里行间表达了与刘备君臣情谊之深。此时，年仅 27 岁的诸葛亮的《隆中对》，就是诸葛亮为刘备制定的基本国策，其中诸葛亮高瞻远瞩地提出曹操"不可与争锋"，孙权只"可与为援而不可图"，天下三分的策略。指出："若跨有荆、益，保其岩阻，西和诸戎，南抚夷越，外结好孙权，内修政理；天下有变，则命一上将将荆州之军以向宛、洛，将军身率益州之众出于秦川。"提出了刘蜀的短期、长期策略。

此后蜀国大致按照这个路线发展其军事、政治。建安十三年（208），诸葛亮游说东吴孙权联合抗曹，取得赤壁之战的胜利。章武三年（223）春，刘备在永安病重，托孤于诸葛亮，诸葛亮临危受命。建兴三年（225）春，诸葛亮南征，讨伐雍闿、孟获等，至秋平定南越，为日后的北伐奠定了坚实的基础。228 年春至 234 年冬之间，诸葛亮先后五次出兵北伐中原。建兴十二年（234），诸葛亮因积劳成疾，心力交瘁，病逝于五丈原。以蜀汉之弱，能够与曹魏、东吴政权抗衡，诸葛亮功不可没。

诸葛亮的著作颇多，据晋朝陈寿所撰写的《三国志·蜀书·诸葛亮传》载，《诸葛氏集目录》有：

> 《开府作牧第一》《权制第二》《南征第三》《北出第四》《计算第五》《训厉第六》《综核上第七》《综核下第八》《杂言上第九》《杂言下第十》《贵和第十一》《兵要第十二》《传运第十三》《与孙权书第十四》《与诸葛瑾书第十五》《与孟达书第十六》《废李平第十七》《法检上第十八》《法检下第十九》《科令上第二十》《科令下第二十一》《军令上第二十二》《军令中第二十三》《军令下第二十四》，右二十四篇，凡十万四千一百一十二字。（《三国志》卷三十五《蜀书五》）

陈寿作此书时，距离诸葛亮去世仅四十年，这些记载应该是可靠的。《隋书·经籍志》载："蜀丞相《诸葛亮集》二十五卷。"《新唐书·经籍志》载："《诸葛亮集》二十四卷。"清人张澍所编《诸葛忠武侯文集》，即今天我们所见到的《诸葛亮集》，收录范围较广，但其中有不少非诸葛亮所作。现在可以确定为诸葛亮所写，如《隆中对》《前出师表》《诫子书》等，警策凝练，清新隽永，风格独具。而张澍《诸葛亮集》中的《便宜十六策》《将苑》等作品，语言晦涩，内容陈旧，《四库全书总目提要》指出，"大都窃取孙子书，而附以迂陋之言，至不足道，盖妄人所伪作"。

二、诸葛亮的军事智慧与军事实践

诸葛亮的军事实践主要体现在赤壁之战和五次北伐中。赤壁之战是中国历史上著名的以少胜多、以弱胜强的战役，赤壁之战中刘备联合东吴孙权，在诸葛亮等人的谋划下，以五万联军打败二十余万曹军，一战成名。《三国志·蜀书·诸葛亮传》载：

> 亮曰："豫州军虽败于长阪，今战士还者及关羽水军精甲万人，刘琦合江夏战士亦不下万人。曹操之众，远来疲弊，闻追豫州，轻骑一日一夜行三百余里，此所谓'强弩之末，势不能穿鲁缟'者也。故兵法忌之，曰'必蹶上将军'。且北方之人，不习水战；又荆州之民附操者，逼兵势耳，非心服也。今将军诚能命猛将统兵数万，与豫州协规同力，破操军必矣。操军破，必北还，如此则荆、吴之势强，鼎足之形成矣。成败之机，在于今日。"（《三国志》卷三十五《蜀书五》）

这段史料充分展示了诸葛亮的智谋与战略战术。诸葛亮先是分析了刘备、刘琦一方的优势在于兵力不弱。继而点出了曹军的弱势：其一，长途跋涉，疲惫作战；其二，北方之人，不习水战；其三，附曹者迫于形势，曹操其实不得人心。在此基础上，诸葛亮断言，联合作战，"破操军必矣"。曹操兵败北还，实力削弱，则"荆、吴之势强"，三足鼎立的局面得以构建。诸葛亮以战略家的眼光预言赤壁之战的胜利以及之后的天下格局。值得注意的是，诸葛亮引用的"兵法忌之，曰'必蹶上将军'"一语，出自《孙子兵法》"五十里而争利，则蹶上将军，其法半至"，诸葛亮随口而出，便是孙子语录，可见其对《孙子兵法》之熟悉。赤壁之战大胜后，果如诸葛亮所言，天下三分，刘备在建安十四年（209），取代荆州刺史刘琦成为荆州牧，实力逐渐强大。

刘备占据四川后，内政外交全部交由诸葛亮负责。荆州乃政治军事要害，曹操觊觎已久，孙权也垂涎三尺。曹操趁关羽远征樊城，荆州空虚之际，联合孙权，设计暗袭荆州。"孙刘联盟"被曹操破坏，关羽被迫走麦城后被害。魏黄初二年（221），刘备称帝，之后不顾诸葛亮劝阻，执意举兵东下，夷陵大

兵家文化

败，狼狈逃回白帝城，第二年病逝。此时蜀国元气大伤，值此危难之际，诸葛亮派邓芝出使东吴，承认荆州归吴，结好孙权，共抗曹魏。坚持联合孙吴的合纵思路，维持三足鼎立的局面。

刘禅继位后，诸葛亮被封为武乡侯、丞相兼益州牧。"政事无巨细，咸决于亮。"诸葛亮继续以"统一天下"为矢志不渝的目标，对外联合东吴，对内平定西南，为北伐做准备。建兴六年（228），诸葛亮出兵北伐。他采取声东击西战法，出其不意占领祁山。祁山以北的天水、南安、安定三郡先后归顺蜀汉。虽然此次北伐最终马谡街亭失守，赵云因势弱败退，但诸葛亮成功运用了"避实就虚""攻其不备，出其不意""声东击西"的战术，成为中国古代军事史上的典范。诸葛亮的五次北伐展现了卓越的政治和军事才能，纵观其五次北伐，在魏、蜀力量对比悬殊，对手为曹魏猛将张郃、郭淮、司马懿等非常不利的形势之下，第一次先胜后败，其他四次皆不是失败退军，而是粮绝等客观原因造成。强敌司马懿对其小心翼翼，不敢主动进攻。这都足以说明诸葛亮在当时不可小觑的地位，一种观点认为，如果诸葛亮没有心力交瘁过早逝世，蜀汉的发展或可出现转机。历史是不可改变的，但这种观点证明了后人对诸葛亮功绩的肯定。

诸葛亮的军事智慧还体现在军事装备的改进。他制作了木牛、流马、连弩等在当时非常先进的军事装备。《三国志·蜀书·诸葛亮传》注引《魏氏春秋》载："（诸葛亮）损益连弩，谓之元戎，以铁为矢，矢长八寸，一弩十矢俱发。"《三国志·蜀书·诸葛亮传》载："亮性长于巧思，损益连弩，木牛流马，皆出其意；推演兵法，作八陈（阵）图，咸得其要云"，"工械技巧，物究其极"。不仅如此，诸葛亮非常重视行军布阵之法。八阵的记载，最早见于山东临沂银雀山出土的竹简《孙膑兵法·八阵》，诸葛亮的八阵可能从《孙膑兵法》发展而来。八阵图在北伐战争中发挥了重大作用，《水经注》载："八陈（阵）既成，自今行师，庶不覆败。"八阵图是诸葛亮在中国军事上的一大贡献，泽被后代，西晋马隆利用八阵图收复凉州；北魏刁雍利用八阵图抵御柔然；唐代李靖将其发展为六花阵。军事机械和八阵图充分展示了诸葛亮的军事设计才能，《三国志·蜀书·诸葛亮传》注引《袁子》："推子八陈（阵），不在孙、吴，木牛之奇，则非般模，神弩之功，一何微妙。"

诸葛亮是三国时期著名的政治家与军事家，《三国志·蜀书·诸葛亮传》载："亮少有逸群之才"，又谓"识治之良才，管、萧之亚匹矣"。今人钱穆先生说："有一诸葛，已可使三国照耀后世，一如向所以。"

此外，齐鲁先秦兵学中，司马穰苴和管仲也颇有建树。司马穰苴著有《司马法》，《史记》称《司马穰苴兵法》，今存《仁本》《天子之义》《定爵》《严位》《用众》等五篇。《司马法》反映了春秋中叶以前兵学思想的主体内容和基本特征。其兵学思想有如下的特点：其一，慎战与备战并重。"国虽大，好战必亡；天下虽安，忘战必危。"（《司马法·仁本》）重视备战，"顺天、阜财、怿众、利地、右兵，是谓五虑"（《司马法·定爵》）。其二，讲究"德"。"以礼为固，以仁为胜。"（《司马法·天子之义》）"唯仁有亲。有仁无信，反败厥身。"（《司马法·定爵》）其三，推崇谋略，强调智、勇、巧的有机结合，"既作其气，因发其政。假之以色，道之以辞。因惧而戒，因欲而事，蹈敌制地"（《司马法·定爵》）。

管仲在长期的军事实践中形成了一套比较系统的军事思想，其《管子》一书中的《七法》《兵法》《幼官》《参患》《制分》《地图》《九变》等篇，对兵法和战争进行了论述。管仲的军事思想特点如下：其一，重视军事。"君之所以卑尊，国之所以安危，莫要于兵。"（《管子·参患》）其二，慎战。"夫兵事者危物也，不时而胜，不义而得，未为福也。失谋而败，国之危也，慎谋乃保国。"（《管子·问》）"贫民伤财，莫大于兵；危国忧主，莫速于兵。"（《管子·法法》）其三，主张义战。反对不时而胜，不义而得，"至善之为兵也，非地是求也，罚人是君也，立义而加之以胜，至威而实之以德，守之而后修胜"（《管子·幼官》）。管仲兵法很好地发展了前代兵法，诸如《孙子兵法》中的"知彼知己"，管仲深入谈到"四明"："必明其一，必明其将，必明其政，必明其士。四者备，则以治击乱，以成击败。"（《管子·幼官》）

诸葛亮之后，齐鲁兵家并没有退出历史舞台，南朝刘宋将军檀道济，高平金乡（今山东济宁金乡）人。东晋末，檀道济从刘裕攻后秦，屡立战功，官至征南大将军。元嘉八年（431）攻魏时，因运用"唱筹量沙"之计而名载史册。《南齐书·王敬则传》载："檀公三十六策，走为上计，汝父子唯应走耳。"可知其著有兵法，一说其兵法为《三十六计》。到了明清时期，登州（今山东蓬莱）人戚继光抗击倭寇，著有《纪效新书》和《练兵实纪》，为齐鲁兵家增添了光彩。

结　语

齐鲁兵学根植于齐鲁文化丰厚的土壤之上，不仅构建了完善的战略战术军事理论体系，更形成了前述三大鲜明特色。其中，兵儒互补、文武并重，以传统儒家文化为依托，将儒家的仁、义、礼、智、信，忠、孝、廉、耻、勇等融入具体的战略、战术中。立足正义之战，将战争与仁义联系，使齐鲁兵学具备了明确的价值指向；崇尚智谋、注重实效，则注重奇谋，崇尚"出其不意""兵不厌诈"，追求以最小的付出赢得最大的利益，实用性极强。《三国志·武帝纪》注引《魏书》曰："其行军用师，大较依孙、吴之法。而因事设奇，谲敌制胜，变化如神。"孙子、吴起等人的兵法，到曹操时候依然运用自如。不仅如此，直至今天，齐鲁兵家的这些策略仍旧在军事和现实生活中发挥着重要的作用；而法治与德治并重，则不仅以法治军，重视外在约束和规范，而且以德治军，强调内在的感化和凝聚力。二者的有力结合是强兵之要。齐鲁兵学能够一脉相承、发展至今，德法并重在其中起到了重要的作用。总的来看，齐鲁兵学孕育了一批军事大家，并以其博大精深的理论，丰富了中国兵学，在军事史上，独树一帜，产生了巨大而深远的影响。

◎ 思考练习

1. 民间流传着很多与吕尚相关的传说、歇后语，请查阅资料，用自己的语言加以讲述。

2. 谈谈《孙子兵法》和《孙膑兵法》的主要内容。

3. 除了吴起变法，中国古代历史上还有哪些变法影响深远？

4. 请自己动手查阅一些资料，谈谈诸葛亮的"智"还有哪些表现？

◎ 资源链接

参考书目

1. ［汉］司马迁：《史记》，中华书局 2010 年版。

2. ［汉］班固等：《汉书》，中华书局 1992 年版。

3. ［晋］陈寿：《三国志》，岳麓书社 1992 年版。

4. ［南朝宋］范晔：《后汉书》，中华书局 1993 年版。

5. ［周］姜尚：《六韬》，陈曦译注，中华书局 2011 年版。

6. ［春秋］孙武：《孙子兵法》，［三国］曹操注，郭化若今译，上海古籍出版社 2016 年版。

7. ［战国］孙膑撰，张震泽校：《孙膑兵法校理》，中华书局 2014 年版。

8. ［春秋］司马穰苴：《司马法》，王震集释，中华书局 2018 年版。

9. ［战国］尉缭子、吴子：《尉缭子 吴子》，徐勇注译，中州古籍出版社 2010 年版。

10. 梁翔凤：《管子校注》，中华书局 2004 年版。

11. 杨伯峻：《孟子译注》，中华书局 2010 年版。

12. 陆玖译注：《吕氏春秋》，中华书局 2011 年版。

第六章
科技文化

距今四五十万年前的旧石器时代的"沂源人",据考证与"北京猿人"属于同期或稍晚一些,被认为是最早的山东人。父系氏族后期部落联盟首领舜,有一种说法认为他是山东诸城人,至少他曾长期生活于齐鲁地区。齐鲁的先民们经过辛勤的努力,在齐鲁大地上不仅创造出有中国代表性的文化,而且自先秦时期、汉代到元明,科技上也同样取得过辉煌的成就,科技名人荟萃,成就迭出,有力地推动了中华文明的进程。

中国传统的科学技术主要体现在农、医、天、算四个方面,山东古代科学家在这四个领域内都有重要贡献。农业是重要的基础学科,农耕与蚕桑关系到所有人的衣食。齐鲁是古代经济发达的地区之一,具有发展农业与农业经济的有利的自然条件。被称为古代四大农书的《氾胜之书》《齐民要术》《农书》《农政全书》中,只有《农政全书》的作者徐光启不是齐鲁人,可见齐鲁农业与农业技术的发达。

齐鲁地区的医学十分发达,齐鲁大地上名医辈出。新石器时代,距今约7000余年的北辛文化时期,齐鲁人已经开始用骨针治病,成为齐鲁医学发展的基础。自先秦开始,齐鲁出现了扁鹊、仓公、王叔和、钱乙、成无己、王象晋、翟良、刘奎等著名的医生和医药家,将中国的传统医学发展成一门有理论、有实践、有专业分支的成熟学科。

齐鲁的天文学走着独立发展的道路。凌阳河、大汶口出土的陶器上,刻有表示太阳、云气等与天文相关的图形,喻示了齐鲁先民已经开始有意观察天文现象。4000多年前,东夷之民初步掌握了季节概念,在长期农业生产实践的基础上,经过对太阳的长期观察,发明了用山头记历的原始历法。之后,齐鲁的天文学经历了从甘德对早期天文学的奠基,到刘洪对古代历法体系的构建,再到何承天对天文历法的重要贡献,在漫长的历史发展中形成了自己的特色和优势。

　　齐鲁数学的发展与成就同样占有举足轻重的地位。早期的考古发现许多器物的设计已经应用了大量的数字和几何图案，如临淄郎家庄一号春秋战国墓出土的精致瓷器上，有各种几何学的图案，表明此时的人们已经有意识运用数学知识。对《九章算术》颇有研究的刘洪、郑玄、徐岳、王粲、刘徽都是齐鲁人，使得自汉末到晋初的近一个世纪的时间，齐鲁地区形成了以这些学者和数学家为骨干的数学研究中心。刘洪是珠算的发明者，被称为"算圣"；刘徽全面论证了《九章算术》的公式、解法，提出了若干重要的数学概念、判断和命题，建立起数学知识的有机联系，被誉为"古代世界数学泰斗"；南宋时期的数学家秦九韶是宋元数学的代表人物之一。除了专门的数学著作之外，在《管子》《墨子》《考工记》等非专门数学的著作中也包含了大量的数学知识。

　　农、医、天、算之外，齐鲁地区在纺织、桑蚕、冶炼、盐、铁、采矿、陶瓷、机械制造、建筑、绘画、雕刻、手工艺术、酿酒、军事技术等传统科学技术方面，同样取得了卓越的成就，如鲁班被称为"机械圣人"、墨子是机械发明家等。

　　齐鲁的科技与科技文化是中国古代科学技术与文化的重要组成部分，对中国古代科学技术的发展做出了重大的贡献，特别是在先秦、宋元期间为中国科学技术在世界上长期居于领先地位做出了重要的贡献。

第一节　扁鹊与早期医学科技

扁鹊是春秋战国时期齐鲁地区医学方面最杰出的代表人物，将医学从巫术中分离出来，创立的望、闻、问、切四诊法成为中医的传统诊断方法。扁鹊为中医留下了宝贵的实践经验，并将传统医学由经验上升为理论。

一、扁鹊及其医学著作

传说黄帝时期有个名医叫扁鹊，将名医称之为"扁鹊"可能是出自《禽经》中"灵鹊兆喜"的说法，医生到处给病人治病，如同翩翩飞翔的喜鹊带来喜讯一样。战国时期，齐国渤海卢邑（今山东济南长清区）有个叫秦越人的名医，医术高超，《黄帝八十一难》序中称"秦越人与轩辕时扁鹊相类"，被人们称为"扁鹊"，"扁鹊"这个称呼便成为秦越人的专用称呼，本名"秦越人"反而不为人知了。

《史记》卷115《扁鹊仓公列传》中有扁鹊的传记。扁鹊的学医和医治病人经历都充满了神话色彩。扁鹊年轻时做人家客馆的主管，有个叫长桑君的客人到客馆来，扁鹊觉得他是一个奇人而非普通人，对他非常恭敬。长桑君看出扁鹊不是普通人，经过十余年的考察，确认他品德高尚之后，决定传授他医方。长桑君给了扁鹊一服药，让他用草木上的露水送服，连服了三十天药之后，扁鹊的眼睛有了透视功能，诊病时能看到病人的内脏，遂成为一名医术高超的医生。扁鹊就是这样用"透视功能"诊病，见到病人的五脏症结。晋昭公时，赵简子独掌国事，有次生病"五日不知人"，找来扁鹊为他治病。扁鹊"透视"到晋昭公实际是在梦中见天帝去了，天帝告诉晋昭公晋国将大乱。三天后晋昭公醒过来，验证了扁鹊的话。这些记载富有神话色彩，看上去夸张却不失实，突出了扁鹊医术的高超，神而不诬，奇而不诞。

扁鹊应该是出身于医药世家，成长为一位"随俗为变"的全科医生，《扁鹊仓公列传》中说："过邯郸，闻贵妇人，即为带下医（妇科）；过雒阳，闻周人爱老人，即为耳目痹医（五官科）；来入咸阳，闻秦人爱小儿，即为小儿医（儿科）。"扁鹊在病因学、诊断学、治疗学、预防学等方面做出了巨大的贡献，成为名闻天下的医生。扁鹊两次到秦国治好秦武王的疾病，秦国的太医令李醯医术不高，嫉妒心却很重，担心扁鹊抢夺了他的职位。扁鹊治好秦武王的伤骨离开秦国时，李醯派人在半路上劫杀了扁鹊。

扁鹊虽然被杀害，医术却没有失传。扁鹊将他的诊断案例记录下来，流传到后世。西汉时的名医淳于意曾从他的老师那里得到的"黄帝、扁鹊之《脉书》"，应该就是扁鹊留下来的医学著作。现在尚存署名扁鹊的《皇帝八十一难经》，以及《扁鹊内经》9卷、《扁鹊外经》12卷等医籍，有可能是扁鹊所撰写，也有可能是后来扁鹊医脉的医者对扁鹊医术的总结，署以扁鹊的名字。扁鹊被视为中国古代医学的奠基人，司马迁评价他道："扁鹊言医，守数精明，为方者宗。"扁鹊对于中国医学的杰出贡献，被奉为"神医扁鹊"。

二、重医不重巫

中国古代有信巫的传统，巫兼有治病的功能，造成巫、医不分，巫往往被称为巫医。《山海经·海内西经》提到的巫彭、巫抵、巫阳、巫履、巫凡、巫相等"操不死之药"，就是早期具有巫身份的名医。中国早期民众以为疾病就是有鬼依附在身体内，需要用巫术祛除它，如《左传》中记载晋景公病重，派人到秦国请医术高明的医生缓来给他治病。在医缓到来之前，晋景公做了一个梦，梦见两个小孩躲在他身体肓的上面、膏的下面。医缓诊断之后，告诉晋景公疾病在肓之上，膏之下，汤药和针灸都无法治疗，与晋景公所梦到的情形完全一样。

疾病就是鬼附在身体内的认识，使得巫大行其道，民众宁信巫而不信医生。扁鹊作为真正的医生，对于民众请巫治病的做法很抵制，提出了"六不治"原则："骄恣不论于理，一不治也；轻身重财，二不治也；衣食不能适，三不治也；阴阳并脏气不定，四不治也；形羸不能服药，五不治也；信巫不信医，六不治也。"即骄横不讲理的人不治、轻身重财的人不治、不知道增减衣服与不节制饮食的人不治、有病不早治而导致五脏功能失调的人不治、身体极度虚弱不能承受药力的人不治、相信巫术而不相信医生的人不治。第六不治就是对巫的抵制，对于相信巫术而不相信医生的病人来说，即使治好了他们的疾病，他们对于治疗也不会有正确的态度。

扁鹊"六不治"的原则，体现出很强的现实意义。首先，信巫不信医的人不治，体现出扁鹊科学的医学观念，疾病是人身体发生的病变，而不是有鬼物等依附在身体内，用巫驱鬼驱邪的方式不能治疗好疾病。其次，为当时以及后世的医生制定了行医规范，明确规定了哪些病能治哪些病不能治，"六不治"就是明确指出上述六种情形下的疾病是不能予以治疗的。当时的医生包括扁鹊在内，广收门徒，在扩大医学力量的同时，缺乏有力的行医规范约束医生的行医行为，"六不治"可以看作是扁鹊为当时行医者提供的一套行医规范。第三，强调疾病早治、疾病预防的重要性，即"使圣人预知微，能使良医得蚤从事，则疾可已，身可活也"。不早就医导致疾病恶化、五脏功能失调，疾病治愈的难度就会加大。随着天气变化增减衣物、节制饮食等良好生活习惯的养成，能在很大程度上减少疾病的发生。

三、"望闻问切"四诊法

扁鹊以"透视"观察病人五脏内的疾病，实际上就是形容他的诊病方法。早期医籍《黄帝素问》中提出"切脉""望色""听声""写形"的诊断方法："切脉而知病"，就是通过观察脉的变化"知病之逆顺"；"望色"通过观察脸色来诊断病情，"面色青，脉当弦急；面色赤，脉当浮而短；面色黑，脉当沉浮而滑"；"听声"就是通过患者发出的声音诊断病情，"好哭者肺病，好歌者脾病，好妄言者心病，好呻吟者肾病，好叫呼者肝病"；"写形"就是"欲得温而不欲见人者藏家病，欲得寒而见人者府家病"。扁鹊通过实践，创造总结出望（"望色"）、闻（"闻声"）、问（"问故"）、切（"切脉"）的诊断方法。"望色"就是看气色，"闻声"就是听声音，"问故"就是询问病情，"切脉"就是诊脉。四诊法成为中国传统医学体系中最基本最重要的方法，是中医诊病所遵循的诊断程序和基本方法。

扁鹊诊病时非常注意通过观察病人的行色来确定病情，"五脏有色，皆见于面"，仔细闻听患者发出的各种声音，详细询问患者的感受，配合着仔细地诊脉，尽可能全面地了解患者的病情，从而做出正确的诊断。著名的扁鹊为齐桓公看病的典故，描写的就是他用"望"的方法看出齐桓公的病症。《扁鹊仓公列传》载：

> 扁鹊过齐，齐桓侯客之。入朝见，曰："君有疾在腠理，不治将深。"桓侯曰："寡人无疾。"扁鹊出，桓侯谓左右曰："医之好利也，欲以不疾者为功。"后五日，扁鹊复见，曰："君有疾在血脉，不治恐深。"桓侯曰："寡人无疾。"扁鹊出，桓侯不悦。后五日，扁鹊复见，曰："君有疾在肠胃间，不治将深。"桓侯不应。扁鹊出，桓侯不悦。后五日，扁鹊复见，望见桓侯而退走。桓侯使人问其故。扁鹊曰："疾之居腠理也，汤熨之所及也；在血脉，针石之所及也；其在肠胃，酒醪之所及也；其在骨髓，虽司命无奈之何。今在骨髓，臣是以无请也。"

这个典故中，扁鹊完全通过"望色"的方式，看出齐桓公的病在腠理、血脉、

科技文化

肠胃和骨髓中。扁鹊看到齐桓公的病深入骨髓的时候转身退走，体现出"六不治"中有病不早治，导致五脏紊乱而无法治疗的不治原则，以真实的案例强调疾病早发现早治疗的重要性。

四、砭刺与针灸

齐桓公病在血脉时，扁鹊明确表示可以针石治疗，这就是针砭的治疗方法。署名秦越人的《黄帝八十一难经》中的第六十九至八十一难，主要就是讲针法，如迎随补泻法、刺井泻荣法、补母泻子法、泻火补水法等，对各针法的宜忌、注意事项有较为全面地论述。《难经》是对扁鹊医术的总结和记录，对于针砭的记载表明了扁鹊针砭治疗手段的高超。

扁鹊以针砭结合熨法、汤剂救活虢国假死太子的故事广为流传。《扁鹊仓公列传》载扁鹊经过虢国，听闻虢太子死讯，听了宫人对太子症状的陈述后，认定太子只是假死，遂以针砭之法将太子治活：

> 若太子病，所谓"尸蹶"者也。夫以阳入阴中，动胃缠缘，中经维络，别下于三焦、膀胱，是以阳脉下遂，阴脉上争，会气闭而不通，阴上而阳内行，下内鼓而不起，上外绝而不为使，上有绝阳之络，下有破阴之纽，破阴绝阳，色废脉乱，故形静如死状。太子未死也。夫以阳入阴支兰藏者生，以阴入阳支兰藏者死。凡此数事，皆五藏蹙中之时暴作也。

"尸蹶"类似现在说的休克，扁鹊详细说明了太子的病因与病理，并用针砭之法将太子救活，"乃使弟子子阳厉针砥石，以取外三阳五会。有间，太子苏。乃使子豹为五分之熨，以八减之齐和煮之，以更熨两胁下。太子起坐。更适阴阳，但服汤二旬而复故"。救活虢国太子后，扁鹊"能生死人"的名声迅速被传播了出去。

从文献记载来看，扁鹊精通砭刺、针灸、按摩、汤液、手术、吹耳、导引、熨帖等治疗方法。在针对具体病情时，扁鹊能够综合运用各种治疗手段和方法，达到最好的治疗效果。

扁鹊被后人称为"医疾之圣"，既建立了诊断方法的理论，又具有丰富的针灸临床实践。扁鹊的医术长期传承至后世，望、闻、问、切成为中医诊断方法的标志。扁鹊医德高尚，重医不重巫的原则体现出其科学的医学思想。

第二节　巧圣鲁班

鲁班在民间被称为土木工匠的祖师，发明了石磨、曲尺、墨斗等一直流传、沿用至今的工具，这些工具的使用，大大降低了劳动强度，提高了生产效率。

一、"机械圣人"鲁班

鲁班作为春秋战国之交的能工巧匠，被称为"机械圣人"。一般的文献都记载他是鲁国人，至少他的主要活动范围是在鲁国，东汉经学家杨岐在注《孟子》时提到鲁班可能是鲁昭公之子，被称为"公输子"。鲁班的称呼很多，如"公输盘""公输班""公输般""般"等。由于这些称呼不是在同一时代出现的，学术界对于"鲁班"与"公输般"是不是同一个人曾有过争论，大多数学者认为"鲁班"与"公输般"是同一个人。

历史文献中没有鲁班的传记，他生于鲁国何地及生平都不得而知。明代的《鲁班经》中记载鲁班"生于鲁定公三年甲戌五月初七日午时"，即公元前507年；孙诒让在《墨子间诂》《公输》篇注中记载鲁班生于鲁昭公和鲁定公之间，即公元前510年左右。《墨子》中的《公输》篇，记载鲁班与墨子进行攻城与防御的演示，表明鲁班应该与墨子属于同一时代。

虽然杨岐提到鲁班可能是鲁昭公的儿子，但鲁班更可能是出身于工匠世家，家庭的影响和熏陶，使他养成勤奋好学、善于动手的良好习惯。《鲁班学艺》传说他有兄弟三人，大哥和二哥怕吃苦而一事无成，只有鲁班不怕苦不怕累，到终南山跟木匠祖师学艺三年，终于艺有所成。《练斧》的传说讲鲁班为了学艺，把父亲用的破斧子"磨平了几块磨石，磨干了几缸水"。《鲁班和张班》的传说则是讲他谦虚地向张班求教。这些传说虽然是虚构的，却揭示了勤奋好学、谦虚请教的品格是鲁班创造和发明的源泉。

鲁班处于春秋末战国初时期，这是一个社会经济快速发展的时代，也是一个战乱的时代。随着大量荒地的开垦、铁器用于农业生产、牛耕的使用、水利灌溉的发展，以农业生产为中心的社会经济发展迅速，同时为手工业的发展提供了条件。频繁的战乱，使得当时各个诸侯国都迫切提高自己的生产能力和军

科技
文化

事能力。这些客观状况，都促使如鲁班这样的能工巧匠应运而生，鲁班的成就代表了当时整个社会的技术成就，鲁班是当时众多能工巧匠的代表人物。鲁班发明的锯子、曲尺、刨子、石磨等工具以及云梯等军事器械，大大地提高和改善了当时的工艺技术水平，对当时和后世工艺技术的革新起到了积极的作用。

二、建筑机械发明

鲁班发明了大量的木工工具和建筑器械，最为著名的应该是"鲁班尺"。鲁班尺类似于现在使用的曲尺，长约 45 厘米，宽 5.5 厘米。后来的鲁班尺上往往标有趋吉避凶的文字，《淮南子》中描绘鲁班尺说："其尺也，以官尺一尺二寸为准，均分为八寸，其文曰财、曰病、曰离、曰义、曰官、曰劫、曰害、曰吉，乃主北斗中七星与主辅星。用尺之法，从财字量起，虽一丈、十丈不论，但于丈尺之内量取吉寸用之；遇吉星则吉，遇凶星则凶。亘古及今，公私造作，大小方直，皆本乎是。作门尤宜仔细。又有以官尺一尺一寸而分作长短寸者，或改吉字为本字者，其余并同。"这是后来的风水师改造过的鲁班尺，对外形的描述大致应该是鲁班尺的原貌。

鲁班发明的其他主要的工具有锯、墨斗、刨子等。锯，据说鲁班有次上山被一种带齿的草割伤了皮肤，从中受到启发而发明了锯。根据现代的考古发掘，在新石器时期红山人的遗迹中发现石锯残片，锯齿清晰可见。鲁班可能是用铁改进了锯的工具性能，使之更耐用、高效，应用更为普遍、广泛。

刨子，主要用来"削光"木材。最初用的是较薄的斧刀片，后来用一个刀片固定到一块木头上再横穿以手柄，最后刀片固定在木槽中。刨子的发明标志着木工工具制作的飞跃。

墨斗。主要结构是一个缠绕墨线的线轮和浸有墨汁的墨盒。线的一端有一个钩子，将钩子钩在木材的一端，单人就可以画出直线，是古代建筑业不可缺少的工具。

石磨。主要功能是用来碾米。在石器时代，已经出现了石磨的雏形，有石制的磨盘和木制的碾棒、杵臼。鲁班在已有的基础上，把原来石磨上下、前后的运动改为旋转运动，使用畜力牵引。有研究者对此持不同意见，认为鲁班当时并没有发明石磨，这只是后来的传说。

机械装置方面，鲁班改进了木锁。木锁早在仰韶文化的时候就已经出现了，鲁班将锁的形状和结构都做了较大地改造，锁的机关设在里面。鲁班锁被称为"六子连方"，由六根内部有槽的长方体木条，按照横竖立三方向各两根凸凹相对咬合在一起，形成一个内部卯榫相嵌的结构体。

三、军事机械发明

鲁班又是一位军械制造家，发明了云梯、钩钜等主要用于战争的器械。

木鸢。据文献记载，鲁班和墨子都曾制造过木鸢。《墨子》卷十三《鲁问》篇中记载："公输子削竹木以为鹊，成而飞之，三日不下。"鲁班制造的木鸢能在天空飞三天，墨子制作的木鸟只能飞一天。木鸢以竹木为材质，依靠风力而不借助机械动力在空中飞行。现在的研究者认为，鲁班的木鸢应该是风筝的早期形态，木鸢主要被用于高空侦察敌情。

钩钜又被称为"钩强"，是中国古代一种用于水战的武器。《墨子》卷十三《鲁问》篇记载："昔者楚人与越人舟战于江，楚人顺流而进，迎流而退，见利而进，见不利则其退难。越人迎流而进，顺流而退，见利而进，见不利则其退速。越人因此若势，亟败楚人。公输子自鲁南游楚焉，始为舟战之器，作为钩强之备，退者钩之，进者强之，量其钩强之长，而制为之兵。""钩"就是在打仗时钩住对方的战船，不让其逃走；"钜"就是能抗拒进攻的船只，使之不能靠近。钩钜的实战性非常强，大大提高了水战能力。

云梯，是一种带轮子、用于攻城的梯子。很多文献中都记载了鲁班造云梯的事，如《吕氏春秋》载"公输般为高云梯，欲以攻宋"，表明鲁班确实制造了云梯。云梯装配有"梯节"，《通典》描述云梯的构造："以大木为床，下置六轮，上立双牙，牙有检，梯节长丈二尺，有四桄，桄相去有三尺，势微曲，递互相检，飞于云间，以窥城中。有上城梯，首冠双辘轳，枕城而上，谓之飞云梯。"根据这个描述来看，云梯也是多轮平板车的雏形。云梯极大地提高了攻城的能力，改变了陆地的战争形态。

鲁班以钻研精神，凭借在建筑、军事、航天、机械制造、土木等行业内的发明创造，成为名副其实的百工之首，对中国古代的科技发展做出了卓越的贡献，对人类社会发展的贡献同样是非常巨大的。

第三节　科圣墨翟和农圣贾思勰

墨子和墨家在长期的生产实践中掌握了丰富的哲学与自然科学知识，《墨经》被视为中国古代经验科学的标志之一。贾思勰是六朝时期的著名农学家，

科技
文化

所撰写的《齐民要术》系统总结了自西汉末年至北魏时期 500 多年间黄河中下游地区农业生产技术的成就，被誉为中国农学史上第一部保存完整的综合性农书。

一、墨子与《墨经》

墨子，名翟，约生活于公元前 468 至前 376 年之间。一般认为墨子出生于鲁国，应该是现在山东滕州人，《墨子》卷之十二《贵义》篇中载"墨子自鲁即齐"，《墨子》卷之十三《鲁问》篇载"以迎墨子为鲁"，清代孙诒让因此提出墨子是鲁国人。

"墨"的原意是使用绳墨的木匠，墨子应该出身于木匠之家，他的父母可能是以木工谋生的手工业者，社会地位底下。墨子从小承袭了父母的木工制作技术，承认自己是"贱民"，却并不轻视"贱民"，指出轻视"贱民"是天下祸乱的原因之一，《墨子》卷四《兼爱》篇中说："若大国之攻小国也，大家之乱小家也，强之劫弱，众之暴寡，诈之谋愚，贵之傲贱，此天下之害也。"宣扬人与人之间应该没有任何区别地相亲相爱，人们爱别人应该如同爱自己一样。

墨子对自己要求严格，重视学习各种知识，《墨子》卷之十《经上》篇说"生，形与知处也"，人的生命力在于形体与知识的统一。墨子读书和做工"日夜不休，以自苦为极"，始终孜孜不倦，刻苦求学。墨子有次到卫国去，车上带了很多的书，他的学生弦唐子问他为什么带这么多书出门，墨子说"昔者周公旦朝读书百篇，夕见七十士，故周公旦佐相天子，其修至于今。翟上无君上之事，下无耕农之难，吾安敢废此（《墨子》卷之十二《贵义》篇)"。正是因为嗜读书和勤奋，墨子具有广博的知识，成为中国古代著名的思想家和科学家。

墨子的学术思想受到了儒家的影响，《淮南子·要略》中说"墨子学儒者之业，受孔子之术"。由于出身低贱，墨子关注"饥者不得食，寒者不得衣，劳者不得息"等低贱之民的生存问题，而孔子关心的是对礼崩乐坏的社会的忧虑和恐惧，致力恢复周代的礼乐制度。墨子最终与孔子分道扬镳，出于儒而非儒，走到了儒家的对立面。《墨子》卷之十二《公孟》篇中，对儒家之道"足以丧天下"的四个方面进行了批评。第一，墨子指出儒家既不相信鬼神却又重视祭祀的矛盾，即儒家"以天为不明，以鬼为不神"，却又"执无鬼而学祭祀"。第二，反对儒家的厚葬，主张节俭。儒家"厚葬久丧，重为棺椁，多为衣衾，送死若徙，三年哭泣，扶后起，杖后行，耳无闻，目无见"，一方面厚葬会导致贫贱之家倾家荡产，一方面久丧会使王公大人不能早朝，农夫不能早早开始耕种，工匠不能早早开始做工，此"足以丧天下"。墨子指出儒家的厚葬久丧是"非仁非义非孝子"之事，应该节用、节葬、节俭，节俭是立国之本，"俭节则昌，淫泆则亡"。第三，反对儒家对于礼乐的过度重视。孔子非常重视礼乐，《论语》中说"兴于诗，立于礼，成于乐"，墨子却认为儒家的"弦歌鼓舞，习为声乐"足以丧天下。大钟鸣鼓、琴瑟竽笙之声虽然好听，刻镂文章之色虽然好看，刍豢煎炙之味虽然好吃，却不能解决"饥者不得食，寒者不得衣，劳者不得息"的问题，不能解决"强劫弱，众暴寡，诈谋愚，贵傲贱，寇乱盗贼并兴"的问题，反而会"废丈夫耕稼树艺之时""废妇人纺绩织纴之事"，给百姓的生活和生产带来极大的困扰。第四，批评儒家的"命定论"足以丧天下。儒家相信天命，孔子声称"畏天命"，墨子批评说："以命为有，贫富寿夭，治乱安危，有极矣，不可损益也。为上者行之，必不听治矣，为下者行之，必不从事矣。"天下的治乱不在天命，而在于君主的作为。

通过对儒家的批评，墨子提出了"兼爱""非攻""尚贤""尚同"等主张。天下之乱起于人与人之间的不相爱，消除祸乱的办法就是推行兼爱，"视人之国，若视其国。视人之家，若视其家。视人之身，若视其身。是故诸侯相爱，则不野战。家主相爱，则不相篡。人与人相爱，则不相贼"。"非攻"就是反对侵略战争，这是墨子"兼爱"之说在处理国家问题上的具体化。"尚贤"就是尊敬厚待"厚乎德行，辩乎言谈，博乎道术"的贤良之士，是国家的"立政之本"。"尚同"是指在是非善恶的评判上要有一个统一的标准，选天下贤者为天子，天子和各级官员要作为表率，百姓向天子和官员看齐，以此使天下之义得以一致。

墨子开创了墨家学派，在当时与儒学并称显学而盛极一时，在战国时期受到广泛的关注。近代以来，随着西学的传入，人们对墨家学说的价值开始有了新的认识，《墨子》一书中的自然科学知识和逻辑学知识逐渐受到重视。

《墨子》一书将墨子的活动、思想学说和科技成就保存了下来，原书 15 卷 71 篇，现存 15 卷 53 篇，其他 18 篇因佚失而无从得见。《墨子》的内容非常广博，包含哲学、伦理、逻辑、政治、军事、科技等方面，是了解墨家学说最为重要的文献。关于《墨子》的作者和各篇章的真伪问题，学术界的主要看法是把全书分为《墨经》《墨论》《杂篇》三类。《墨经》中有《亲士》《修身》《非儒》《经上》《经下》《经说上》《经说下》《大取》《小取》等篇，这些篇章中没有"子墨子"之语，有可能是墨子自撰的。《墨论》包括从《所染》到《非命》的 28 篇，被认为是墨子的弟子记录下来的。《杂篇》包含从《耕柱》到《杂守》的 16 篇，记载了墨子的言行，与前两类体例不同，可能是后期墨家学派的内容。也有很多学者将《经上》《经下》《经说上》《经说下》《大取》《小取》6 篇称之为《墨辩》，认为这是后期墨家的内容。

科技
文化

二、《墨经》中的科学思想

现存《墨子》中的第40篇《经上》、第41篇《经下》、第42篇《经说上》、第43篇《经说下》包含了哲学、自然科学、军事等内容，是墨家学派在生产实践中的经验总结，涉及人的认识论、光学、力学、逻辑学与几何学等领域。

（一）哲学与逻辑思想

《墨子》中注重主观性判断的论述，如《经下》"偏去莫加少，说在故"、《经说下》"偏，俱一无变"，认为事物虽然分成多份，总量并没有变化，仍然同原来的事物一样。这些话都带有主观性判断或逻辑判断的成分，这种主观性判断类似说"一朵美丽的花"，无论观察者是否认为它美丽，都是同一朵花。在上述篇章中，处处充斥着科学思维，如同处身于一个科学思维的殿堂。墨子试图对各种科学加以推理，已经确立起逻辑学中的两个基本的概念，即演绎和归纳。《经上》"故，所得而后成也"、《经说上》"故，小故有之不必然，无之必不然。体也，若有端。大故，有之必无然，无之必不然"，是由原因推导出结果，属于因果关系。其中的小故，与其说是一个原因，不如说是必要条件。

《墨子》中已经讨论到感觉与知觉、因果与分类、一致与差异以及部分与整体的关系等，意识到了社会因素在确定名词术语时的作用，并区别对待第一手材料和第二手材料。《经说下》云："闻在外者所不知也。或曰'在室者之色，若是其色'，是所不智若所智也。犹白若黑也，谁胜？是若其色也，若白者必白。今也智其色之若白也，故智其白也。夫名，以所明正所不智，不以所不智疑所明。若以尺度所不智长。"墨子通过概念化的模式进行演绎和归纳，在许多说法上与名家、道教有相似之处，但在很多方面对道家进行了批评。如《经下》"以言为尽悖，悖，说在其言"，意为批评他人的言论都是错的这种做法也是错的，应该分析他人言论对、错的原因所在，这显然是批评道教、名家的好辩论。墨子对道家的排斥，阻碍了自身在科学上的进一步发展，李约瑟《中华科学文明史》说："如果墨家的逻辑和道家的自然主义相融合，中国可能早已越过了科学的门槛。"墨子虽然萌生了科学思维，在科学实践中做出了许多的成果，却仍然徘徊于科学门槛之外，这是非常可惜的。

（二）军事思想与防御技术

墨子主张"兼爱""非攻"，却也知道这是很难实现的理想。与"非攻"相对的是，墨子特别注重军事训练、增强军事力量，注意有关筑城和防御性的技术，在首先能够自保的前提下去推行"非攻"的理想。墨子的军事思想非常丰富，反映在《备城门》《备高临》《备梯》《备水》《备突》《备娥傅》《迎敌祠》

《旗帜》《号令》《集守》等篇中，讲述授了守城的装备、战术等。

受"非攻"思想的影响，墨子的军事理论与实践主要集中在积极地防御上。《墨子》中的守城战术十分丰富，几乎囊括了当时所有的守城技巧和战术。《墨子》卷之十三《公输》是一篇非常典型的守城之战，墨子听闻鲁班给楚国造云梯准备攻打宋国，连续赶路十天十夜去见鲁班，要求鲁班停止建造云梯，并与鲁班演绎了一场攻城与守城之战：

> 于是见公输盘，子墨子解带为城，以牒为械，公输盘九设攻城之机变，子墨子九距之，公输盘之攻械尽，子墨子之守圉有余。公输盘诎，而曰："吾知所以距子矣，吾不言。"子墨子亦曰："吾知子所以距我，吾不言。"楚王问其故，子墨子曰："公输子之意不过欲杀臣，杀臣，宋莫能守，乃可攻也。然臣之弟子禽滑厘等三百人，已持臣守圉之器，在宋城上而待楚寇矣。虽杀臣，不能绝也。"楚王曰："善哉！吾请无攻宋矣。"

这一篇章很好地阐释了墨子的"非攻"思想。墨子与公输盘之间的攻防演示，显示了墨子高超的防御才能，最终使公输盘认输、楚王放弃了攻打宋国的念头。

在上述的11篇中，墨子阐述了一些具体的防御方法，如对高临法、水攻法、穴攻法等当时先进攻城方法的防御措施等。墨子的防御术都独具匠心，并附有守城器械的制作方法、使用技巧的详细解说等。

（三）机械制造

墨子谙熟当时各种机械和工程建筑的制造技术，是精通机械制造的专家。出于防御和守卫城池的需要，墨子详细地介绍了城门的悬门结构，城门和城内外各种防御设施的构造，包括弓弩在内的各种攻守器械的制造工艺，以及水道和地道的构筑技术。《备城门》等11篇中记载了墨子发明的投石机、借车、渠答、转射机等武器。墨子曾带领300多个弟子潜心研制飞行器，用了三年的时间制造出一只能飞的木鸟。《韩非子》卷十一载："墨子为木鸢，三年而成，蜚（飞）一日而败。"木鸟虽然只飞了一天，但墨子在2000多年之前制造出这样的飞行器，已经足够令人震撼了。可惜墨子之后没有人继续进行研制，墨子本人也转向当时更为实用的车輗（造车技术），加上当时整体的制造水平还不足以支撑起飞行器的研制，导致了中国飞行器的研制就此止步。

（四）光学、力学、声学

《墨子》中探讨了光与影子的关系，《经下》与《经说下》有八条记载光学的内容，被称为"《墨子》光学八条"，提出了光的直线传播的概念，细致地叙述了光学的性质，成为世界光学史上最早的光学记录，解释了影动和影不动的原因。《经说下》记载："景，光之人，煦若射。下者之人也高，高者之人也下。足蔽下光，故成景于上；首蔽上光，故成景于下。在远近有端与于光，故景库内也。"这是说明小孔成像的现象和原理。《经说下》记载："正鉴，景多寡、貌能、白黑、远近、椹正，异于光。鉴景当俱，就去亦当俱，俱用北。鉴者之臭于鉴无所不鉴。景之臭无数，而必过正。故同处，其体俱，然鉴分。"这是说明凹面镜、凸面镜成像的特点。墨子对于光学现象的观察和理论上的探讨，得出了几何光学的一系列基本原理。墨子是世界光学史上第一个进行光学实验，并对几何光学进行系统研究的科学家。

《墨子》中论述到力学知识和原理。《经上》载"力，形之所以奋也"，"奋"就是"动"的含义，这句话是表述力是物体运动状态发生变化的原因。《经说上》载"力，重之谓也，下举重，奋也"，"重"指的是物体的重力，物体在重力作用下就会下落。《经下》"合与一，或复、否，说在拒"，是说明合力。《经下》"负而不挠，说在胜"，是说明重心。《经下》"荆之大，其深浅也，说在具"，是说明浮力。

《备穴》篇中，墨子在防御敌军攻城时，设计了一种地下声源的探测装置，这是墨子对于声学的探究。当敌人挖坑道攻城时，守城者就在城内沿着城墙每隔一定距离挖上一口井，挖到地下水位约两尺为止，放置一个容量七八十升的陶瓮，瓮口蒙上皮革。当敌军挖坑道攻城时，陶瓮就会发出声音，守城者根据声音的大小来确定敌军的方向位置。这个测定地下声源的装置，表明墨子已经摸索出物体的共振和声音的共鸣现象。

《墨子》中通过桔槔和杆秤的制造，阐述了杠杆原理。又通过滑轮、轮轴、辘轳、桔槔的制造，阐述了轮滑装置的机械原理。关于滑轮装置的应用以及升降物的机械原理，记载在《经下》和《经说下》中。

三、贾思勰与《齐民要术》

中国自古以来是一个以农业为本的国家，经过一代代先民们辛勤劳作和反复实践，农作物种植和农业生产的水平不断提高。在南北朝贾思勰创作《齐民要术》一书之前，却没有一本系统介绍和记载中国农业生产、农业技术一类的专门著作。《齐民要术》既是对之前中国农业生产经验和成绩的总结，又是对后世的社会经济、文化产生深远影响的著作。

贾思勰是南北朝时期的后魏人，史书中没有他的传记，别的文献中也很少有关于他的文献记载，他的事迹基本上就是一片空白。现在唯一能够确定的，就是《齐民要术序》下"后魏高阳太守贾思勰"的署名，"高阳太守"指的是他曾经做过高阳郡的太守。后魏有两个高阳郡，一个在今河北高阳境内，一个在今山东临淄西北，贾思勰做的是河北的高阳太守还是山东的高阳太守，现在仍然不能确定。

一般的看法是，贾思勰是山东益都（今青州市）人，《齐民要术》可能成书于6世纪30年代至40年代之间。"齐民"就是平民百姓的意思，"要术"是指谋生的主要方法，"齐民要术"就是民众从事农业生产和农业种植、饲养、酿造等重要的技术知识。

《齐民要术》原书共十卷，九十二篇，约十一万五千字。《齐民要术》第一次全面记载了六世纪以及之前中国黄河中下游旱地农业的生产状况和农业技术。贾思勰在《自序》中说明他写作的范围是"起自耕农，终于醯醢，资生之业，靡不毕书"，即是与"资生之业"相关的内容，全面记述了古代中国农业生产技术的各个方面和各个环节。与农业相脱节的内容则不著述，"舍本逐末，贤哲所非，日富岁贫，饥寒之渐，故商贾之事阙而不录。花草之流，可以悦目，徒有春花而无秋实，匹诸浮伪，盖不足存"。写作的资料来源，是"采捃经传，爰及歌谣，询之老成，验之行事"。"采捃经传"，就是采集典籍中与农业农事有关的文字记录；"歌谣"就是指流传于民众口头上的与农业相关的谚语和歌谣；"询之老成"就是询问、请教当时富有农业农事经验的老者，吸收民众的农业生产经验；"验之行事"是以亲身的实践来验证文字记载、民间谚语、民众的经验等的可靠性、准确性和可行性。贾思勰对于《齐民要术》的写作态度，是相当严肃和严谨的。

在《齐民要术》之前，没有一本系统的农书，因此《齐民要术》完全是贾思勰的独创，没有先例可以遵循和借鉴，《齐民要术》在保存和传承中国农业生产成就的同时，为后世农书的撰写提供了编写体例和范本。《齐民要术》不仅是中国现存最早最完整的古代农学专著，是当时最全面、最系统、最丰富、最详尽的一部农业科学知识集成的著作，也是世界农学史上最早最有价值的农书名著之一。

四、《齐民要术》中的农业科技

西晋灭亡以后，北魏统一了北方，一方面结束了黄河流域各民族间长期分裂割据的战乱局面，社会出现了短暂的安定时期；另一方面，各民族融合、居住在一起，为农业生产的多样性与农业技术交流、发展提供了可能性。北魏孝文帝（471—499年在位）为了提升国力，推行改革，实行"均田制"，大量荒地被开垦，改变了农村残破荒凉的局面，农业生产逐步得到恢复。均田令颁行后的十余年间，北魏的粮食储备达到了"府藏盈积"的程度。贾思勰就是在这个背景之下创作的《齐民要术》，总结了之前中国农学的经验，显示了对农业的重视。

《齐民要术》的内容十分丰富。卷一：垦荒、整地一篇，收种子一篇，种谷子一篇。卷二：各种粮食、纤维、油料作物的栽培种植共十三篇。卷三：各种蔬菜的种植共十三篇，杂说一篇。卷四：木本植物栽培总论两篇，各种果树栽培共十二篇。卷五：材用树木和染料植物共十一篇。卷六：畜牧和养鱼共六篇。卷七和卷八上：货殖一篇，涂瓮一篇，酿造酒、酱、醋、豉共九篇。卷八下和卷九大半：食品加工、保存和烹调共十七篇。卷九末：制胶和笔墨两篇。卷十：记述南方热带物产一篇，这一卷的写作主要是引用前人的文献资料，介绍北魏之外的地域的物产。贾思勰在《齐民要术》中创建了较为完整的农学体系，对以实用为特点的农学类目做出了合理的划分。从开荒到耕种，从生产前的准备到生产后的农产品加工、酿造与利用，从种植业、林业到畜禽饲养业、水产养殖业，做出了全面、清晰的论述。贾思勰依据每个项目在当时农业生产、民众生活中所占的比例和轻重位置来安排顺序，把土壤耕作与种子选留项目列于首位，记叙了种子单选、单收、单藏、单种种子田、单独加以管理的方法。在栽培植物方面，重点叙述禾谷类作物，豆类、瓜类、蔬菜、果树、药用染料作物、竹木以及檀桑等给予应有的位置。在饲养动物方面，先讲马、牛，接着叙述羊、猪、禽类，按照饲养、繁衍、疾病医治等程序进行阐说。叙述的农业技术内容重点突出，主次分明，详略适宜。

贾思勰把握住了黄河中下游旱地农业技术的关键，把黄河中下游旱地农耕技术推向了较高的水平。黄河中下游地区的气候特点，春季干旱多风，气温回升迅速，夏日连雨，所以农业生产必须非常注意农时、讲究农耕方法。为了确保农作物的种植和生长，《齐民要术》首先在改造土性、熟化土壤、保蓄水分、提高地力，在作物轮作换茬，在绿肥种植翻压，在田间井群布局与冬灌等方面，有许多重要的创见。其次，《齐民要术》在耕、耙、耱等重要农具的阐说，耕、耙、耱、锄、压等技术环节的巧妙配合，犁、耧、锄等的灵活操用诸方面做了系统的归纳，规范了春耕、秋耕的基本措施，明确说明具体农作物播种的上时、中时、下时以及不同土质、墒情下的相应播法。

贾思勰认识到工具的重要性，《齐民要术》在介绍耕作技术之前，先是介绍农具。书中谈到20多种农具，重要的如犁、锹、耙、耢、陆轴等，其中有一些是汉代不曾使用或使用不广泛的。农具的功能、材料和制作都得到了很大的改进和提升。农具的改进，带来了耕作技术的改进，如耙的功能就是碎土平地，改进和提高了平整土地的能力，《耕田》篇云"耕荒毕，以铁齿楱再遍耙之"。农具的改进，使得耕作更为合理，《齐民要术》总结出一整套保墒防旱措施，形成了锄、耙、耢、锋、耧五具配套的旱地中耕技术体系。按照这种耕作方法，遇到一些小旱情时，能最大限度地减少损害。

选种、育种、播种技术是贾思勰非常重视的。选种的成功与否直接影响到作物的收成和质量，为了保证种子能够顺利发芽，《齐民要术》中特意交代播种前要做的准备工作，总结了育种经验，提出明确的品种分类标准，建立了完整的选种、育种方法。《收种》篇载："粟、黍、穄、粱、秫，常岁岁别收，选好穗纯色者，劁刈高悬之。至春治取，别种，以拟明年种子（注：耧耩掩种，一斗可种一亩，量其家田所须种子多少种之）。其别种种子，常须加锄（注：锄多则无秕也）先治而别埋（注：先治，场净不杂；窖埋，又胜器盛），还以所治囊草蔽窖（注：不尔，则有为杂之患）。将种前二十许日，开出水淘（注：浮秕去则无莠），即晒令燥，种之。"这是介绍"收种"必须要注意的事项，要把选种、育种和防杂保纯相结合，把选种、保藏和种子处理相结合，还要避免种子的机械混杂与生物学混杂。播种时间要考虑到季节、气候和墒情等因素，"顺天时，量地利"就会用力少而成功多，反之则"劳而无获"。如《水稻》篇："三月种者为上时，四月为中时，五月初为下时。"下种时，还要考虑到土壤与水分的关系，《种谷》篇："凡种谷，雨后为佳，遇小雨宜接湿种，遇大雨待秽生（注：小雨，不接湿，无以生禾苗；大雨，不待白背，湿辘，则令苗瘦。秽若盛者，先锄一遍，然后纳种，乃佳也）。"《齐民要术》中介绍到大麦、小麦、水稻、麻等农作物的浸种催芽技术。《种胡荽》篇："凡种菜，子难生者，皆水沃令芽生，无不即生矣。"浸种时，贾思勰总结出以雨水浸种比用井水浸种出芽快、水量过多不易出芽等经验。

《齐民要术》总结了历代家畜饲养的经验，吸取了北方各民族的畜牧经验，将动物养殖技术向前推进了一步。书中介绍了家畜的选种、饲养管理和相畜术、兽医术等方面的知识。书中有 6 篇分别叙述养牛马驴骡、养羊、养猪、养鸡、养鹅鸭、养鱼，特别吸收了北方少数民族的畜牧经验，对家畜的品种鉴别、饲养管理、繁殖、疾病防治等都有说明。役畜使用强调量其力能，饮饲冷暖要求适其天性，总结出"食有三刍，饮有三时"的成熟经验。养猪部分载有给小猪补饲粟、豆的措施。养羊要"唯远水为良，二日一饮。缓驱行，勿停息。春夏早放，秋冬晚出"，羊群放牧期间，要"起居以时，调其宜适"，要注意羊舍的位置、朝向、卫生清洁等。《齐民要术》中用大量的篇幅介绍家畜的育种经验，如饲育畜禽等在群体中要保持合理的雌雄比例等等，如羊群中 10 只羊中有 2 只公羊为宜，鹅群中一般是 3 雌 1 雄，鸭群中一般是 5 雌 1 雄。贾思勰注意到两个不同种的杂交，可以产生强大的杂种优势，介绍了人工马驴杂交的经验。

农产品加工、酿造、烹调、贮藏技术在《齐民要术》中占显著地位。酒、酱、醋等的发明很早，详细严谨揭示制作过程则以《齐民要术》为最早。书中

科技
文化

记载了以大豆为原料制酱的方法，以及许多不同品种酱菜的制作方法，如用酱油做酱菜、用酒糟做酱菜、用醋做酱菜等。除豆酱外，还有肉酱、鱼酱、榆子酱、虾酱等的制作方法。记载了大麦醋、神醋等23种醋的制作方法，其中一些制醋的方法一直沿用到今天。记载了小麦苦酒、糯米酒等40多种酒的制作方法。如《造神曲饼酒》篇介绍制作三斛麦曲的方法："凡作三斛麦曲法：蒸炒、生、各一斛。炒麦，黄，莫令焦。生麦，择治其令精好。种各别磨，磨欲细。磨干，合和之。"这就是制作三斛麦曲的方法，取蒸熟的、炒熟的和生的麦子各一斛。炒的麦子要黄而不焦，生的麦子要捡摘最精好的。三种麦分别磨，要磨得很细，磨完后合在一起。介绍米酒的制作方法："全饼曲，晒经五日许，日三过以炊帚刷治之，绝令使净。若遇好日，可三日晒。然后细剉，布帕盛，高屋厨上晒经一日，莫使风土秽污。乃平量曲一斗，臼中捣令碎。若浸曲一斗，与五升水。浸曲三日，如鱼眼汤沸，酘米。其米绝令精细，淘米可二十遍。酒饭，人狗不令啖。淘米及炊釜中水、为酒之具有所洗浣者，悉用河水佳也。"这些制酒的方法相当精细，大大提高制酒的水平。记载了生鲜菜的贮藏方法，《作菹藏生菜法》中提到藏生菜法："九月、十月中，于墙南日阳中掘作坑，深四五尺。取杂菜种别布之，一行菜一行土，去坎一尺许便止，以穰厚覆之，得经冬，须即取。粲然与夏菜不殊。"这一鲜菜冬季贮藏的方法与现在的"假植贮藏"措施基本相同。

《齐民要术》作为中国第一部完整保存至今的大型综合性农书，是农产品加工、农业生产管理技术发展史上一部里程碑式的著作，标志着中国传统农业走向成熟。

墨子是一个百科全书式的平民圣人，被称为"科圣"。作为当时著名的思想家、政治家、军事家、社会活动家的墨子，其科学思想和各种发明创造对后世影响巨大。贾思勰《齐民要术》对于中国北方农业生产技术和经验的总结，在农学思想和农业生产技术上的提升，标志着中国传统农业走向成熟，对隋唐及其后世的农业发展起到了重要的促进作用。

第四节　天文学家先驱甘德和算圣刘洪

甘德是齐鲁地区早期的著名天文学家，在天文观测、天象记录、宇宙认识等方面有许多重要的发现，对中国古代天文学的独立发展做出了重要的贡献。刘洪是一位杰出的天文学家与数学家，在天文学方面创制了《乾象历》，使传统历法的基本内容和模式更加完备，成为中国古代历法体系发展中的里程碑。在数学上对算法和算具做了改进，创造了十进位的珠算，是数学史上一次飞跃性变革。

一、甘德与《甘石星经》

公元前4世纪，中国出现了两位卓有成就的天文学家，即甘德和石申。石申是魏国人，甘德应该是鲁国人，裴骃《集解》引徐广曰："或曰甘公名德也，本是鲁人。"司马迁《史记·天官书》中称当时精通天文历法的，有齐国的甘公和魏国的石申。甘德极可能是鲁国人，主要的活动如为官或游学是在齐国。

甘德，又称甘公，大概生活在公元前4世纪中期。甘德生活的时代，思想活跃，诸子百家争鸣、各抒己见。齐国是当时思想、科学与文化交流的中心，持有不同学术见解和不同思想的学者云集齐国稷下，展示各自的学说，甘德以他的天文学说成为当时百家争鸣中的杰出代表之一。关于甘德生活的年代，还有另外一种说法，《史记》载楚汉战争时，甘德曾在军中，表明甘德可能是西汉初期人，而非战国时人。这两种说法，认可甘德生活于战国时期的学者居多。

《史记正义》引《七录》载，甘德著有《岁星经》《天文星占》等，石申著有《天文》八卷，后世将《天文星占》称为《甘氏星经》，把石申的《天文》称为《石氏星经》，合称为《甘石星经》。宋代晁公武《郡斋读书志》中介绍说："《甘石星经》一卷，右汉甘公、石申撰，以日月五星、三垣、二十八宿，恒星图象次舍，有占诀，以候休咎。"晁公武认为甘德、石申是汉代人，非战国时人。与甘德、石申相关的著述，《隋书·经籍志》载："石氏《星簿经赞》一卷，《星经》二卷，甘氏《四七法》一卷。"《宋史》卷二百六载："甘、石、巫咸氏《星经》一卷、石氏《星簿赞历》一卷。"

《甘石星经》现存有《汉魏丛书本》（题名为《甘石星经》）、《道藏本》（题名为《通占大象历星经》），《中华道藏》根据《道藏》和《汉魏丛书》整理出新本《通占大象历星经》，分上、下两卷。历代著述多载《甘石星经》两卷本或一卷本，与《史记正义》引《七录》中载《天文星占》与《天文》各八卷相比较，差别很大。很多学者认为甘德《天文星占》与石申《天文》早已佚失，只有在《史记·天官书》《汉书·天文志》《后汉书·天文志》等书中所载的关于《天文星占》与《天文》的文献，才是甘德与石申的原著。现在所存于《汉魏丛书》与《道藏》中的《甘石星经》是后人伪托并合在一起的。清代《钦定续通志》卷九十七记载道:"世所传《甘石星经》出于后人伪托。"伪托的年代有可能是在唐宋时期,能证明现存《甘石星经》是后人伪托的,至少有两个明显的证据:第一,《史记·天官书》《汉书·天文志》《后汉书·天文志》中载有少量甘德、石申原著的引文,这些引文的绝大多数在现传本《甘石星经》没有著录。第二,现传本《甘石星经》在论述天上的星象变动与地下州郡的灾害吉祥有关时,提到沧州、玄菟、广陵、卫州、甘州、秦州、许州、颍州、宋州、汴州等战国之后才出现的地名。

即使现存的《甘石星经》是后人的伪托,伪托者也是在甘德、石申对于天文学发展的基础上撰写出来的,仍然必须承认甘德、石申在天文学上所做出的巨大贡献。应该从《史记·天官书》《汉书·天文志》《后汉书·天文志》、唐代《开元占经》等书所载二人原著的引文与现存《甘石星经》中,挖掘出二人在天文学上的贡献与成就。

二、星体观测

汉代蔡邕曾总结战国末期与汉代时期中国对天文学和宇宙论的探索,指出当时主要有"周髀""宣夜""浑天"三个学派。周髀学派后来被称为"盖天说"。"浑天"即是对宇宙天体的观察,相当于现在的天球学说。李约瑟在其《中国科学技术史》中指出,天球说(浑天说)的概念已经体现在甘德、石申编制的星表中,甘、石是观察地球、宇宙星体运动的先驱者。唐代《开元占经》引汉代天文学家张衡《浑仪注》说:"浑天如鸡子,天体圆如弹丸,地如鸡子中黄,孤居于内。天大而地小。天表里有水,天之包地,犹壳之裹黄。天地各乘气而立,载水而浮。周天三百六十五度又四分度之一;又中分之,则一百八十二度八分之五覆地上,一百八十二度八分之五绕地下。故二十八宿半见半隐。其两端谓之南北极。北极乃天之中也,在正北出地上三十六度。然则北极上规径七十二度,常见不隐。南极天之中也,在正南入地三十六度。南极下规七十二度,常伏不见。两极相去一百八十二度半强。天转如车毂之运也。周旋无端,其形浑浑,故曰浑天也。"汉代人对于天球的认识,正是在甘德、石申的基础上进一步发展起来的。

甘德通过长期的观测,发现了金、木、水、火、土五大行星的运行规律;凭肉眼观测到木星最亮的三号卫星(即"木卫三");掌握了水星的运行规律,推算出水星的会合周期是 136 日,这个数值比实际数值的 115.9 日相差 20.1 日,已经是很了不起的成就了;发现了火星的逆行现象,推算出火星的周期是 1.9 年(实际为 1.88 年),火星行度周期为 410 度 780 日。

甘德和石申对于恒星的观测更是了不起的成就。二人共观测到 1320 颗恒星，并在他们的著作中，绘制了星表。见下表（表6-1）。

表6-1　　　　　　　　　　古代星表中恒星数目统计表①

	星官数	恒星数	星官数	恒星数
石申				
中，即赤道以北	64	270	—	—
外，即赤道以南	30	257	—	—
二十八宿	28	282	—	—
"赤星"总数	—	—	122	809
甘德				
中	76	281	—	—
外	42	230	—	—
"黑星"总数	—	—	118	511
巫咸				
中、外；"白星"或"黄星"总数	—	—	44	144
	—	—	284	1464

　　甘德、石申可能是中国最早制作星表的天文学家，在他们的年代，被观察到的恒星有1464颗，其中二人观测到1320颗，其他144颗是由当时另一天文学家巫咸所观测到的。下表（表6-2）是各恒星可能被观测到的年代：

表6-2　　　　　　　　各恒星表中恒星的可能观测年代表②

	可能观测年代
二十八宿	
六宿（角、心、房、箕、张，可能有斗）	公元前350年
其他十七宿	公元200年
二宿（亢、参）缺北极距数据	—
三宿（氐、柳、星）异常	—
北天球六十二星	
二十七星	公元前350年
十三星	公元180年

---

　　①　转引自［英］李约瑟《中华科学文明史》第二册，表24，上海人民出版社2001年版，第125页。

　　②　转引自［英］李约瑟《中华科学文明史》第二册，表25，上海人民出版社2001年版，第126页。

科技文化

续表

	可能观测年代
六星（缺北极距数据）	—
四星	公元 150 年
不确定	
南天球三十星	
十星	公元前 350 年
十六星	公元前 200 年
四星异常	—

表中的"公元前 350 年"指的就是甘德、石申与巫咸。由表中可以看出，甘德等人是目前文献记载中最早观测到这些恒星、并绘下星表的天文学家。在他们工作的基础上，后来的天文学家观测到了更多的恒星，绘制出更为完善的星表。

《甘石星经》在绘制星表时，先给出星官的名称，然后是包含的星数，再给出主要大星或距星位置的度量。度量包括恒星的时角（从该星所在的宿的起点处开始度量）和北极距，见下图：

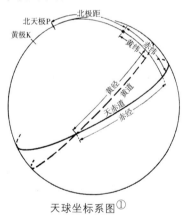

天球坐标系图①

《甘石星经》中所绘制的星表，成就是巨大的，比希腊人于公元前 2 世纪所绘制的第一个星表要早 200 余年，而且希腊的第一个星表只有甘德、石申、巫咸绘制星表的三分之一大。

中国古代的天文学往往主要是为人事服务的，如宗教祭祀、农业生产、预测吉凶等。《甘石星经》同样具有这样的目的和功能，如对于"四辅"的记载

---

① 转引自［英］李约瑟《中华科学文明史》第二册，图 71，上海人民出版社 2001 年版，第 127 页。

说:"四辅四星,抱北极枢星,主君臣礼仪,主政万机,辅弼佐理万邦之象,辅佐北辰,而出入授政也。"用之于农业生产等与民众生活密切相关的领域,可以改善生产环境,提高生产技术;若主要用之于预测吉凶,或者依靠观察天象来决定政务政教等,则会限制科学的进一步发展。

三、岁星纪年

通过对天体的观测,甘德提出岁星纪年法。《史记·天官书》中载甘德和石申有"五星法",《开元占经》对甘德的岁星法的记载较为详细。甘德的岁星法就是"四七法",就是以二十八宿来测量日月等天体运动方位的方法。《隋书·经籍志》中著录《甘氏四七法》,可惜本书佚失。综合《史记·天官书》《开元占经·岁星占》中保存的文献,甘德确定的二十八星宿的方位和星名是东方七宿:角、亢、氐、房、心、尾、箕;北方七宿:斗、牛、女、虚、危、室、壁;西方七宿:奎、娄、胃、昴、毕、觜、参;南方七宿:井、鬼、柳、星、张、翼、轸。

甘德将观测二十八宿得到的岁星法,用于纪年,就是岁星纪年法。甘德岁星法的特点是以12年为周期,不用太岁、太阴和岁阴的名称,用的是"摄提格"。摄提格是战国至秦汉时期的一种星岁纪年法。假想有一颗速度与岁星(木星)视运动平均速度(12年1周天)相同而方向相反的天体,称为"太岁",以它的位置纪年。当木星位于丑位时,太岁即位于寅位,这年就称为"摄提格",简称"摄提"。甘德的岁星纪年方法,后来就演变成我们熟知的干支纪年法。甘德将岁星纪年法除了用于指导实际生活外,也用于占卜国家吉凶。《开元占经》中引用甘德的话说:"凡岁星所在,不可伐。假令岁星在寅,则其岁不可东北征。利西南,西南无年,有乱民,是为岁星之冲,常受其凶也。十二岁皆放(仿)此。"将天象与地上的人事吉凶相比附,就会限制科学发展的程度。

四、刘洪的数学成就

甘德之后山东的著名天文学家是东汉后期的刘洪,他同时也是杰出的数学家。刘洪,字元卓,今山东蒙阴县人,约生活于东汉永建四年(129)至建安十五年(210)之间。刘洪出身于鲁王宗室,自幼受到良好的教育,青年时期对数学和天文历法产生了特殊的兴趣,良好的生活环境和教育,可以让他潜心研究数学和天文历法,最终在数学和天文学领域都做出了杰出的贡献,被认为是珠算的发明者,是中国古代历法体系的奠基者。姚之骃《后汉书补遗》卷十七记载刘洪事迹云:"善算,当世无偶。作《七曜术》。及在东观与蔡邕共述

科技文化

《律历记》，考验天官，及造《乾象术》十余年，考验日月与象相应，皆传于世。"刘洪的著述还有《八元术》《消息术》，可惜没有保存下来，已无法得知其内容。

作为杰出的数学家，刘洪在算数领域"当世无偶"，在运筹和算法方面都表现出非凡的才能，在《乾象历》中创造出"正负数歌诀"："置加时……强正弱负，强弱相并，同名相除，异名相消。其相减也，同名相消，异名相从，无对互之。"发明珠算，是刘洪在数学上的另一项重要贡献。关于珠算的起源，有很多争论，尚无定论。"珠算"一词，最早出现在刘洪的学生徐岳著的《数术记遗》中引刘洪的话："隶首注术，乃有多种，及余遗忘，记忆数事而已：其一积算、其一太乙、其一两仪、其一三才、其一五行、其一八卦、其一九宫、其一运算、其一了知、其一成数、其一把头、其一龟算、其一珠算、其一计算。此等诸法，随须更位，唯有九宫守一不移，位依行色并应无穷。"珠算最迟是在刘洪时就已经出现了。现在一般认为是刘洪发明了珠算，他也被称为"算圣"。

五、刘洪的天文学成就

刘洪将自己在数学上取得的成就，运用于"天文数术"，研究天文历算方面的问题。《七曜术》和《乾象历》是刘洪的两部天文学著作。在《七曜术》中，刘洪精确地推算出了"五星会合"的周期，以及它们运行的规律。刘洪推算出来的数值，与现代用精密天文仪器测算的"差值"甚微，有的甚至完全相同。《七曜术》为他创建《乾象历》奠定了理论和数据基础。

《乾象历》是第一部流传下来的引入月球运动不均匀性理论的历法。在刘洪之前，中国的天文学家就已经观测到月亮的运动时快时慢。刘洪提出近点月的概念和计算它的长度的方法，测算出近点月的长度为 27.5508 日。刘洪观察到月亮是沿着特定的轨道运动的，将月亮的运行轨道称为白道，白道概念的确立，标志着之前对月亮运动轨迹含混不清的定性描述的终结。太阳的运行轨道被称为黄道，月亮在白道上运行，白道与黄道的交点叫黄白交点，刘洪发现白道和黄道约成六度一分的交角。刘洪在进一步测算的基础上，发现黄白交点在沿着黄道退行，黄白道交点退行值为 0.0537513 度。刘洪根据这一测定，设计了计算交点月长度的公式：一个交点月长度 = 10111110 / 371566 日，继而又测算出 11045 个朔望月 = 11986 个交点月，这个数值只比现在的理论值相差 5 秒。《乾象历》是中国历法史上的一次突破性进步，奠定了中国"月球运动"学说的基础。

刘洪之前天文学家对于朔望月和回归年长度值已经进行了长期的测算工

作，刘洪发现依据前人计算出来的数值推算出来的朔望弦晦和节气的平均时刻，滞后于实际的朔望时刻。经过数十年的潜心思索和计算，刘洪发现《太初历》《三统历》《四分历》施行一段时间后都会出现历后于天的现象，即月先朔而生。刘洪认识到前人所取用的朔望月和回归年长度值均偏大，造成了历法后于天的现象。在《乾象历》中，刘洪计算出回归年的长度值为 365.2468 日，朔望月的长度值为 29.5305422 日，这两个数值比之前的数值更为准确，尤其是朔望月的长度值只比现在的常数值每月差 4 秒，为之后的研究树立了正确的方向。

甘德具有丰富的科学思想，善于观察天象，精于计算，在天文学上的成就远远领先于同时期的欧洲。刘洪善于参与天文历法的辩难和论争，善于实践和探索，使研究工作长期处于反复实践与检验的动态流程之中，不断进行去粗存精的筛选和锤炼，因此他在数学和天文学上的研究的精确性非常高，取得了令人瞩目的成就。

结　语

齐鲁大地历来是中国农业、手工业、医学、天文学、数学等各科技领域的发达地区，从发展进程来看，春秋战国是一个飞跃时期，汉代取得长足的发展，元明达到鼎盛时期。齐鲁科技文化有自身的发展规律，涌现出来一批如扁鹊、鲁班、墨子、甘德、刘洪、贾思勰等一大批名垂青史的科学家。齐鲁人民用自己的勤劳和智慧创造了灿烂的科技文化，使齐鲁大地成为中国科技文化的发祥地之一。

◎ 思考练习

1. 分析齐鲁文化对科技发展的推动作用。
2. 分析扁鹊是如何将医学从巫术中分离出来的。
3. 鲁班、墨子根据实际生活需要而做的发明创造，对我们有什么启发。
4. 农业技术的发展对于中国古代社会经济生活的进步有什么作用。
5. 分析影响齐鲁古代科技发展的有利因素和不利因素有哪些。

科技文化

◎ **资源链接**

参考书目

1. 王九思等辑录：《难经集注》，黄山书社 2013 年影印本。

2. 方勇译注：《墨子》，中华书局 2011 年版。

3. 吴毓江：《墨子校注》，中华书局 2006 年版。

4. 孙诒让：《墨子间诂》，中华书局 2009 年版。

5. 石声汉译注，石定枎、谭光万补注：《齐民要术》，中华书局 2015 年版。

6. 缪启愉：《齐民要术校释》，中国农业出版社 1998 年版。

7. 《通占大象历星经》，《中华道藏》本，华夏出版社 2004 年版。

8. 傅海伦编著：《山东科学技术史》，山东人民出版社 2011 年版。

9. ［英］李约瑟著、［英］柯林·罗南改编：《中华科学文明史》，上海人民出版社 2001 年版。

第六章

第七章
文学精华

　　齐鲁文学不乏一流的大家和影响深远的名作，《诗经》之《齐风》《鲁颂》及《左传》，堪称先秦文学的代表。"建安七子"，有四位出自齐鲁。左思、鲍照、刘勰，皆一时之秀。至唐代，齐鲁文学稍显黯淡，亦有崔融、储光羲、段成式等名家。而大诗人李白、杜甫也曾到此游历，留有名篇佳作。李清照、辛弃疾两位一流大家，足以使两宋词坛熠熠生辉。东平为元代戏曲中心，水浒戏盛极一时，影响深远。而王士禛、孔尚任、蒲松龄，则分别在诗歌、戏曲和小说领域，为我们留下了一流的佳作，成为齐鲁文学鼎盛期的重要标志。

第一节 《诗经》与先秦齐鲁文学

《诗经》亦称《诗》，是中国第一部诗歌总集，今存诗 305 篇，绝大部分诗作产生于西周初年至春秋中叶这 500 年间。《诗经》分为风、雅、颂三大类：风是地方歌曲，共计 15 国风，160 篇；雅是朝廷正乐，分为大雅、小雅，总计 105 篇；颂是宗庙祭祀之乐，分为周颂、商颂、鲁颂，共计 40 篇。此中，国风中齐风是齐国的作品，鲁颂自然与鲁国有着密切的联系。孔子在《诗经》的定型和传播中起到了重要的作用。

一、《齐风》与齐国

《齐风》总计 11 篇，除了《南山》《敝笱》《载驱》《猗嗟》四篇有比较明显的政治讽刺意味外，其余诗篇或写婚恋，或写农猎。《齐风》中展现打猎场景的作品，颇具齐国色彩，与以农耕为主的鲁国文化颇有差异。相较于其他国风而言，《齐风》拥有着独特的艺术魅力。

首先，《齐风》中很少出现绵长的抒情，而是通过对话、行为等细节进行描摹，更类似于"赋"的艺术手法。主人公的语言、动作亦寻常、平淡，让人感觉亲近，而创造的形象栩栩如生，营造的情节饶有情致。如《鸡鸣》：

> "鸡既鸣矣，朝既盈矣。""匪鸡则鸣，苍蝇之声。"
>
> "东方明矣，朝既昌矣。""匪东方则明，月出之光。"
>
> "虫飞薨薨，甘与子同梦。""会且归矣，无庶予子憎。"

这首诗如果改造成一个情景剧的话，实际上非常有趣：

妻：鸡都打鸣了，朝会上人都快到齐了，你快醒醒！

夫：那不是鸡在打鸣，那是苍蝇在嗡嗡嗡！

妻：东方太阳已亮晶晶，朝会上人已经很多了，你快醒醒！

夫：那不是太阳亮晶晶，那是月出光华晃晃明！

夫：你听，虫子飞来飞去轰轰轰，他们愿陪伴你入梦。

妻：朝会都快散了，你仍不醒，但愿你别招人厌憎。

> 尝试做一个有关《鸡鸣》的诗意四格漫画。

妻子的无奈颇让人同情，丈夫的托词不但不让人生厌，反而让人会心一笑。莎士比亚名著《罗密欧与朱丽叶》第三幕第五场中，朱丽叶劝罗密欧不要离开，把报晓的云雀说是黑暗中的夜莺，把拂晓的晨曦说是太阳吐射的流星。[①]当然不能说《齐风》影响了莎士比亚，但跨越千年时空、超越文化界线，人的文学想象却如此相通。

《东方之日》特别注重细节的描写，整首诗只有两章：

> 东方之日兮，彼姝者子，在我室兮。在我室兮，履我即兮。
> 东方之月兮，彼姝者子，在我闼兮。在我闼兮，履我发兮。

上下两章，变动了三个字，由"日"及"月"，交代了时间的变化，当然日月光华还有比喻女子之美之意。由"室"入"闼"（闼，内室之门），场所的变化显示了两人相处场所的变化。而所履（踩，有触碰之意）之物由男子的"即"（膝盖）到"发"（脚），显现出二人关系更为亲昵。通篇用男子的口吻来写，一个情感炽热、泼辣直率的女子和一位性格木讷、畏首畏尾的男子形象跃然纸上。

其次，《齐风》中的不少诗篇比较注重语言的锤炼和修辞的运用。《东方之日》非常典型地体现了对客观描写对象的精心选择，并以此衬托男女主人公内心的情感。《著》也有类似的情况，全诗只有三章，每章更易三个字，而变换的这三个字很好地反映了少女出嫁前的喜悦情绪。很多诗篇有意识使用叠字，叠字的运用无论在描述景象还是抒写内心情绪方面都非常形象，比如《莆田》，写田里莠草茂盛，云"维莠骄骄""维莠桀桀"，写内心因思念远方亲人而引发

文学
精华

---

① 朱生豪等译：《莎士比亚全集》（第四卷），人民文学出版社，1994年，第676—677页。

的悲伤，说"劳心忉忉""劳心怛怛"。

严格意义上来说，《齐风》中比兴的手法运用得不是很多，但在不多的比兴运用中仍然能够看到诗人的精心构思，比如《敝笱》篇，此诗亦是三章，每一章最后写齐姜回齐国时随从众多，"其从如云""其从如雨""其从如水"。对于今人而言，用"云""雨""水"比喻形容人多已经不新鲜了，因为我们这样的词汇很多，但在文学发生早期的《诗经》时代，有如此的明喻，应该说是很生动的创意。

再次，《齐风》的句式也比较有特点。《齐风》大部分诗篇和《诗经》其他诗篇一样，以四字句为主，部分诗篇句式比较灵活。比如《还》，写两位打猎归来的猎人路上不期而遇，相互赞美，诗总计三章，每一章四句，第一句四言，第二句七言，第三、四句六言，长短错杂，短的显现出果断刚劲，长的让人感到舒缓悠长，读来一种不受拘泥的豪爽之气油然而生。尤其是每章后两句，两位猎人并肩而驰，互相赞美，那种英武潇洒、谦逊礼让的猎人形象跃然纸上。再如《卢令》：

> 卢令令，其人美且仁。
> 卢重环，其人美且鬈。
> 卢重鋂，其人美且偲。

卢是猎狗之意，从猎狗脖子上套的颈环，写到猎人，写猎人和蔼友好（仁）、勇武雄壮（鬈）、技艺高超（偲）。三字句能够让人感受到猎狗的活泼可爱，五字句则让人感受到作者对猎人由衷的赞美。句式的交错互用、长短有致很好地与诗意相配合。

《左传》襄公二十九年记载吴公子季札观乐，对于《齐风》，季札赞美有大国之气象，是东海诸国的表率。《齐风》整体情感畅快豁达，除去具有明显政治讽刺意味的诗篇外，大多塑造的形象或诙谐幽默，或勇武雄壮、仁爱谦逊，既体现了对周天子礼乐文化的继承，同时又带有海洋文化尚勇、尚义的特征。

二、《鲁颂》与鲁国

《鲁颂》有四篇。因为风、雅、颂的划分是根据音乐而来，因此作为颂的《鲁颂》与《齐风》有着很大的差别。风是民间歌曲，故其调短，形式活泼，故《齐风》中长不过四章，短则只有两章，每一章中长则六句，短则两句。而颂是王庭宗庙中祭祀祖先、祷告神明或者王庭颂美之作，故其篇章比较宏大。《鲁颂》四篇短则三章（《有駜》），长则达十二章（《閟宫》），每一章大多八至十二句，多采用四言，偶杂有三言。从中可以想见这些篇章在演奏时是如何的严肃规整、雍容华美。

需要特别注意的是《鲁颂》最后一篇《闷宫》，这首诗全篇共九章，一百二十句，是《诗经》里最长的一首诗。诗歌首章追叙周的始祖姜嫄和后稷，第二章讲述周的兴起和太王、文王、武王事迹；第三章叙写伯禽（周公旦之长子，鲁国第一任国君）受封为鲁公和僖公祭祀祖先；第四章继续叙写僖公祭祀；第五、六两章夸赞僖公的战绩并祝其长寿；第七章夸赞僖公治下鲁国国土广袤；第八章夸赞僖公能够恢复旧土，国泰民安；第九章也即末章则叙僖公作新庙，奚斯作颂。《闷宫》在一定程度上显得文辞繁复，有浮夸之嫌，与《齐风》乃至《诗经》中的大多数力求简约的篇章有比较大的差异。不过应该看到，《闷宫》对后世歌功颂德的诗文碑铭有重要的影响，而这些诗文碑铭又是中国文学史上重要的文献资料和艺术创作，从这个角度而言《闷宫》对中国文学发展的贡献还是非常大的。

三、孔子与《诗经》的定型、传播

除了《齐风》《鲁颂》与齐鲁关系密切外，整个《诗经》在定型、传播过程中与齐鲁尤其是孔子有着重要的联系。

司马迁《史记·孔子世家》说诗原有三千多篇，孔子去其重，取可以用来引导人向善的三百零五篇，并重新配上音乐用以演唱，形成今天我们看到的《诗经》的样子，这就是历史上所谓的"孔子删诗"说。当然这种说法在后世遭到了广泛质疑，其中非常重要的证据就是《左传》记载的吴国公子季札来鲁国访问，鲁国乐工给他演奏十五国风，其顺序与我们今天看到的基本一致。季札观乐时，孔子年方八岁，故在孔子生前《诗经》可能已经定型。应该说孔子删诗说的确不可信，但作为《诗经》定型过程中一个非常重要的说法，我们还是应该了解其来龙去脉的。

《论语》里记载了孔子和其弟子的言行，有多达16处涉及《诗经》。孔子非常看重《诗经》，要求弟子从小就应该认真学习。他对自己的儿子说"不学诗，无以言"。如果不学习《诗经》都不知道怎么讲话，怎么与人交流。他还说学诗以后，人可以通过诗来兴发自己的情感、观察民风民俗、与朋友切磋交流、对统治者表达意见（"诗可以兴、可以观、可以群、可以怨"）；近了说，学了诗就会知道在部族中、家中怎么侍奉长辈、父亲，远了说，学了诗就会知道在诸侯国家层面上怎么侍奉君王（迩之事父，远之事君）；最不济还能多认认字，多了解一些花鸟虫鱼，开阔视野（"可多识鸟兽草木之名"）。所以他说："人而不为周南、召南，其犹正墙面而立也与。"二南是《诗经》之首，人如果连二南都不去学习、研究，就如同站在一堵墙的前面，无路可走，于世无可立身。当然，学诗不可囫囵吞枣，而是要能够将学到的内容运用到实际生活中去，所以孔子说"诵诗三百，授之以政，不达；使于四方，不能专对，虽多，亦奚以为？"虽然把《诗经》都学会了，但是做一个地方的长官，不能对这个地方进行很好的治理，作为一名使者，出使其他国家，言语交流不顺畅，不能很好地表达本国的意旨，那学得再多又有什么意义？

通过以上的描述可以看到，孔子非常看重《诗经》的文化意义和实用价值。《诗经》也是他教授弟子的重要科目，从这点上来说，他对《诗经》的传播做出了巨大的贡献。

四、《左传》的叙事

《左传》是《春秋左氏传》的简称，一般认为是史书《春秋》作传述，即《春秋》纪事简洁，《左传》则将事件的前因后果以及过程详细叙述出来。《左传》是一部编年体史书，起于鲁隐公元年（前722），讫于鲁哀公二十七年（前468）。《左传》的叙事艺术非常出色。

汉代司马迁和班固都认为《左传》的作者是左丘明，并说左丘明是"鲁君子""鲁太史"，即鲁国的一位君子或者在鲁国曾经担任过太史（史官）一职。与孔子同时，鲁国的确有一位左丘明，并且受孔子推崇，孔子说："巧言、令色、足恭，左丘明耻之，丘亦耻之；匿怨而友其人，左丘明耻之，丘亦耻之。"大义即虚情假意、虚伪待人，左丘明是以此为耻的，我孔丘也以此为耻。从孔子的话里能够看出左丘明是孔子心目中社会道德的楷模。当然这里的左丘明是否就是《左传》的作者还存在争议，在此我们不过多涉及。

在目前留存的文献中，相较此前的著作，《左传》的叙事能力有了很大的提高，尤其是对战争的记述。这近三百年间，纳入到《左传》记述的战争大大小小多达数百场，重要战争、战役有十余场，作者都能以时间为经络，有条不紊地记叙下来，显现了非凡的叙事能力。

在叙事过程中，作者采用了第三者全知视角，有详有略地进行叙事。在战争描写中，作者有意识淡化战争的过程记述，强化战争的起因和战争的准备，在这两方面的叙写中突出强化道德色彩，即正义的一方必将获得胜利。如城濮之战，详细记述了该战爆发的背景和直接起因，在行文中又有意识暗示晋胜楚败的原因，如晋国一方，晋文公严肃军纪，遵守诺言，也丁倾听下属意见，君臣一体，团结一致；楚国一方则是主帅子玉刚愎骄傲、一意孤行，就战争的态度，君臣不一致，有矛盾。而战争的进程则写得相对简略。在这点上，中国文学史上描述战争的作品似乎都有所借鉴，比如《三国演义》中赤壁大战在全书中占据了重要的位置，但大量的笔墨放在了战争前的对垒双方斗智斗勇，而战争过程描述得比较简略。

实际上这种叙事方式鲜明体现了齐鲁文化乃至中华文明中对道德的重视，重视得民心、顺民意，重视"不战而屈人之兵"，这一点在齐鲁兵家文化中也有很鲜明的体现。

概括而言，先秦时期齐鲁文学与中华文学一样，尚未形成独立学科，不过《诗经》中的《齐风》《鲁颂》具有典型的齐鲁文化特征；孔子对《诗经》的定型与传播做出了巨大的贡献，从而影响深远；《左传》的叙事技巧对后世史传创作、演义小说创造都提供了良好的借鉴。

第二节　汉唐齐鲁文学

从秦统一全国（前221）至宋太祖赵匡胤于陈桥黄袍加身建立宋王朝（960），在这一时期齐鲁大地文学名家迭出，大量传世经典名作不断涌现，让人津津乐道的文学轶事不胜枚举。这一节我们按照时间线索系统介绍这一千二百年间齐鲁大地的文学风流。

一、王粲和汉魏齐鲁文学

在汉末建安时期（196—220），围绕着曹操、曹丕、曹植父子形成了著名的邺下文人集团，在这个文人集团里，建安七子是最重要的力量，建安七子即孔融、陈琳、王粲、徐干、阮瑀、应玚、刘桢，其中孔融、王粲、徐干、刘桢是山东人。

（一）王粲

王粲（177—217），字仲宣，山阳高平（今山东邹城）人。他少年时就显现出非凡的才华，当时著名史学家、文士蔡邕对其大为叹赏。16岁时，王粲赴荆州依附刘表，但不得重用，后曹操伐刘表，王粲归曹，官至侍中。

王粲现存作品有诗23首、赋23篇，其余论、赞等文体若干。在建安七子中，王粲文学成就最高，刘勰称赞王粲"七子之冠冕"。王粲16岁时离开长安，南下荆州，作《七哀诗》三首，其中第一首非常著名：

西京乱无象，豺虎方遘患。复弃中国去，委身适荆蛮。亲戚对我悲，朋友相追攀。出门无所见，白骨蔽平原。路有饥妇人，抱子弃草间。顾闻号泣声，挥涕独不还。"未知身死处，何能两相完？"驱马弃之去，不忍听此言。南登霸陵岸，回首望长安。悟彼《下泉》人，喟然伤心肝。

董卓死后其部将李榷、郭汜作乱长安，诗人离开长安时看到战乱给民众带来的深重苦难。诗中"出门无所见，白骨蔽平原"是那个时代的鲜明写照，曹操诗中说："白骨露于野，千里无鸡鸣"（《蒿里行》），曹植诗："中野何萧条，千里无人烟"（《送应氏》其一）。王粲在这首诗中除了整体地描摹汉末大乱造成的生灵涂炭外，还叙述了一个故事，一位母亲把年幼无知的孩子丢弃在路边，孩子凄惨的哭泣声引起路人的注意，但是这位母亲仍然"狠心"地离开了，我们听了这位母亲的陈述就明了这"狠心"是多么的凄惨与无奈：孩子与自己在一起只有死路一条，被遗弃就存在被好心人救助而活下来的万一可能。母子之情是人世间最真挚的情感，母亲将孩子遗弃看似狠心，实则是母爱的真实流露。从这人伦惨剧中我们感受到普通民众在战乱中遭遇的难以言说的苦难，从字里行间中感受到诗人那种悲天悯人的仁者情怀。

王粲在荆州时所作的表达思乡之情的《登楼赋》非常出色，同曹植《洛神赋》可为建安辞赋之首，这一段尤为精彩：

情眷眷而怀归兮，孰忧思之可任？凭轩槛以遥望兮，向北风而开襟。平原远而极目兮，蔽荆山之高岑。路逶迤而修迥兮，川既漾而济深。悲旧乡之壅隔兮，涕横坠而弗禁。

情思眷眷，哀意沉沉，可谓思乡的经典之作。它直接取法楚辞，以哀婉流畅的节奏、华美绚丽的语言和新鲜丰富的意象来抒发自己的感情。可以说，这比他的诗更富有诗意。元代郑光祖根据王粲《登楼赋》，结合王粲的生平遭际，创作了著名的杂剧《王粲登楼》，足见这篇《登楼赋》的影响。

建安十三年（208）王粲归依曹操之后，那种哀怨抑郁之情不在，而代之以建功立业的豪迈之气。无论是前期悲天悯人的慷慨悲凉的情怀，还是壮志难伸、抑郁不平的思乡之情，抑或后期渴望建功立业的豪迈壮志，这都是那个时代文学的典型气象，王粲是那个时代中国文学当之无愧的杰出代表。

（二）汉魏其他文学名家

东方朔，字曼倩，平原厌次（今山东陵县）人，本姓张，生活在汉武帝时期，以滑稽诙谐闻名于世。据《东方朔别传》记载，一士兵嘴馋射杀皇家园林中的一头鹿，触怒武帝，要被斩首，东方朔历数这一士兵的三宗罪：一，让皇帝陷入因鹿杀人的过错；二，陷皇帝于不仁不义、重畜轻人之境；三，让世人以为皇帝重畜轻人，一旦与匈奴开战，士无战心，导致将来王朝不稳。名义上数落士兵，实际上规劝皇帝，最终武帝赦免了这一士兵。从中可以看到东方朔的睿智与幽默。东方朔的作品流传不多，代表作是收录于《汉书·东方朔传》中的《答客难》《非有先生论》。

孔融（153—208），字文举，鲁国（今山东曲阜）人，建安七子之一。他的诗文流传不多，代表作有《难曹公表制酒禁书》《与曹公论盛孝章书》，诗有《杂诗》二首。孔融性格刚直，诙谐幽默，他看不惯曹操挟天子以令诸侯的做派，因此处处给曹操找茬捣乱，如《难曹公表制酒禁书》，曹操因为属下饮酒误事，故下令禁酒，孔融在这篇文中嬉笑嘲讽，说饮酒误事，需要禁酒，女色亡国，是不是也应该禁婚姻呢？因孔融不与曹操合作，在建安十三年曹操让人给孔融栽赃不孝的罪名将之杀害。

刘桢（？—217），字公干，东平（今山东东平）人，建安七子之一。他以五言诗见长，生前就颇负诗名，曹丕称赞他的五言诗冠绝当时（"妙绝时人"）。刘桢存诗二十余首，以《赠从弟》三首为代表，这三首诗分别以蘋藻、松树、凤凰比喻高洁坚贞的人格，既是对从弟的赞赏，也是诗人自勉，其中第二首尤称佳制：

> 亭亭山上松，瑟瑟谷中风。风声一何盛，松枝一何劲。冰霜正惨凄，终岁常端正。岂不罹凝寒？松柏有本性。

风霜逼迫愈严，松柏坚贞挺拔的本性体现得愈是充分，这正是诗人自身性格和精神风貌的写照。

刘桢诗作这种壮朗豪迈的气概非常典型地体现了那个时代的文学特征，故后人经常将他与曹植并称，如金人元好问在《论诗绝句》中称赞"曹刘坐啸虎生风，海内无人角两雄"。

二、左思和两晋文学

左思在西晋文坛比较突出，对后世影响也比较大，是这一时期齐鲁文学精英的代表。

（一）左思和左棻

左思，生卒年不详，字太冲，齐国临淄人。他出身寒门，相貌丑陋，但文采斐然。今存赋2篇，诗14首。

左思创作态度非常认真，在创作《三都赋》时广泛搜集整理相关文献记载，走访到过这些地方的友人，甚至亲自去考察，每一句话都非常谨慎。因此《三都赋》的创作时间非常漫长，有十年说、二十年说乃至三十年说。正是因为创作的严谨，该赋一成，名动京师，当时"豪贵之家，竞相传写，洛阳纸贵"。这篇赋不仅得到了各阶层人士的认可，即使颇为自负的一些文士，一睹此赋，也叹为观止，当时文坛领袖张华赞叹左思乃是这一个时代的班固、张衡；著名文士陆机本有意作三都赋，听说左思在创作中，便非常不屑地说，左思的赋成之后，用他的赋去盖酒坛子，但左思赋成，陆机自愧不如，就此辍笔，不再去写他所构思的三都赋了。

左思《三都赋》分别描述魏蜀吴三国都城邺城、成都和建业，就地理跨度而言，难度自是不小，城市风貌、风俗人情更是有巨大的差别。左思能够很好地把握住创作的主旨，用流畅、华美的语言，如同画卷一样，把三都呈现于世人面前。

左思在文学史上成就最高的还是诗歌。他的《咏史》八首艺术价值非常高，在后世也获得了充分的肯定。应该说自魏晋开始，文学和史学逐渐分离开来，形成了各自独立属性，一般情况下，文学重想象、重形象，强调情感的抒发；历史重写实、重真实，强调事件的记录。咏史诗显然是这两者的结合，如何在诗歌创作中融入自己的情思，而不使诗歌显得质朴木讷，同时又能顾及历史的真实，而不篡改历史，这需要很高的艺术功力。左思在咏史诗中很好地处理了艺术的表达和历史的真实如何融合的问题，他通过对历史事件的选择，借助历史人物，描写自己不谄媚权势的清高品格，表露他高远的志向和慷慨的气概，从而彰显自己对于自我才能和自我价值的充分信心。左思在咏史诗这一中国古代诗歌重要门类的发展历程中做出了不可磨灭的贡献。

左棻，左思的妹妹，少好学，文辞称善，晋武帝纳之后宫，奉为贵嫔，故世称左贵嫔，代表作《离思赋》。该赋当是在身处后宫的背景下写作，通过哀苦词风，反复抒写与亲人分离的孤苦寂寞，写得凄楚动人。

（二）两晋其他齐鲁文学名家

与左思同时稍早的羊祜名声颇著。羊祜（221—278），字叔之，泰山南城（今山东新泰）人，他博学能文，是西晋初期重臣，官至镇南大将军。羊祜流传作品不多，代表作有《雁赋》《让开府表》等。刘毅（？—285），字仲雄，东莱掖（今山东莱州）人，西晋初的名士、名臣。代表作《上疏请罢中正除九品》。

三、鲍照、刘勰和南北朝文学

南北朝时期齐鲁文学名家不少，尤以鲍照最为著名，齐梁之际，刘勰创作

《文心雕龙》，该书成为中国文学史上不多见的文学批评巨著。

（一）鲍照

鲍照（约414—466），字明远，祖籍东海（今山东郯城）。他出身寒微，辗转担任过一些官职，最后担任临海王刘子顼前军参军，后刘子顼参与叛乱，兵败被杀，鲍照也死于乱军之中。因为鲍照临终前担任临海王参军，故世称鲍参军，今存诗约二百首，文赋皆有名。

鲍照是一个功名心非常强烈的人，他对功名富贵有着毫不掩饰地渴望与追求，他也自信他的才能配得上这些功名富贵，所以当他在献书权贵前有人因其地位卑微劝阻他时，他慷慨地说："几千年来有多少才华卓异的奇异之士沉默无闻，简直数不胜数。大丈夫哪能掩藏自己的智慧与能力，让世人无法认识，而自己只能庸庸碌碌，与燕雀为伍？"他不是不知道在那个"上品无寒门，下品无士族"的社会，他追求成功的可能性是多小，但他说"宁愿做那扑火的飞蛾，即使身体糜烂烧焦也在所不惜"。

因此，鲍照在诗中、文中反复抒发寒士不平之气，他用诗同不公的社会制度抗争、同自己的既定命运抗争，显现出英勇不屈的英雄气息。如他的代表作《拟行路难》十八首其四：

泻水置平地，各自东西南北流。人生亦有命，安能行叹复坐愁！酌酒以自宽，举杯断绝歌路难。心非木石岂无感？吞声踯躅不敢言。

其六：

对案不能食，拔剑击柱长叹息。丈夫生世会几时。安能蹀躞垂羽翼？弃置罢官去，还家自休息。朝出与亲辞，暮还在亲侧。弄儿床前戏，看妇机中织。自古圣贤尽贫贱，何况我辈孤且直。

他的个人情怀决定了他的诗文情感从来不是娓娓道来、绵绵悠长的，他的诗文显现出一种激越的、动荡的、颇具有刺激性的审美风格。鲍照这种俊逸豪放的诗风也影响了后世诗人，李白诸多诗作多有所学习借鉴，所以杜甫评价李白的诗歌时，称李白诗歌"俊逸鲍参军"。

鲍照的文赋也非常有名，文章代表作是《登大雷岸与妹书》，赋的代表作是《芜城赋》。

因为杰出的文学造诣和卓越的文学贡献，后人将鲍照和同时期的谢灵运、颜延之并称为"元嘉三大家"。

文学精华

（二）刘勰和《文心雕龙》

刘勰（约465—421？），字彦和，原籍东莞莒县（今山东莒县）。刘勰创作有文论巨著《文心雕龙》。

鲁迅先生说魏晋是一个"文学自觉"的时代，所谓的"文学自觉"是文学有了独立的属性和地位，随着文学自觉，文学内在的属性探讨成为趋势，也就是说"文学应该是什么样子"的问题成为探讨的必然。当然，答案是明显的，文学应该是美的，如何做到美，也即文学创作的技巧问题随即被提上日程。刘勰在全面总结前人经验的基础上，针对文学创作系统地阐述了自己的主张，形成了拥有五十篇、三万七千多字的体大虑周的《文心雕龙》。

《文心雕龙》在第一篇《原道》篇和《序志》（即全书之序）中系统地阐述了自己的创作主旨，即以儒家之天道为文之本原，通过此书的创作，继承弘扬儒家传统。在《序志》篇中，刘勰将《文心雕龙》分为四个部分，前五篇即《原道》《徵圣》《宗经》《正纬》《辨骚》，立为文之枢纽，阐发自己对文学创作的总体认识；从第六篇《明诗》到第二十五篇《书记》，定为上篇，一般称为文体论，即针对某特定文体展开论述，一般按照解释文体名称内涵、这一文体的发展由来、这一文体应该具有的规范、这一文体历代创作得失四个方面进行系统阐释。文体论中又分了有韵之文和无韵之笔，前十篇阐释的是有韵之文，后十篇则是无韵之笔。从第二十六篇《神思》到第四十九篇《程器》，刘勰将之定为下篇，今天我们一般分为创作论、鉴赏论、文学史论等细目，不过大多篇目是在探讨文学创作的具体技巧，比如灵感的培养、物色的选择、继承与创新、炼字与谋篇、声律与风骨等，非常详瞻。最后一篇《序志》是全书的总序。

《文心雕龙》在中国文学批评史、中国文学史乃至中国文化史上都具有重要的地位，在目前可见的文献中，很难说哪部古代文学批评作品能够在体系完备、逻辑严谨、内容丰富方面超越《文心雕龙》。

四、隋唐五代齐鲁文学

诗至隋唐，形成了诗歌高潮，不过客观而言，山东文学名家相对较少，在李白、杜甫等著名诗人的辉映下，显得星光暗淡。但是，齐鲁大地深厚的文化积淀、壮美的雄山大川、令人惊叹的文化古迹让文士们往往流连于此，像李白、杜甫这两位中国诗歌史上最杰出的诗人都与山东有着密切的关系，二人还曾经携手游东鲁，留下文坛千古佳话。

（一）李白、杜甫的齐鲁足迹

李白和杜甫与山东有着密切的关系。尤其是李白，他把家安在任城（今济宁）、瑕丘（今属兖州）长达十余载，这也就难怪很多人称李白是"山东李白"

（杜甫的诗"近来海内为长句，汝与山东李白好"，元稹"山东人李白"）。

李白（701—762），字太白。他幼年生活在川中，开元二十四年（736）因叔父任任城县尉，举家迁至任城，后又迁至瑕丘。这段时间他和朋友孔巢父、陶沔等五人隐居于泰山东麓徂徕山中，号"竹溪六逸"。天宝元年（742）秋冬之际，李白应召入京，在长安待了三年（实际上首尾相加不过一年多），虽经历过诸如御手调羹、贵妃捧砚、力士脱靴等种种传奇，但最终在天宝三年（744）春天被赐金放还。离开长安以后，李白重新回到东鲁，并以此为中心，漫游齐鲁、冀赵、江南，并于是年在济南紫极宫接受北海高天师授予道箓。

杜甫（712—769），字子美。杜甫的父亲杜闲在开元二十四年（736）时任兖州司马，杜甫来东鲁省亲，第一次与山东大地有了亲密的接触，此后几年，他漫游齐鲁、燕赵大地，晚年追忆这段时光时说"放荡齐赵间，裘马颇轻狂"，应该说这一时期是杜甫一生中最快乐的时光。杜甫第二次来齐鲁大地与李白有着很大的关系。天宝三年（744）春，李白被赐金放还，离开长安，在洛阳与杜甫相遇。第二年，杜甫前往东鲁，再度与李白相会，这一次诗人之间的情谊更进一层，杜甫在《与李十二白同寻范十隐居》中说"醉眠秋共被，携手日同行"，他们二人和高适还一起到过单县，登单父台，杜甫后来回忆说"昔者与高李，晚登单父台"。在这年的秋天，李杜同游近半年后他们在鲁郡（今兖州）石门话别，李白为此作《鲁郡东石门送杜甫》：

> 醉别复几日，登临遍池台。何时石门路，重有金樽开？秋波落泗水，海色明徂徕。飞蓬各自远，且尽手中杯。

依依不舍之情溢于笔端。从此之后，李白一直在齐鲁、江浙一带活动，而杜甫活动在关中、蜀中一带，虽然从杜甫的诗中看到二人惺惺相惜、互相牵挂，但二人再未谋面。中国诗坛上的两位巨匠这次东鲁之会留下了千古佳话。

李、杜在齐鲁期间均留有不少经典诗作，这些诗作以齐鲁大地上的名胜为背景或创作对象，抒发盛唐的豪迈情怀。比如李白的《泰山吟六首其一》和杜甫的《望岳》。

> 四月上泰山，石平御道开。六龙过万壑，涧谷随萦回。马迹绕碧峰，于今满青苔。飞流洒绝巘，水急松声哀。北眺崿嶂奇，倾崖向东摧。洞门闭石扇，地底兴云雷。登高望蓬瀛，想象金银台。天门一长啸，万里清风来。玉女四五人，飘摇下九垓。含笑引素手，遗我流霞杯。稽首再拜之，自愧非仙才。旷然小宇宙，弃世何悠哉。（《泰山吟六首》其一）

岱宗夫如何，齐鲁青未了。造化钟神秀，阴阳割昏晓。荡胸生层云，决眦入归鸟。会当凌绝顶，一览众山小。（《望岳》）

"天门一长啸，万里清风来""会当凌绝顶，一览众山小"，这都是那个恢宏盛世孕育出来的豪迈阔大的胸怀与气度，而这种胸怀和气度又很好地诠释了那个盛世。而巍巍泰山与之相映生辉，唯有泰山能成就如此宏大的气魄，也唯有如此宏大的气魄方能描述五岳独尊的巍峨泰山。

（二）隋唐五代齐鲁文学名家

前文已述，这个时期齐鲁文学名家不多，成就也很难与李杜并肩，但毕竟还是有一些诗人、作家能够在文学史上占有一席之地。

崔融（652—705），字安成，齐州全节（今属章丘）人。在当时颇有文名，与杜审言、苏味道、李峤并称"文章四友"。崔融的诗歌创作在声律化的过程中起到了重要的作用。

段成式（约803—863），字柯古，祖籍临淄邹平（今滨州邹平），后徙荆州（今湖北江陵）。段成式喜欢搜奇猎异，博览群书，通过文献记载和搜罗传闻，撰《酉阳杂俎》二十卷、《续集》十卷。《酉阳杂俎》内容极为广博，是研究唐代社会风貌的重要文献资料。段成式还擅长骈文写作，他的骈文是一时之秀，与李商隐、温庭筠并称。

和凝（898—955），字成绩，郓州须昌（今东平）人，五代著名政治家、词人，曾在后晋官至宰相。他长于词的创作，《花间集》录其词二十首。

由汉至唐，是齐鲁文学发展的一个重要阶段，唐代以前，齐鲁文学名家辈出，各领一个时代之风骚，王粲、左思是引领时代的弄潮儿，鲍照、刘勰则以传世名作的影响力泽被后世；就齐鲁文学而言，唐代虽稍显暗淡，但李白、杜甫于齐鲁的创作不仅为齐鲁大地留下浓墨重彩的一笔，同时也是成就李白、杜甫诗仙、诗圣地位的重要拼图。

第三节　宋元齐鲁文学

相对于唐代文坛齐鲁作家星光暗淡而言，宋代成就了齐鲁文学的高峰。李清照、辛弃疾是这一时期齐鲁文学的代表与骄傲。清代王士禛将词人分为豪放、婉约两派，自豪地说"仆谓婉约以易安为宗，豪放惟幼安称首：皆吾济南人也"。即李清照（号易安居士）、辛弃疾（字幼安）是这两派的翘楚、代表，这两位又都是济南人。他们二人的词作或部分或全部与宋金对峙有关，在这些词作里能够看到齐鲁文化滋润的家国情怀。

一、李清照与婉约词风

李清照（1084—1155?），号易安居士，齐州章丘（今山东章丘）人。李清照十八岁时嫁与宰相赵挺之之子赵明诚（山东诸城人）。婚后夫妻志趣相投、夫唱妇随、美满和谐。靖康元年（1126）冬，金兵攻入汴梁，战火蔓延、山河破碎迫使李清照不得不携载与赵明诚收藏的金石南下。不久赵明诚病故，李清照一介弱女子在悲痛中继续向南逃亡，后又遭奸人张汝舟欺骗，经历再嫁、告官、离异等一系列变故，加之盗贼偷窃，她与赵明诚倾尽一生收藏的金石文物损失殆尽。晚年的李清照孤苦伶仃生活于杭州一带，将赵明诚未竟的《金石录》编纂完成，并为之作序，是为著名的《金石录后序》。最终这位历史上伟大的女词人病逝于西子之畔，享年七十有余。李清照存词四十余首，辑为《漱玉词》。王灼《碧鸡漫志》曾云："易安自少年，便有诗名，才力华赡，逼近前辈，在士大夫中已不多得，若本朝妇人，当推词采第一。"由此可见，李清照在少年时便以词采名世，被众人敬仰。

李清照的词以南渡为界，可以分为前后两期。前期词，因词人生活相对平静，其情感较为舒朗，如两首《如梦令》：

> 常记溪亭日暮，沉醉不知归路。兴尽晚回舟，误入藕花深处。争渡、争渡，惊起一滩鸥鹭。

> 昨夜雨疏风骤，浓睡不消残酒。试问卷帘人，却道海棠依旧。知否？知否？应是绿肥红瘦。

前一首据传是李清照 16 岁时所作，词中虽写景，但是一个无忧无虑、活泼开朗的少女形象跃然纸上。后一首是婚后的作品，词中通过慵懒的女主人和懵懂的丫鬟的对话，在刻画了一个多愁善感、心思细腻的女主人和一个性格直率、懵懂无知的丫鬟形象的同时，表露了女主人韶华易逝的伤春之怀。后一首虽然有感伤，但与前一首一样能够让人感到明朗的情思。

南渡之后，李清照与丈夫倾尽一生所经营的金石文物丧失殆尽，更重要的

文学
精华

是丈夫身殁，自己孤子一身，一介弱女子此时的心境变得异常凄凉、悲苦，所以词中再也没有看"一滩鸥鹭"惊起的心境，外界的种种变迁只能引起对自己悲苦命运的深沉叹息。

> 风住尘香花已尽，日晚倦梳头。物是人非事事休，欲语泪先流。
> 闻说双溪春尚好，也拟泛轻舟，只恐双溪舴艋舟，载不动、许多愁。
> （《武陵春》）

> 中州盛日，闺门多暇，记得偏重三五。铺翠冠儿，捻金雪柳，簇带争济楚。如今憔悴，风鬟雾鬓，怕见夜间出去，不如向、帘儿底下，听人笑语。（《永遇乐》）

同样是泛舟，但关心的不再是惊起的鸥鹭，而是自己满怀的难以稀释的愁绪；昔日细雨过后的海棠尚能让词人感触"绿肥红瘦"，但今日元宵佳节只能勾起对逝去亲人的无限回忆和自身命运的不尽叹息。

南渡前，李清照和丈夫赵明诚聚少离多，但毕竟有离会有聚，虽然离别，但毕竟有寄托爱人相思的书信以慰离怀，所以词人笔下，虽不无惆怅，但总觉得明朗，总能在愁绪中寻找到希望。

> 红藕香残玉簟秋，轻解罗裳，独上兰舟。云中谁寄锦书来，雁字回时，月满西楼。 花自飘零水自流，一种相思，两处闲愁。此情无计可消除，才下眉头，却上心头。（《一剪梅》）

> 薄雾浓云愁永昼，瑞脑消金兽。佳节又重阳，玉枕纱橱，半夜凉初透。 东篱把酒黄昏后，有暗香盈袖。莫道不消魂，帘卷西风，人比黄花瘦。（《醉花阴》）

这种"才下眉头，却上心头"的离怀别绪、孤独寂寞之情的确缠绵，"人比黄花瘦"对青春易逝的比喻亦非男性词人可以体验，但是无论是"雁字回时，月满西楼"，还是"玉枕纱橱，半夜凉初透"总或显或隐地透露着期冀、憧憬，因为有这种期冀和憧憬，这种忧伤沁人心脾但不令物胃膻。据伊世珍《琅嬛记》载，李清照将《醉花阴》寄给做太学生的丈夫赵明诚，赵明诚感慨之余亦作《醉花阴》十五首，并与李清照的词放在一起请好友陆德夫品评，陆云有三句绝佳："莫道不消魂，帘卷西风，人比黄花瘦。"

南渡后，尤其是赵明诚病逝之后，李清照对丈夫虽然依旧真挚思念，但这种离别却是永别，在类似的情意表达的词里我们看不到希望、找不见憧憬，唯有无尽的黑色和无尽的绝望，如《声声慢》：

> 寻寻觅觅，冷冷清清，凄凄惨惨戚戚。乍暖还寒时候，最难将息，三杯两盏淡酒，怎敌他、晚来风急！雁过也，正伤心，却是旧时相识。
> 满地黄花堆积，憔悴损，如今有谁堪摘？守着窗儿，独自怎生得黑？梧桐更兼细雨，到黄昏、点点滴滴。这次第，怎一个愁字了得。

这首词以十四个叠字开端，从动作到感触到心境，层层展开、层层递进。虽亦有昔日的黄花，但人的心境却早已非"人比黄花瘦"；看到雁儿，似乎是他日"云中谁寄锦书来"的信使，但是雁儿怎能带来另一个世界丈夫的讯息？至此，能够看到的、能够听到的都是淅淅沥沥的凄风苦雨敲打梧桐的"点点滴滴""点点滴滴"，只剩下无尽的悲苦与绝望。

最后需要提及的是李清照存诗和诗句十余首，在这些诗里，李清照展现了巾帼不让须眉的豪迈气概，如《夏日绝句》：

> 生当为人杰，死亦为鬼雄。至今思项羽，不肯过江东。

这首诗当作于南渡之后，字面上看是称赞项羽，背后隐藏着对赵宋君臣怯懦苟安的嘲讽。

二、辛弃疾与豪放词风

辛弃疾（1140—1207），字幼安，号稼轩，济南历城人。他二十岁时率领族众乡人2000余人参加了济南耿京起义，牵制金军南侵。鉴于抗金形势，耿京派辛弃疾等人同南宋朝廷接触，联系南归事宜。当辛弃疾完成使命北归时得知耿京已被叛徒张安国杀害，数万义军向金人投降。辛弃疾在地方官吏的协助下，率五十余骑驰入敌穴，缚张安国于马上，当场鼓动数万义军与他星夜驰归。这次壮举极大地鼓舞了南宋军民的士气。南归后，辛弃疾先后上书朝廷《御戎十论》（即《美芹十论》）、《九议》，详细分析宋金形势，陈述复国大计。用今天的视角来看，辛弃疾无论对时局的判断还是对恢复大计的规划都是极具战略眼光的。遗憾的是南宋朝廷懦弱苟安，辛弃疾的上书最终泥沉大海。此后辛弃疾担任一些地方官吏，四十年间起起伏伏，壮志难伸。开禧三年（1207）九月十日病逝于江西上饶家中，临终前大呼数声"杀贼"。辛弃疾存词629首，

文学精华

为两宋词人之最。

从对辛弃疾的生平介绍来看，辛弃疾是中国传统文士中不多见的真正具有政治、军事才能之人，只可惜他的雄韬伟略与朝廷的懦弱苟安格格不入，满腔的收复失地的热血熔铸成词，因此辛词无论什么题材，都绕不开与英雄有关的话题。

辛弃疾在他的很多词中反复抒发杀敌立功、收复失地的雄心壮志，如暮年所作的那一首《永遇乐·京口北固亭怀古》：

> 千古江山，英雄无觅、孙仲谋处。舞榭歌台，风流总被雨打风吹去。斜阳草树，寻常巷陌，人道寄奴曾住。想当年，金戈铁马，气吞万里如虎。　元嘉草草，封狼居胥，赢得仓皇北顾。四十三年，望中犹记，烽火扬州路。可堪回首，佛狸祠下，一片神鸦社鼓。凭谁问，廉颇老矣，尚能饭否？

已是暮年的老英雄登上京口（今江苏镇江）北固亭，向北眺望，历史上在此发生的一幕幕涌上心头，勇敢抗曹的孙权、北上收复失地的刘裕、有心北伐但无故老大臣辅佐的刘义隆、采石矶迎头痛击完颜亮的虞允文，但落到眼前时，佛狸祠中，烟火升平，经过近六十年的沦陷，北方民众的故国情怀还有多少？时不我待，虽壮年不再，但依然有上马杀贼的廉颇壮志。从这首词中我们能够感受到词人力透纸背的英雄豪气。

但是怎奈朝廷苟安，纵有"从容帷幄去，整顿乾坤了"（《千秋岁》）的豪情、纵有"袖里珍奇光五色，他年要补天西北"（《满江红》）的才华，最终英雄梦想落空，辛弃疾用词抒写英雄失意的悲慨。如《水龙吟·登建康赏心亭》：

> 楚天千里清秋，水随天去秋无际。遥岑远目，献愁供恨，玉簪螺髻。落日楼头，断鸿声里，江南游子，把吴钩看了，阑干拍遍，无人会、登临意。　休说鲈鱼堪脍，尽西风、季鹰归未？求田问舍，怕应羞见、刘郎才气。可惜流年，忧愁风雨，树犹如此！倩何人、唤取红巾翠袖，揾英雄泪。

词中孤独寂寞、无人相知的英雄落寞之情让人动容

人到中年后，投闲置散，早年的英雄壮举时时萦绕心头，今昔对比，英雄词人倍感落寞。

壮岁旌旗拥万夫，锦襜突骑渡江初。燕兵夜娖银胡觮，汉箭朝飞金仆姑。　　追往事，叹今吾，春风不染白髭须。却将万字平戎策，换得东家种树书。（《鹧鸪天·有客慨然谈功名，因追念少年事戏作》）

醉里挑灯看剑，梦回吹角连营。八百里分麾下炙，五十弦翻塞外声。沙场秋点兵。　　马作的卢飞快，弓如霹雳弦惊。了却君王天下事，赢得生前生后名。可怜白发生。（《破阵子·为陈同甫赋壮词以寄之》）

《鹧鸪天》中的今昔对比足以看出词人的无奈，《破阵子》中上马杀敌只能出现在梦中，昔日杀敌之宝剑长悬屋梁，醉时斜睨，感受怎样的落寞凄凉。

辛词中有大量的山水词、田园词以及书写书斋生活、描写友情、亲情乃至艳情的词，无不是为了消解英雄落寞的悲苦以求得内心的平和。当然在这种词中我们总能不经意间发现其内心块垒不平之气，尤其是写艳情、伤春等词中传统题材的词作，如《青玉案·元夕》：

东风夜放花千树。更吹落、星如雨。宝马雕车香满路。凤箫声动，玉壶光转，一夜鱼龙舞。　　蛾儿雪柳黄金缕，笑语盈盈暗香去。众里寻他千百度，蓦然回首，那人却在、灯火阑珊处。

在繁华中，词人所追寻的"那人"并非珠光宝气、"笑语盈盈"之人，而是在繁华中独味凄凉，这又何尝不是孤独落寞的词人的内心写照？再如《摸鱼儿·淳熙己亥，自湖北漕移湖南，同官王正之置酒小山亭，为赋》：

更能消、几番风雨。匆匆春又归去。惜春长怕花开早，何况落红无数。春且住，见说道、天涯芳草无归路。怨春不语，算只有殷勤，画檐蛛网，尽日惹飞絮。　　长门事，准拟佳期又误，蛾眉曾有人妒。千金纵买相如赋，脉脉此情谁诉。君莫舞，君不见、玉环飞燕皆尘土。闲愁最苦。休去倚危栏，斜阳正在，烟柳断肠处。

这首词的题材是词中常见的伤春、宫怨，从字面来看，此词和《永遇乐·京口北固亭怀古》等豪迈昂扬之风有很大的差别，显得隽永柔婉。但是从词的题目就能看到，这首词并不单纯写伤春、宫怨，而是以伤春、宫怨寄托家国情怀，那无可挽回的逝去的春天不正像是日渐消沉的大宋国运吗？那独处冷宫、无人通达天听，有意挽留春天但无力挽回，夕阳之下，独味"闲愁"的不正是词人

文学
精华

的自我写照吗？那些贪恋一时富贵，嫉妒蛾眉的众女子不正是苟安一隅、不图恢复的主和派大臣吗？所以这首词貌似温婉，实则波涛汹涌，"百炼都成绕指柔"。

辛弃疾在词的创作领域中纵横驰骋，突破了各种束缚，在苏东坡开辟的基础上，开疆拓土，提升了词的文化品格，提高了词的文学史地位。他的雄才伟略、他的雄心壮志、他的悲苦处境、他的卓绝的艺术才能都让他把词的创作推向了又一个艺术高峰。他的豪放，更确切地说是豪壮，丰富了词应该表达的情感类型。在词境开拓方面，东坡发轫在前，稼轩集大成在后，为词的发展做出了突出的贡献。

三、元代齐鲁杂剧创作

时至元代，杂剧兴盛，山东东平一带成了元杂剧创作、演出的重要基地，形成了蔚为可观的山东作家群，据钟嗣成《录鬼簿》（记录元代剧作家的著作）记载，元前期东平籍剧作家有高文秀、张时起、李好古、顾仲清、张寿卿五人，另有济南的武汉臣、岳伯川，棣州的康进之、益都的王廷秀等。

在全部元杂剧存目的水浒戏大约有三十种，属于山东作家群的有 10 种之多，其中康进之的《黑旋风双献功》和高文秀的《梁山伯黑旋风负荆》堪称元代水浒戏的双璧。

《梁山伯黑旋风负荆》，简称《李逵负荆》，剧写贼人宋刚、鲁智恩假冒梁山泊宋江、鲁智深，掳掠村店之女满堂娇，李逵闻知后怒不可遏，大闹聚义堂，指斥宋、鲁二人。宋、鲁二人与李逵一起下山对质，真相大白，李逵深愧鲁莽，负荆请罪，并下山擒住贼人，救回满堂娇。

《黑旋风双献功》，简名《双献功》，剧写李逵奉宋江之命保护孙荣赴泰安进香，孙荣之妻郭念儿因与白衙内有私情，陷害孙荣入狱。李逵设计探监，救出孙荣，并释放了满牢囚犯。最后李逵杀死白衙内、郭念儿，携两颗人头回梁山献功。

两部戏剧塑造了一个草莽英雄李逵的形象，在这两部戏中，鲁莽是李逵的典型性格，但是两部戏又各有侧重，《李逵负荆》着力刻画了李逵疾恶如仇、有过即改的一面，《双献功》在细节方面凸显李逵粗中有细的一面。总之，高文秀、康进之的水浒戏对水浒故事的完善与定型做出了重要的贡献。

山东作家群的杂剧创作除了水浒戏之外，李好古的《沙门岛张生煮海》（简名《张生煮海》）和武汉臣的《散家财天赐老生儿》（简名《老生儿》）亦比较有名。两者曲词清秀优雅，语言生动形象，使之流传至今，并为后世人们所欣赏。

宋代二安的创作成就了齐鲁文学发展的一个高峰，其中所透显的家国情怀即是时代塑就，亦是齐鲁文化的结晶；限于篇幅我们没有提及，北宋文化巨匠苏东坡曾在密州（今潍坊诸城）任知州，创作有《江城子》十年生死两茫茫、《江城子·密州出猎》、《水调歌头》（明月几时有）等名作，这也为两宋齐鲁文学增添光彩；元代东平戏曲作家群影响力虽然不如二安，但就戏曲的发展而言，贡献卓越。

第四节　明清齐鲁文学

明清两朝亦是齐鲁文学的一个辉煌时期，这一时期各种文体均有名家，诗歌方面有明代后七子之首李攀龙和清初王士禛；戏剧方面有清初孔尚任，其代表作《桃花扇》成为中国文学史上不朽之经典；清初，齐鲁大地诞生了中国文言小说集大成之作——《聊斋志异》，此外《水浒传》所传播的侠义文化应当说颇具齐鲁色彩。

一、王士禛与明清齐鲁诗歌

王士禛（1634—1711），字贻上，号阮亭，别号渔洋山人，山东新城（今山东桓台）人，顺治十五年（1658）中进士，两年后任扬州推官，最后官至刑部尚书。顺治十六年王士禛任扬州推官时受到诗坛盟主钱谦益的赏识，钱谦益去世以后，王士禛成为一代诗宗，主掌了康熙诗坛。

王士禛的诗歌理论以"神韵"为宗，所谓的神韵，即追求诗歌的含蓄蕴藉之美，强调对含蓄淡远、浑然天成的诗歌意境的追求。王士禛特别推崇唐代王维、孟浩然、韦应物、柳宗元等人的诗歌，尤其是清新婉致的山水田园诗。

顺治十四年（1657），24岁的王士禛创作《秋柳四首》，一举奠定诗名，大江南北和者不下数十家。其一：

> 秋来何处最销魂？残照西风白下门。他日差池春燕影，只今憔悴晚烟痕。愁生陌上黄骢曲，梦远江南乌夜村。莫听临风三弄笛，玉关哀怨总难论。

诗中总是弥漫着一种幻灭感，如果结合明清易代之际，似乎亦可以阐释为历史兴废在人们心中引起的感伤之情。但一切皆从繁华逝去的残柳说起，每一句似乎说了什么，但又似乎隐藏着什么，淡淡的、柔婉的伤感却是明显地存在，显然这很符合诗人自己提倡的言外之意、味外之旨。

李攀龙（1514—1570），字于鳞，历城（今山东济南）人，自号沧溟，世称沧溟先生。李攀龙是明后七子之首，存诗 1380 余首。李攀龙在诗歌领域强调对盛唐诗歌的学习，强调诗法格调。

宋琬（1614—1673），字玉叔，号荔裳，山东莱阳人，因其卓著的诗名，在清初诗坛上与宜城施闰章并称"南施北宋"。宋琬的诗歌多抒发人生遭际带来的孤独悲苦的心境，也有部分作品关注民生疾苦，整体而言，其诗风骨雄浑，气韵深厚。

二、孔尚任与明清齐鲁戏曲

孔尚任（1648—1718），字聘之，又字季重，号东塘、岸堂，别署云亭山人。山东曲阜人，孔子后裔。创作有代表作《桃花扇》。康熙三十八年（1699）六月，《桃花扇》定稿，一时王公贵人竞相传抄，甚至康熙皇帝也命宦官来索要文稿。次年春，《桃花扇》上演，朝野轰动。

《桃花扇》是一部思想性与艺术性结合得非常好的优秀作品，按照作者自己的话来说，是"借离合之情，写兴亡之感"，也就是说戏剧有两条大的主线，一是侯方域与李香君的爱情悲欢离合，一是南明弘光小王朝的兴衰及由此引发的兴亡之感。很显然，后一条主线是前一条主线的发生背景及推动因素，而前一条主线又能够很好地串联起后一条主线的人物与跌宕起伏的情节。戏剧最后以侯、李二人于明亡后重新相会于南京郊外白云庵，张道士撕破由李香君鲜血点染而成的象征着他们坚贞爱情的桃花扇，喝道：

> 两个痴虫，你看国在那里，家在那里，君在那里，父在那里，偏是这点花月情根，割他不断么？（《入道》）

这种国破家亡引发的幻灭感让侯、李双双遁入空门，这个过程中两条主线又交织在一起，完美地谢幕。

应该说，对前明王朝的凭吊、对历史兴亡的总结这种遗民心态在创作过程中占据了很重要乃至主要的位置，《桃花扇》把弘光小朝廷内部争斗描绘得淋漓尽致，大厦将倾，小朝廷内部各派系不是戮力合作，共克时艰，而是各打各自的主意，互相倾轧，导致最终的灭亡。在这里，不仅有弘光帝的昏聩，马士英、阮大铖的奸诈，左良玉的短视，也有正面形象的复社文人不合时宜的以

"清流"自居、意气用事，如史可法的优柔寡断，这一些基本上都符合史实，非常形象地揭示了那个烂透了的小王朝不可逆转的灭亡轨迹。

即使是讲述侯、李二人悲欢离合的这条主线，依然具有强烈的政治色彩，尤其是在李香君的身上寄寓了作者的政治情怀。李香君本是秦淮名妓，她倾慕侯方域为代表的复社文人的清流风貌与正直品格，同时她又比侯方域具有更清醒的政治头脑和敏锐眼光。《却奁》一出，李香君得知妆奁是阮大铖所送时，毅然拒绝，并斥责侯方域的糊涂、动摇；在《拒媒》《守楼》中，李香君忍受与侯方域的离别之苦，顶住来自马士英、阮大铖的巨大压力，拒嫁权贵，血溅定情扇；《骂筵》一出，香君被强征入宫，她冒死痛骂权奸。李香君的个人遭遇总是与国家命运、政治风波联系在一起，在香君的选择中透显着作者的态度。

《桃花扇》的结构设计也非常出色，全剧四十出，外加开场戏、过场戏、尾声四出，规模宏大，人物形象众多，矛盾斗争纷纭，情节纷繁复杂，但作者都能以桃花扇这一具有象征意义的道具串联，以侯、李悲欢离合的爱情线索为主线，有条不紊、不枝不蔓，真正做到了他所提出的起伏转折而又独辟境界，出人意料而不落陈套，脉络连贯紧凑而不东拉西扯。《桃花扇》最后以弘光小王朝灰飞烟灭为背景，以侯、李二人双双入道为结局，营造了一种幻灭的悲剧意味，一脱明清戏剧小说中大团圆结局的俗套，更增加了这部作品的艺术性与思想性。

总之，《桃花扇》因其思想性和艺术性的完美结合当之无愧地成为明清戏剧中的扛鼎之作。

冯惟敏（1511—1580?），字汝行，号海浮，山东临朐人。冯惟敏一生著述丰富，著有杂剧《不伏老》《僧尼共犯》，诗文集《石门集》《海浮集》。冯惟敏的散曲创作成就颇高，在后世影响较大。他的散曲内容方面非常突出的一点就是不拘泥于一般文士一味沉湎超脱旷达的主题，而是通过散曲寄托自己奋发的志向和昂扬的抱负，有深厚的生活气息。在艺术上，人物形象、自然景象的描写自然生动，语言活泼新鲜、朴素老辣，气魄雄伟豪放，总体审美风格刚劲朴直。

桂馥（1736—1805），字冬卉，号未谷，山东曲阜人，清中期著名学者。其治学之余，著有戏剧《后四声猿》，在清代剧坛上有不小的影响力。

三、《聊斋志异》

蒲松龄（1640—1715），字留仙，一字剑臣，号柳泉，世称聊斋先生，淄川县满井庄（今淄博市淄川区浦家庄）人。蒲松龄19岁应童子试，便以县、府、道三试第一进学，赢得时任山东学政、著名诗人施闰章的赏识。不过此后一生，蒲松龄在科举方面屡试不第，尝尽了无尽的痛苦，一直到六十岁才放弃科考，七十一岁时依据惯例，取得岁贡生的科名，四年之后他便离开了这个世界。蒲松龄的一生穷愁潦倒，他短期地给人做过幕僚，更多的时间是在官宦人家任私塾教师，以此糊口。大约从中年开始，他一边教书一边写作《聊斋志异》，一直到晚年。除了《聊斋志异》外，蒲松龄在诗、文、词、俚曲方面亦颇有建树。

《聊斋志异》总计有490余篇，就故事的来源来看，大约有三种情况：一是来源于社会传闻或者友人的笔记，篇首和篇末往往用某人言、某人记予以说明；二是来源于前人的记述，加以渲染、改造的；三是找不到口头传说或者文字记述依据，应该是由作者虚构的狐鬼花妖的故事，如《婴宁》《公孙九娘》《黄英》等。第三类多传颂甚广的名篇，更能代表《聊斋志异》的水平与成就。

《聊斋志异》对狐鬼花妖世界的描述有两种模式。第一种是世间人入异域幻境，上天、入地、成仙、入梦甚或进入奇邦异国。在这一模式中，入幽冥的最为典型，如《席方平》《考弊司》《公孙九娘》等。第二种是狐鬼花妖、精灵鬼怪幻化进入人世间，如《花姑子》《阿纤》《绿衣女》等，这一类型里，狐女形象最为典型，如《红玉》《阿秀》《婴宁》等。

《聊斋志异》在《聊斋自志》中说："集腋成裘，妄续幽冥之录；浮白载笔，仅成孤愤之书。"作者在提醒读者，书中所写的狐鬼花妖仅仅是载体，是虚构的，他是通过狐鬼世界这个载体抒发内心忧愤，他也希望读者不是将狐鬼幽冥之事信以为真，而是能够领会到寄托其中的意蕴。正如郭沫若先生在蒲松龄纪念馆题词："画狐画鬼，高人一等；刺贪刺虐，入木三分。"从这个角度来说，我们在学习《聊斋志异》时应当与民间迷信区分开来。

《聊斋志异》中有不少故事与科举有关。比如《陆判》，朱尔旦与阴间陆判结识，陆判似乎精于科场，认为朱尔旦是不开窍，便给他疏通内脏，打开通窍，由此朱尔旦乡试中高中魁元。而《叶生》一篇则写得相对沉痛，主人公叶生"文章辞赋，冠绝当时"，但是屡次名落孙山，抑郁而终。叶生死后，幻形留于人间，他将自己生前应试的文章传授给一个年轻人，结果这个年轻人连连高中，叶生感慨，自己科场失意是命运不济，非自己才能、文章不好。从这些作品里，尤其是后者，能够看出作者在故事的讲述中融入了自己一生科场蹭蹬的无限感慨。《聊斋志异》中也有些作品写考官昏庸，不辨真才。《贾奉雉》中贾奉雉从落第考生的试卷中收集那些写得非常糟糕的句子，连缀成篇，结果高中，贾奉雉再读这样的文章，都感觉无颜见人。蒲松龄于此中的愤懑情怀可见一斑。

　　《聊斋志异》中描写了大量的妖狐鬼怪同书生相恋的故事。在蒲松龄的时代，多少士子为了博得功名而枯坐书斋，潜心典籍，或者背井离乡，远离家人，赴省城或京城赶考。在这种孤独寂寞中，温柔乡的梦幻萦绕心头便是再正常不过的了。《香玉》《绿衣》等作品中书生读书于书斋或山寺，美丽少女飘然而至，在相互的嬉戏、吟唱中解除了书生的寂寞，给书生带来了欢娱，甚或给书生以精神的鼓励，让他们感受到了尊重与支持的力量。此外《婴宁》《小翠》《红玉》《黄英》都是非常精彩的爱情佳作。

　　《聊斋志异》中还有大量作品反映民间疾苦，揭露官场黑暗，鞭笞豪强蛮横。《席方平》写席方平入阴司替父申冤，结果城隍、郡司、冥王收受贿赂，贪赃枉法，官官相护，对席方平滥施刑罚。虽然最后城隍、郡司、冥王都得到了二郎神的惩处，但是阴间官场的种种丑恶，正是现世的鲜活反映。当然，正如现世中人们渴望包拯、海瑞一类的执掌大权的清官能够主持公道一样，虽然结尾有二郎神为席方平父子洗冤，但我们要明白，在专制的时代，这种期冀是多么缥缈。而《促织》一文恰是专制时代的鲜活写照。《促织》前半部分叙述因宫中流行促织游戏，各级官吏于民间强征促织，平民之子因疏忽而弄死了准备上缴的促织，惊惧之下投井而亡。小说的后半部分写此子魂魄化为促织，神奇善斗，博得龙颜大悦，献此虫的官吏获得升迁，平民成名亦得到厚赏。小说前后两部实际上反映了两个主题：苛捐杂税使得社会民不聊生；官场上一人得道鸡犬升天，官员的晋升看谄媚的机遇与本领，而非品德与才华。概而言之，由上及下，只顾及上之所好，而社会民生皆漠然视之。这似乎是任何一个专制时代或王朝必然的黑暗。

　　《聊斋志异》也有很多作品关注家庭伦理、社会风气，宣扬道德教化，劝人向善。《聂小倩》中，女鬼聂小倩最终中意于宁采臣，是因为宁采臣是一位不贪恋女色、不取非己之财、有热心肠、能助人于危难的大丈夫，当然也正因为他具有这良好的品德才在兰若中躲过杀身之难。同时，如《田七郎》中，亦表现出对传统道德的反思，田七郎意识到受人之恩需要报恩，所以他不愿意受人之恩，以避免报恩的义务，但是由于家贫，受了富家公子的救助，后来又为了报恩而拼上性命。通过这篇作品，作者似乎在懵懂之间意识到道德伦理除了约束、引导人向善外，似乎还具有绑架的力量，这一点放在今天也许不足为奇，但在三百年前，这就显得很新鲜、很重要，显现出思想启蒙的萌芽。

　　《聊斋志异》的很多作品，尤其是一些篇幅较长的作品，情感丰富细腻，结构浑然天成，故事跌宕起伏、引人入胜，显现出极强的艺术性。同时，小说虽然用文言写就，但作者似乎有意识地避免卖弄才华，避免艰涩难通，在那个

文学
精华

时代，应该说稍微有点文化就能读得懂，因此通俗、平实、顺畅是这部经典著作的鲜明特征。

《聊斋志异》在中国文学史上产生了重要的影响，其书问世后不断被翻刻，成为书商的宠儿，以至乾隆年间一度大量涌现追仿之作，如《谐铎》《子不语》。《聊斋志异》不仅在国内产生了重要的影响，在世界文学发展史上也颇负盛名，19世纪中叶以后，《聊斋志异》被译为英、法、德、日、俄等多种文字，在全世界传播。应该说这是齐鲁大地为中国文学乃至世界文学做出的突出贡献，蒲松龄和他的《聊斋志异》是山东人的骄傲。

四、《水浒传》中的齐鲁文化元素

《水浒传》是产生于明代的英雄小说，故事讲述北宋后期君主昏庸，佞臣当道，民不聊生，官逼民反。故事以宋江为代表的一百单八将啸聚水泊梁山，与官军相抗，最后接受招安。招安后，以宋江为统领，又先后征辽、征方腊，获得成功，但一百单八将亦损失惨重。最后在奸臣作祟下，宋江甘愿服毒身亡，吴用、花荣自缢殉葬。

《水浒传》是明清四大古典名著之一，作者施耐庵是浙江人，但《水浒传》故事发生的地点在山东，一百单八将中有三分之一籍贯在山东，尤其是两任头领晁盖和宋江均是山东人，所以这部小说有着浓郁的齐鲁文化色彩。

先不言这部小说中涉及的齐鲁大地的名山大川、风土人情，单就小说中所围绕的、所彰显的核心思想就具有非常浓郁的齐鲁文化气息，其核心思想有二：忠义精神和侠义精神。

晁天王去世后，宋江做了水泊梁山的头领，将聚义厅更名为忠义堂，这是忠义精神的最浅表层次的体现，忠义精神更重要的是表现在只反贪官，不反皇帝，即"酷吏贪官都杀尽，忠心报答赵官家"。宋江啸聚梁山后，终极目的便是招安，渴望得到朝廷一道旨意，为国效力。最终朝廷下诏招安，宋江实现了夙愿。后征辽、征方腊，精忠报国，最后奸臣作祟，将御酒替换成药酒，宋江临终前担心李逵坏了忠义，将之从润州唤到楚州，让他服下鸩酒。这种忠义最后蒙上了浓浓的悲剧气息。追究败因，"忠义"首当其冲，认为宋江造反不彻底，即使到了今天，很多人包括很多学者依然持有这种观点。

但我们应该清醒地看到任何人都脱离不了自己的时代，宋江所践行的忠义是对国家、皇帝的忠，对出生入死兄弟的义。他捍出招安，为兄弟们所不理解，但他多次提到要为兄弟们找一个好的归宿。"归宿"是什么？辛弃疾在《破阵子》中说"了却君王天下事，赢得生前身后名"。古人对名看得格外重，孔子也说"四十五十而无闻焉，斯不足畏也"。当时人的梦想是生前能够博得功名封妻荫子，死后能够成为家族的荣耀。翻阅中国历代史书，我们今天称颂的所谓的农民起义无一不冠以"盗"名，如此恶名，时人会认为让祖宗不安，让后人蒙羞。所以如果我们缺乏一种理解、同情的情怀时，会将"招安"视为投降，会把好的归宿视为失败。宋江不为后人所理解，在兄弟们中间亦颇多阻力，兄弟们看重的是"大碗喝酒，大块吃肉，论称分金银"的现世的感官享受，未顾及未来乃至身后之事。由此来看宋江忍辱负重，一力推行招安政策多少有些悲壮色彩。而齐鲁文化培育的山东精英又何尝不是如此，孔子遣弟子仲由问路于长沮、桀溺，两位隐士讽刺孔子："滔滔者天下皆是也，而谁以易之？"孔子闻之，怃然叹息，说："鸟兽不可与同群，吾非斯人之徒与而谁与？天下有道，丘不与易也。"仔细揣摩语境，"天下有道"恐怕只是孔子的托词，孔子亦无奈这个时代，但已认定恢复周礼才能拯救时弊的孔子显现出明知不可为而为之的坚毅与勇敢。同样，山东琅琊诸葛亮辅佐幼主，六出祁山，后人多訾议武侯穷兵黩武。实际上以诸葛的贤能他怎不知道以弱小的蜀汉与曹魏相抗成功的可能是多么渺茫，但他亦深知唯有伐魏才能向天下示以偏居一隅的蜀汉方是炎刘之正统，也唯有如此，蜀汉政权才有立国之基，否则只是割据一方的枭雄。诸葛亮亦展现出一种明知不可为而为之的坚毅与勇敢。所以宋江与孔子、诸葛亮的这种精神是一脉相承的，是山东忠义文化哺育出来的悲壮的英雄。

除了这种看似宏大的忠义精神之外，侠义精神亦是《水浒传》的核心思想之一。《水浒传》中的侠义往往表现为急他人之所急，剪强扶弱，除暴安良。鲁提辖拳打镇关西，解救翠莲父子；宋江诨号及时雨，善救人于危困，尤其冒着天大的干系私放晁天王；晁盖倾巢出动，江州劫法场……类似的故事在《水浒传》中太多了。用今天的视角来看这完全是漠视社会法规的个人英雄主义，但这正是《水浒传》精彩之处。这种草莽英雄的侠义精神与山东的历史有着密切的关系。虽然说山东是孔孟之乡，但山东人的性格直爽仗义似乎更胜于温柔敦厚、彬彬有礼。因为山东在历史上并非乐土，历代兵火多烧及于此，兵荒马乱、天灾连连再加上苛捐杂税，"山东多响马"也就不足为奇。所以山东人骨子里的粗犷、直爽、豪迈、侠义是历史挤压而形成的地域性格。所以《水浒传》中，"大碗喝酒，大块吃肉，论称分金银"的草莽英雄的豪爽与急他人之所急，舍身救难的英雄侠义正是山东人性格的写照，自然亦是小说中所拥有的典型的齐鲁文化元素。

清代齐鲁文学在诗歌、小说、戏曲三种体裁中各有在全国被奉为圭臬的翘楚，故成就了齐鲁文学发展的又一个高峰。《水浒传》中所彰显的墨侠文化也体现了齐鲁文化色彩。总之清代齐鲁文学亦是星光闪耀，名家迭出。

文学
精华

结　语

综上所述，齐鲁文学有过三个高峰期：一是以《齐风》《鲁颂》及《左传》为代表的先秦时期；二是以李清照、辛弃疾为代表的两宋时期；三是以王渔洋、孔尚任和蒲松龄为代表的清代。先秦时期的齐鲁文学，以《齐风》《鲁颂》展现了齐鲁文化特有的风貌；两宋时期的齐鲁文学，则集中展现了婉约词和豪放词的异同，李清照和辛弃疾的词作也历经千年，在历史的长河中熠熠生辉，词作中的万千愁绪也总是在我们抒发内心情感的时候引起一阵阵共鸣；明清时期的齐鲁文化则涉及诗文、小说、戏曲，全面地展现了齐鲁文化的精彩。这些文学经典和大家，不仅是齐鲁文学的瑰宝和中国文学不朽的经典，其高超的艺术表现力和独具特色的人文情怀，也丰富了齐鲁传统文化的内涵，提升了中华文化的品位，在我国历史发展中产生了巨大的影响，是我们弥足珍贵的财富。

 思考练习

1. 研读《诗经·齐风》十一首诗，把其中的叠字词找出来，分析各自描摹的对象，并借助注释，尝试翻译成现代汉语。

2. 文学史上常常将苏轼和辛弃疾并称，称为"苏辛"，公认《念奴娇·赤壁怀古》和《永遇乐·京口北固亭怀谷》是豪放词篇的代表。通过查阅资料，了解苏轼生平，结合这两首词的创作背景，分析这两首词内容、艺术方面有何异同。

3. 王国维在《人间词话》中谈做学问的三层境界，分别引用宋人的词予以生动说明：第一层"昨夜西风凋碧树，独上高楼，望尽天涯路"。第二层"为伊消得人憔悴，衣带渐宽终不悔"。第三层"众里寻他千百度，蓦然回首，那人却在、灯火阑珊处"。尝试查阅这三处宋词语句的出处，并谈谈对学习的启发。

4. 在教材中，限于篇幅，我们对《聊斋志异》的分析是比较笼统的，课下将《聊斋志异》中有关狐女的篇章找出来，对狐女形象进行分析，并尝试分类描述。

5. 了解自己的家乡有什么名胜古迹，在这里有什么样的名篇佳作，课堂上与同学进行分享。

6. 了解自己的家乡有哪些著名的文化名人，尝试为他做个小传。

◎ **资源链接**

参考书目

1. ［宋］朱熹：《四书章句集注》，中华书局 1983 年版。

2. ［清］王文诰辑注：《苏轼诗集》，中华书局 1982 年版。

3. ［清］仇兆鳌：《杜诗详注》，中华书局 1979 年版。

4. 范文澜：《文心雕龙注》，人民文学出版社 1958 年版。

5. 施耐庵：《水浒传》，人民文学出版社 1975 年版。

6. 邓广铭：《稼轩词编年笺注》，上海古籍出版社 1978 年版。

7. 王仲闻：《李清照集校注》，人民文学出版社 1979 年版。

8. 高亨：《诗经今注》，上海古籍出版社 1980 年版。

9. 杨伯峻：《论语译注》，中华书局 1980 年版。

10. 徐培均：《李清照集笺注》，上海古籍出版社 2002 年版。

11. 安作璋、王志民主编：《齐鲁文化通史》，中华书局 2004 年版。

12. 刘怀荣、魏学宝、李伟：《以文化人——齐鲁文化与中国人文智慧》，山东人民出版社 2017 年版。

文学
精华

第八章
艺术瑰宝

　　自古以来，齐鲁就不乏独具匠心的艺术创作：厚重博大的泰山石刻，世人敬仰的二王书法；举世闻名的汉画像石，奇逸脱俗的高凤翰书画；尽善尽美的韶乐，清音自远的编钟，美善合一的音乐思想；丰富多彩的地方戏曲。这些艺术杰作分布于书法、美术、音乐、戏曲等诸多领域，不仅是齐鲁艺术的传世珍品，也是中国艺术的瑰宝。这些艺术门类虽然都有各自的发展规律，但共同扎根于齐鲁大地，同气连枝，不仅具有相近的艺术特点，也从不同的侧面体现了齐鲁地方文化精神。

第一节　书法

言为心声，书为心画。书法是中华民族艺术独有的艺术门类，点画之间蕴含着生命的气息，虽无色而有画之绚烂，虽无声而有乐之韵律。千百年来，书法不仅彰显着书写者的文化修养与精神气质，还体现了时代的气息。从甲骨文、金文演变而为大篆、小篆、隶书，到东汉、魏晋时期，草书、楷书、行书等诸体基本定型，晋人尚韵，唐人尚法，宋人尚意，元人尚态。书法演变历史在泰山石刻中得以形象地展现，汉隶的字体、结构与形变在齐鲁汉碑中得以保存，而王羲之、王献之的书法更是独具一格，书法作品与书法名家在齐鲁大地上交相辉映，其艺术魅力，让人一唱三叹，流连忘返。

一、摩崖与碑碣

中国书法经历了漫长的演变过程，泰山石刻大部分为摩崖石刻，少量为碑碣，数量之多为我国名山之首。它不仅是一处天然的书法展览场地，展示了书法艺术的发展脉络，也具有极高的艺术价值与史料价值，在书法演变史上具有重要的地位。此外，齐鲁地区保留下来的汉碑也集中展现了秦汉之际的书体演变及书法家的个人风格。这些书法作品历经时光的洗礼，已经成为十分难得的艺术珍品。

（一）摩崖

摩崖，指利用天然山石刻文记事的石刻，是我国出现最早的一种石刻形式，远在商周以前就已有之。泰山现存的石刻中，摩崖石刻占比重较大，遗迹较多，其中最著名的当属刻于南北朝时期的经石峪《金刚经》。经文为隶书，刻在2064平方米的大石坪上，每行字数不等，最长的一行40字，因年月久远，风沙溪水磨损，现尚存千余字，随石刻经，经尽而止，是目前我国现存规模最大的佛经摩崖刻石。其字体之大在碑拓中极为罕见，笔力刚健雄奇，笔锋纵横，被称为"大字鼻祖""榜书之宗"，康有为则称其为"榜书第一"，与岱庙天贶殿壁画、岱

《金刚经》拓片局部

顶唐摩崖并称为"泰山三大瑰宝"。此外，还有在岱顶大观峰崖壁上立于唐玄宗开元十四年由唐玄宗御制御书的《纪泰山铭》摩崖石刻、《宋摩崖》和元《天门铭》摩崖石刻等，其他刻于自然石上的题名、题记、题诗，几乎遍布泰山上下。

（二）碑碣

石碣，指上小下大，上圆底平，周身为圆或方圆，文字环刻于四周的一种石刻。碑刻，指刻有文字的方形或长方形的竖石。石碣的形制主要存在于秦代，至东汉石碣已被碑刻所代替，所以后人往往把碑与碣统称为"碑碣"。其中最为人瞩目的便是《秦相泰山刻石》，也称《李斯篆碑》，是泰山最早的石刻。

据《史记》载，《秦相泰山刻石》的主要内容即是宣扬秦始皇统一天下的功绩：

> 皇帝曰："金石刻尽始皇帝所为也。今袭号而金石刻辞不称始皇帝，其于久远也。如后嗣为之者，不称成功盛德。"丞相臣斯、臣去疾、御史大夫臣德昧死言："臣请具刻诏书刻石，因明白矣。臣昧死请。"制曰："可。"

刻石今存残字 10 个，为"斯臣去疾昧死臣请矣臣"。该刻石现被列入国家一级文物，位于岱庙东御座院内。《岱史卷八·遗迹纪》称："秦虽无道，然其所立有绝人者，其文字书法，世皆莫及，亦不可废。"鲁迅认为《秦相泰山刻石》"质而能壮，实汉晋碑铭所从出也"。其书浑厚严谨，字形匀称宛转，线条圆健似铁，结构左右对称，外拙内巧，疏密适宜。经过岁月积淀之后，泰山石刻显现出更为醇厚的艺术魅力，令无数人为其倾倒，也为我们留下了宝贵的艺术财富。

作为孔孟儒学的发源地，齐鲁地区自古礼仪制度完备，文化教育发达。传统儒学文化为汉王朝培养了大量高级官吏及经学大师。在汉代崇尚儒学、敬重品行、奉行厚葬的时风下，大量达官、显贵、地主为自己建造豪华陵墓，增制石碑。多种因素的影响使得汉碑在齐鲁地区集中出现。其中，较有代表性的包括《麃孝禹碑》《张迁碑》

李斯篆碑局部

《史晨碑》等。

《麃孝禹碑》是我国现存最早的刻字碑，碑首为阴线屋檐式平行竖纹，下刻鸟形图案昂首相对。碑文书写隶书十五字，字体平正，线条厚重平直，风格遒劲苍古，可为古隶代表。其用笔浑穆圆厚，粗细匀同，有篆书之遗韵；造型舒放宽绰，大小错落，近于简帛文字。沉稳而不失豪放，古朴而不乏情趣，体现出辩证统一的艺术规律。

《张迁碑》亦称《张迁表颂》，有碑阴题名，现存于岱庙。碑文记载了张迁的政绩，现存最早拓本为明拓本（"东里润色本"），藏于故宫博物院。此碑是传世汉碑中风格雄强的典型作品，隶书朴厚劲秀，字体渗入篆体结构，方正中多变化，不板滞，朴厚中见媚劲，外方内圆，用笔棱角分明，具有齐、直、方、平的特点，为汉隶中的上品。

《张迁碑》局部

《史晨碑》，为著名的汉碑之一，现存于曲阜孔庙。与《礼器碑》《乙瑛碑》并称孔庙三大名碑。该碑为并刻于一石的前后两碑。前碑名"鲁相史晨奏祀孔子庙碑""鲁相史晨祀孔子奏铭""史晨前碑"；后碑名"鲁相史晨飨孔子庙碑""史晨后碑"。前碑内容为鲁相史晨请求孔庙依社稷礼、出王家谷、春秋行礼而给尚书的公文及孔子赞诗。后碑记述史晨到任拜孔庙而奏请出王家谷后祭祀孔子、维修孔庙、保护孔子遗迹事。前后碑书风一致，工整精细，笔致古朴，端庄典雅，神韵超绝，是东汉后期汉隶走向规范、成熟的标志，对后世产生了较大的影响。

《史晨碑》局部

二、"二王"书法

东晋的王羲之、王献之父子，在书法史上并称"二王"，是齐鲁书法家的代表，也是中国书法史上一流的大家。千百年来，其书法璀璨夺目，深为历代书家所敬仰。

（一）王羲之

王羲之，字逸少，是东晋著名书法家。原籍琅琊临沂（今山东临沂），后迁居山阴（今浙江绍兴），曾任右军将军，人称"王右军"。其代表作品有楷书《乐毅论》《黄庭经》、行书《兰亭集序》《姨母帖》《快雪时晴帖》《丧乱帖》等。王羲之行书以《兰亭集序》为最，被誉为"天下第一行书"，而"天下第二行书""天下第三行书"分别为颜真卿的《祭侄文稿》、苏轼的《黄州寒食帖》。

王羲之七岁开始跟随当时著名的女书法家卫夫人学习书法，十二岁由父亲传授笔法，此后博采众家之长，楷书学习钟繇，草书学习张芝，并将各家所长融会贯通，终能自成一家，草、隶、行、楷俱佳，被尊为"书圣"。

王羲之小时候练字非常刻苦，常常废寝忘食，入迷时竟将手中的食物当作毛笔蘸墨写字。他练字时用坏的毛笔都堆成了一座小山，人称"笔山"。他常在住宅旁的水池中洗毛笔，以致水池的水都变黑了，人称"墨池"。

东晋永和九年（353）农历三月初三，王羲之与谢安、孙绰等社会文化名流四十余人在山阴（今浙江绍兴）乡野间的兰亭聚会。大家散布在溪水两侧，将一种轻便的酒杯放在溪水溪流之上，让酒杯顺水流而下，每人按顺序取酒杯饮酒作诗，这就是著名的"流觞赋诗"。王羲之即兴创作，挥毫泼墨，写下了在文学史和书法史上都堪称不朽的《兰亭集序》。《兰亭集序》为行书，其艺术魅力就在于它的变化多姿，笔画形态各异，笔墨随情而动，自然天成。字的大小、疏密、扁长、轻重、松紧不一，刚柔并济，韵律感极强。字与字之间，行与行之间错落有致，构成了完美的整体，体现出跌宕起伏的线条节奏，具有飘逸妍秀、浑圆健劲之美。

《兰亭集序》

王羲之因书法极妙，受到唐太宗御赏。唐太宗称赞他为"所以详察古今，研精篆素，尽善尽美，其惟王逸少乎"。唐太宗爱好书法，一生对王羲之的墨迹都是"心慕手追"，直到临死还留下遗言，将古今行书第一的《兰亭集序》陪葬昭陵，留下了至今还争论不休的一桩公案。如今我们所看到的《兰亭集序》是唐代书法家的临摹本，也被称为唐人摹本《兰亭集序》，主要包括"冯本""虞本""褚本""神龙本""定武本"。唐人摹本从不同层面表现了"天下第一行书"的形神气韵，成为后世《兰亭集序》书法两大体系的鼻祖：一是以"虞本""褚本""冯本""黄绢本"为宗的帖学体系；一是以"定武本"为宗的碑学体系。这两大体系并行于世，孕育了后世无数大家。唐人摹本曾被收入清乾隆内府，后流散四方："冯本""虞本""褚本"现藏于北京故宫博物院，定武本现藏台北故宫博物院。

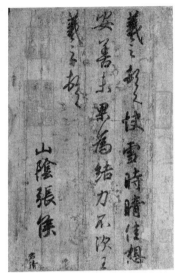

《快雪时晴帖》也是王羲之的行书代表作，是一封书札，主要写作者在大雪初晴时的愉快心情及对亲朋的问候。清代乾隆皇帝曾将王羲之的《快雪时晴帖》、王献之的《中秋帖》与王珣的《伯远帖》称为"三稀"，遂以"三希堂"为御书房名，意即稀世珍宝。《快雪时晴帖》释文：

《快雪时晴帖》

羲之顿首快雪时晴佳想安善未果为结力不次王羲之顿首山阴张侯①

《快雪时晴帖》整篇作品气定神闲，不疾不徐，以圆笔藏锋为主，短短二十余字间，上下一气贯之，又富于变化，字字错落，用笔圆润爽利，节奏顿挫，极具美感。明代李日华评价说："晋尚清言，虽片言只字亦清，快雪帖首尾廿十四字耳，字字非后人所能道。"

（二）王献之

王献之，东晋著名书法家、诗人、画家，字子敬，小名官奴，祖籍琅琊临沂（今山东省临沂市），生于会稽山阴（今浙江绍兴），是书圣王羲之第七子、晋简文帝司马昱之婿。王献之有"小圣"之称，且与其父王羲之及张芝、钟繇并称"书中四贤"。他自幼随父练习书法，后期兼取张芝，自创新体，楷书和隶书亦功底深厚，以行书和草书闻名，也擅长绘画。王献之代表作品主要有《中秋帖》《洛神赋》等。

王献之自幼聪明好学，七八岁时始学书法，师承父亲。有一次，王羲之看献之正聚精会神地练习书法，便悄悄走到背后，突然伸手去抽献之手中的毛

---

① 学界对《快雪时晴帖》的断句尚有争议，启功先生在《晋代人书信中的句逗》断句为"羲之顿首，快雪时晴，佳想安善。未果为结，力不次，王羲之顿首。"（原载《书法报》2000年10月24日第7期，后收入《启功丛稿·艺论卷》中华书局2004年版，第176—179页）；祁小春在《佳想安善，未必安善》一文中断句为"羲之顿首，快雪时晴，佳！想安善。未果为结，力不次。王羲之顿首。"（原载《书法报》2006年1月25日第4期，总第1099期）

笔，献之握笔很牢，没被抽掉。王羲之夸赞道："此儿后当复有大名。"

《中秋帖》为草书，现藏故宫博物院，此帖运笔自如，字势连绵不断，"字之体势，一笔而成，偶有不连，而脉不断，及其连者，气候通其隔行"，一气呵成，潇洒飘逸而又极备法度，被赞为"一笔书"。王献之所创的"一笔书"实际上也是书法理论中"笔断气不断"的代表，在笔墨之间产生线的节奏感，一顿一折一提一按之间产生艺术美。《中秋帖》释文：

《中秋帖》

> 中秋不复不得相还为即甚省如何然胜人何庆等大军

《洛神赋十三行》简称《洛神赋》，是王献之小楷书法的代表作，内容为三国时期曹植所作《洛神赋》，原来的墨迹流传到唐宋时已残损亡佚。目前流传下来的刻本为宋代根据真迹上石的拓本，包括"碧玉版"和"白玉版"。今传贾似道所刻石本，因石色如碧玉，世称"碧玉十三行"，现藏首都博物馆。其书体势秀逸，虚和简静、灵秀流美，与文章内涵极为和谐，这件佳作被后人誉为"小楷之极"，"玉版十三行坚圆秀逸，此时流传小楷法帖无出其右"。

《洛神赋》

书法，作为"线的艺术"，是中国所独有的。泰山石刻及汉碑保存下来的先秦两汉时期的书法作品线条自然古朴。而将书法作为高度集中化、纯粹化的艺术，则在魏晋开始自觉，笔意、结构、体势、章法丰富多样，错综复杂。"二王"的《兰亭集序》《姨母帖》《丧乱帖》《鸭头丸帖》《中秋帖》《洛神赋十三行》等珍品，以极其优美的线条形式，表现出飘洒飞扬、超逸绝伦的魏晋风度。可以说，正是先秦两汉的石刻碑刻及"二王"的魏晋风度为中国书法夯实了艺术基础，成为书法演变过程中浓墨重彩的一章。

第二节　美术

中国美术源远流长，以其鲜明的民族性与卓越的艺术成就在世界美术之林独树一帜。与西方美术迥异的一点，便是中国艺术史上常提到的"线的艺术"。书画同源，中国的绘画与书法都是"线的艺术"，在形似与神似的统一中追求意境，讲求"气韵生动"。齐鲁大地的美术作品作为中国美术史的重要组成部分，尤以汉画像石与清代高凤翰的绘画为代表。无论是汉画像石现实与浪漫相结合的艺术特征，还是高凤翰右手转左手、先精工后古拙的艺术生涯与艺术风格，都具有独特的史料价值与较高的艺术价值。

一、汉画像石

齐鲁大地是汉画像石遗存最多的地区，主要集中在鲁南和鲁中一带。齐鲁地区也是汉画像石发展水平最高的地区之一，出现时间早，延续时间长，题材内容极为丰富，类型齐全，墓室、祠堂、石棺、碑、阙画像石一应俱全，其中尤以武氏祠为代表。画像石是雕刻不同画面，用于构筑墓室、石棺、享祠或石阙的建筑石材。画像石既是墓葬建筑物的构件，又是一种刻画装饰，生动形象地记录着当时的社会情况，蕴含着丰富的历史文化内容，是研究、了解汉代社会政治、经济、思想、文化、艺术风俗等的重要资料。尤其到东汉时期，冶炼技术的进步解决了石刻工具不足的问题，当时的厚葬风气、燕齐方士及道教的影响共同促进了齐鲁地区画像石的发展。

（一）汉画像石

两汉画像石分布相当广泛，主要以黄河流域中下游为中心，不同区域的题材内容和艺术风格又独具一定的地方特色，主要分布于济宁、枣庄、临沂、泰安、济南、潍坊、青岛、淄博、烟台、菏泽、日照等地区。已发现的画像石墓以沂南北寨村、安丘董家庄为最大，较为著名的有平邑功曹阙和皇圣卿阙、莒南孙氏阙、临沂白庄墓等。地面石室以武氏石室和孝堂山石室最为宏伟。

齐鲁汉画像石，年代最早的大约在西汉文景时期。武帝后期至西汉末，是济宁、枣庄画像石的初步发展期，在本区域的县市中多有出土。东汉早期，本区汉画像石有较大的发展，已见于墓室、祠堂、石碑，其数量约占出土量的四分之一。题材内容和雕刻技法也较前更丰富。东汉中、晚期是汉画像石的鼎盛时期，题材内容包罗万象，技法娴熟老练，墓葬规模宏大，艺术水平空前。

齐鲁汉画像石题材广泛，内容丰富，对汉代政治、经济、军事、思想、文化、艺术研究具有重要的价值。其题材大致可分为以下几类：一是历史故事。包括古代帝王将相、圣贤高士、刺客、孝子、烈女等；二是神话传说。包括伏羲、女娲、西王母、日、月、天象、神怪、仙禽、异兽、祥瑞等；三是社会生产与生活。包括耕耘、锄种等农业劳动；冶炼、纺织等手工业劳动；狩猎、捕鱼；聚会、宴饮、车骑出行、拜谒、讲经、战争、献俘、刑徒等；亭台楼阁、仓廪、桥梁等建筑；音乐、舞蹈、杂技、斗兽、乐舞百戏等。

与此同时，以汉画像石为代表的古典写实艺术已较为成熟，汉画像石所体现出的高超工艺也令人叹为观止。汉画像本身包含着绘画与雕刻两种技法。在一些地方出土的汉画像石上还留有绘制底稿的痕迹。从雕刻技法而言，齐鲁地区汉画像石主要运用线刻、减地平面线刻、凹面线刻、浅浮雕、高浮雕、透雕等，这些技法中又可以细分出许多不同的处理技巧和表现形式。其中，线刻可以说是雕刻技法的骨干，以刀代笔的阴刻线条占据主要地位。早期汉画像石中的线条粗直拙壮，到了晚期线条变得生动流畅，浮雕作品细腻传神，从现存的汉画像石中可以看到其工艺技巧的发展历程。此外，齐鲁地区的汉画像石常常穿插交错多种雕刻技法，具有较高的艺术价值。

（二）武氏祠画像石

宋代金石学兴起后，赵明诚的《金石录》、欧阳修的《集古录》、洪适的《隶释》《隶续》等著作中，都著录了武氏祠的画像石及碑刻。自清代黄易等人发掘淹没已久的武氏祠画像石，至今已二百余年。武氏祠汉画像石的内容包括政治、经济、文化、军事和社会伦理道德诸多方面，是汉代社会生活的缩影，具有极高的研究价值。

武氏祠为武氏家族墓葬，位于鲁西南宽阔腹地中的嘉祥县城南三十里的武宅山下，包括石阙、石狮各一对，石碑5方，画像石44块。汉画像石是我国历史文化的瑰宝，而武氏墓群石刻则是其中的璀璨明珠。据武氏石阙和武梁碑记载，它的创建年代在东汉桓帝建和元年（147）前后，由石工孟孚、李第卯、孙宗等人刻造，并由"良

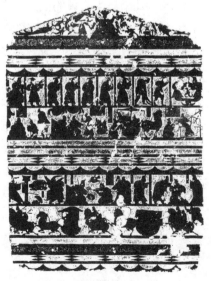

武梁祠西壁画像

匠卫改雕文刻画"而成。现存武梁、武班、武荣三石祠中，武梁祠形体较小，为开间结构，但其中的历史人物故事画颇负盛名。武班、武荣等祠形体稍大，为中间有立柱的双开间后壁有龛结构。

历史人物故事是武氏祠画像石中最值得注意的部分，数量众多。其中包括帝王，如黄帝、黄帝之孙颛顼、黄帝曾孙帝喾，及尧、舜、禹、夏桀等；诸侯，如齐桓公、秦王、吴王、韩王、赵襄子、晋灵公等；圣贤名臣，如孔子、老子、管仲、廉颇、蔺相如、范雎、魏无忌、赵盾等；孝子，如闵子骞、老莱子、丁兰、魏汤、邢渠、董永等；刺客，如专诸、聂政、要离、豫让、荆轲等；义士，如义浆羊公、三州孝人、侯嬴、朱明、颜淑、范赎、程婴、公孙杵臼等；列女，如京师节女、齐义继母、鲁义姑姊、楚昭贞姜、鲁秋胡妻、梁高行、钟离春等。

两汉时期重视名节，历史人物画像石真实地反映出当时社会道德导向及封建秩序，展现了当时统治阶级以古为鉴，为世人树立忠、孝、仁、义、礼、智、信的榜样的价值追求。

神话故事、奇禽异兽是武氏祠画像中极为精彩的部分，刻画着许多汉代人想象中的仙人神兽形象，如西王母、东王公、雷神、风伯、雨师、龙、朱雀、八头人面兽、鱼拉车、龙拉车、仙人骑鱼等画面。西王母是汉代传说中的主要神仙，在武氏祠画像中占有重要位置。武氏后石室的一幅图，被认为是西王母和东王公会面的场景：画面上方堆满了复杂的云彩，云中有许多肩生双翼的仙人，西王母和东王公在上方正面端坐，周围有侍奉的仙人。此外，还有一些画面反映出当时人们对自然现象的想象。如武氏后石室的一幅图，刻雷车，由云彩作轮，几个肩生双翼的仙人用绳子拉着。车上立着两面鼓，一个女装的雷神不断击鼓，鼓声就代表着隆隆的雷声。雷神后面，一个足踏云彩的仙人张大嘴吹气，代表着刮风。云车前方一长发人手拿瓶子往外倒水，便是雨师布雨。又有三人手执锤子、錾子，两种工具相击而迸发出的火花就代表闪电。在龙身构成的半圆形拱门上，一女子手执一长鞭，长长的鞭形就代表天空中的闪电。武氏祠画像石中的神话故事、奇珍异兽，反映出汉代人对鬼神的迷信，对"长生不老""得道升仙"以及驱鬼辟邪、祈求平安幸福的愿望。

汉画像石中也描绘了汉代社会生活的各个方面，如会见、奏乐、舞蹈、人物拜谒、亭台楼阁、车马出行、武士斗剑、战争、捕鱼狩猎、汲水和面、烧火做饭等。其中，车马出行最能反映出墓主人的身份地位。据《续汉书·舆服志》记载，当时不同等级的官吏使用相应的车骑、服饰。如天子用六马；二千石以上至万石的丞相、王公贵族，可用二至四马；二千石以下的官吏，只能用一马拉车。车前开路的伍伯，即步卒，太尉、司徒、司空可设八人；二千石至六百石可设四人；四百石至二百石可设两人。带剑骑吏；公以下至二千石可设四骑，千石以下至三百石县令可设两骑。前导后从的车辆，公卿以下至三百石的县令，有主簿、主记、功曹、贼曹、游徼五辆属车。武氏前石室《水陆攻战图》中，主车在桥正中，五辆属车分列两边，并有题榜予以注明，完全符合史书中的记载。在武氏前石室中的"令车"画像上，刻有一辆"令车"，车上有四维。主车前有两人骑马，两人带剑骑行，步卒两人"门下功曹""门下贼曹""门下游徼"车各一辆，迎者一人。车后有四个骑者，一辆"主簿车"，送行者一人。除少一辆"主记车"外，基本与《续汉书》等史书记载一致。

武氏祠中的《庖厨图》也是反映汉代日常生活的一个重要方面。图上刻有带烟筒的灶，灶上有甑，有人在灶前烧火。灶旁壁上挂着猪头、猪腿、杀好的鸡、鱼等。另一边有井，井旁有人提水。武氏前石室有一幅《庖厨图》与一座高楼相连，男女主人公分别坐在二楼、三楼上。仆役们用圆盘或方案托着碗、盘等，通过楼梯将饭菜递到主人手中，侍候主人用餐，真实地再现了汉代权贵人家的日常生活。

武氏祠画像石以写实为主，风格古拙，在艺术上具有如下的一些特点：

一是雕刻精致。当时负责的工匠选择石料极为严格，据《武梁碑》所言，精心选择色无斑黄的名石，石料选好后，大部分石面打磨得极为平整光滑，物象轮廓和细部线条刻画得流畅纤细，雕工非常精细。

二是条理严密。各个画像场面的安排层次有序，秩序井然。如武梁祠画像中的西王母、东王公为天上的重要神仙，居于近屋顶的山墙三角部分的正中。以武梁祠西壁画像为例，第一层为西王母与奇禽异兽；第二层自右往左为伏羲、女娲、祝融、神农、黄帝、颛顼、帝喾、尧、舜、禹、桀等古代传说帝王；第三层自右往左为曾母投杼、闵子骞谏父、老莱子娱亲、丁兰刻木事亲等历史故事；第四层自右往左为曹子劫桓、专诸刺吴王、荆轲刺秦王等故事；第五层为车骑。

三是善于想象。在表现仙人骑鱼、仙人骑龙、鸟头兽身、人身蛇尾等非现实形象时，武氏祠画像石展现出了令人赞叹的想象力。如武氏后石室的北斗星君图，本来北斗七星并不相连，作者却将其连成一辆车，斗柄三星为车辕，斗身四星为舆，内坐王者。想象大胆，具有浓厚的浪漫主义气息。

四是动感极强。在石面作画，表现人物面部的细微表情有一定困难，因此，武氏祠画像石主要表现人物的动态，强调人物、动物的姿态，或挥舞长袖，或奔驰前进，或展翅飞翔，极具动态之美。

总之，武氏祠画像石将神仙与凡人、天上与人间、神话与现实巧妙地融合在一起。现实主义与浪漫主义的结合，雕工精细，富于动感，在我国美术史乃

艺术瑰宝

至世界美术史上都占有一席之地，不仅对于研究汉代历史、民俗、文化有极高的史料价值，也具有极高的艺术价值。

二、高凤翰

齐鲁画坛历经千百年的沉淀，在清代孕育出一位奇人：他刻的印，时誉很高，扬州八怪中的高翔向他求印也要数年之久；他的左手书法供不应求，连郑板桥也曾仿造过。更令人惊奇的是，两百年后的学者根据他生前画作《博古图》《吸古得深味图》上的题跋，找到了四千年前的大汶口文化、龙山文化的遗址。这位奇人便是扬州八怪中唯一一位北方人——高凤翰。

高凤翰（1683—1749），山东胶州三里河村人，字西园，号南村，又号南阜、云阜，别号有因地、因时、因病等四十余个。清代画家、书法家、篆刻家，扬州八怪之一。不仅郑板桥对他称赞有加，诗坛领袖王士禛也对他的诗作大为肯定。他的诗、书、画、印被人称为"四绝"。五十五岁时因右手病废，书画篆刻全用左手，改号半亭、老阜、废道人、尚左生、丁巳残人等。篆刻宗法秦汉，病痹后用左手挥洒，笔愈苍辣。其书法、绘画、篆刻，不受传统限制，生动而富于妙趣，朴拙中蕴有奇趣，为世人所推重。嗜砚，收藏至千余。著有《南阜诗钞》《砚史》。

扬州八怪，是中国清代中期活动于扬州地区的一批风格相近的书画家的总称，或称扬州画派，多指金农、郑燮、黄慎、李鱓、李方膺、汪士慎、罗聘、高翔。也有学者认为高凤翰等人因画风接近，也可并入。高凤翰作画纵逸不拘成法，反对模古，强调师法自然，又说："眼底名家学不来，晖山石鼓久尘埋。"（高凤翰《题自书草隶册》）"千秋道气关生意，都在青黄紫绿间。"（高凤翰《题藩怕两峰草堂图行乐二绝》之二）

在由右手转为左手作画前后，高凤翰的绘画风格有很大不同。早年多为工整精细之作，未脱传统正宗画格，被誉为"画中十哲""五君子"之一。高凤翰的花鸟画自得天趣，尤其是牡丹，更是自成一派。雍正甲寅年（1734）创作《玉照清辉图》时，高凤翰右手未废，构图圆润饱满，繁茂丰润的牡丹在山石间盛放，绽开的花朵和欲放的蓓蕾疏落有致，画面俯仰呼应，牡丹摇曳生姿。

高凤翰晚年右手病残，以左手执笔，付出了比常人更多的艰辛。在《左臂牡丹图》中高凤翰题云："老病为人画牡丹，吟诗作对一凄然。世间富贵能多少，被尔消磨四十年。"令人欣慰的是，这一转折给高凤翰的艺术生涯注入了新的活力，改左手作书画后，多为写意，古拙天然，不拘成法，老辣雄浑，气韵流动，古趣横生，令后人叹为观止。

牡丹立轴（1748 年左手画）

　　陈师曾评论说："如高凤翰诸人，皆磊落不羁，书卷之气溢于楮墨""自周之冕钩花点叶之体出，则有石田、白阳一派，所谓兼工带写者。至于李复堂、高南阜，则更肆为奇逸""自清初至于道、咸，未能出此范围，而勾勒一派，渐成绝响"。近现代的花鸟画创作，在吴昌硕、齐白石、潘天寿等人的作品中，我们依稀能看到高凤翰"绝响"的影子，足见其影响深远。

　　美术的范围极广，而中国美术尤为繁复，且在世界美术史中独树一帜。中国美术千百年来发展变迁，中间虽然经过摇撼不稳的时期，但其艺术精神是始终一贯的。齐鲁美术作品，作为中国美术史的重要组成部分，无论是汉画像石中体现的绘画、雕刻技艺，还是高凤翰作品的创新、写意意境及线条艺术，都影响深远，具有独特的价值。

第三节　音乐

　　据文献记载，远古时代的齐鲁地区，是东夷部族聚居的地方。距今约四五十万年以前，齐鲁大地上就有了远古人类的活动。保存至今的一批珍贵文物表明，齐鲁自古以来就从不缺乏音乐之美，近年来各地相继发现了新石器时代的音乐文物，其中时间最早的是大汶口文化中晚期，而最著名的则为保存完好的西汉第一编钟。精美的乐器，尽善尽美的《韶》乐与孔子的音乐思想交相辉映，共同构成了异彩纷呈的齐鲁音乐艺术。

一、大汶口文化时期

　　1979 年，山东日照市莒县陵阳河大汶口文化墓葬出土一件泥质黑陶笛柄杯，现藏于山东省文物考古研究所。圆柄中空，呈管状，粗细均匀，喇叭状足。管状柄一端被杯体堵住，一端由底座中间通出。出土时杯部涂朱口，光彩夺目。其独特之处有三：一是杯柄极细，与今山东一带所产竹茎粗细相当；二是杯柄中部饰以两道节棱明显的竹节纹，这在大汶口文化发现的高柄杯中从未出现；三是柄部对侧各镂刻一大小相同、不对称的圆形镂孔。镂孔大小、形状近于现今的横笛。如将杯横置，口对吹孔，手指按堵杯柄的另一孔与底孔，或同时按堵两孔，可以吹奏出 4 个有固定音高的乐音，音域可达五度，可吹奏简单曲调，音色明亮清脆，圆润动听，与现今的口笛或不贴膜的竹笛声音相近。笛柄杯是迄今为止中国发现时间最早，也是唯一的陶质笛类横吹乐器，这对研究东夷地区乃至中国的音乐起源具有重要的史料价值。

　　同年同地，在成年男性墓主骨架右侧还出土一件陶角，现藏于山东省文物考古研究所。陶角质地为黄褐色夹沙陶，形状如同尖的黄牛角，呈弯曲圆锥筒状，角口平齐，表面刻有三组凸弦纹，间以两组凸斜条纹为装饰。吹奏时呜呜作响，声音宏大但较为粗糙。

二、先秦时期

　　齐鲁大地作为孔孟之乡、礼仪之邦，在音乐上也显示出中正雅和的特点。

"尽善尽美"的齐韶乐舞，源远流长的孔子音乐美学思想，影响深远，为我们留下了宝贵的精神财富。

（一）齐韶乐舞

《韶》，又称《大韶》《九韶》《箫韶》等，是我国古代的大型乐舞，据传为上古时期帝舜所作，在《尚书》《左传》《山海经》《论语》等古籍中均有记载。作为中国古代雅乐的代表，《韶》气势恢宏，内容丰富，要求严谨，形式多样，乐器及配器复杂，基本由歌唱、舞蹈、音乐等部分组成，历来被誉为"美哉韶乐，稀世国宝"。《韶》，据传原为"礼仪之乐"，西周王朝沿用《韶》乐舞，并且将之定为"天子礼乐"。因鲁国为周公封国，拥有奏天子礼乐的特权。吴国公子季礼曾经在鲁国欣赏过《韶》，观后称赞：

> 德至矣哉！大矣，如天之无不帱也，如地之无不载也。虽甚盛德，其蔑以加于此矣，观止矣。若有他乐，吾不敢请已。（《左传·襄公二十九年》）

《韶》在齐国得到了新的发展，逐渐发展完善，一改祭祀、礼仪的威严古板面貌，齐《韶》从内容到表演形式都更为丰富活泼，艺术表现力得到提升。齐韶在古韶的基础上进一步发展，逐渐转化为具有较高艺术欣赏价值的观赏性乐舞，成为"尽善尽美"的乐舞典范，焕发出新的生机。

（二）孔子的音乐思想

孔子是我国历史上影响最大的人物之一，被尊称为"万世师表""至圣先师"。孔子不仅是伟大的思想家、教育家，对音乐也颇为精通，鼓瑟弹琴，击磬吹笙，具有极高的音乐素养。孔子曾在鲁国听过《韶》乐，当他来到齐国听到《韶》乐时，惊叹道"尽美矣，又尽善也"（《论语·八佾》）。孔子对齐《韶》乐舞有着很高的评价，《论语·述而》中还记载着孔子的感受与体会："子在齐闻韶，三月不知肉味，曰：'不图为乐之至于斯也。'"在教导颜渊治国之道时曾说"行夏之时，乘殷之辂，服周之冕，乐则《韶舞》"（《论语·卫灵公》）。孔子认为，治理国家，奏乐就用《韶》《舞（武）》，极其看重音乐的教化作用。

"孔子闻韶处"今在山东省淄博市齐都镇韶院村北，根据《临淄县志》记载，相传清嘉庆年间（1796—1820），

孔子闻韶处

艺术瑰宝

于城东枣园村掘地得古碑，上书"孔子闻韶处"。后又于地中得石磬数枚，遂易村名为韶院。至宣统年间（1909—1912），古碑已无下落。本村父老恐古迹湮没无传，故仿原碑于清宣统三年（1911）另立石碑，仍刻"孔子闻韶处"。

孔子对音乐美学的贡献是把音乐的"美"与"善"联系起来。音乐是作为一种艺术范畴的"美"与作为道德范畴的"善"相对应。而道德范畴所包括的，是"仁、义、礼、智、信"等儒家伦理学说。音乐以艺术的形式帮助道德实施其教化作用。道德同时也渗透进音乐，使音乐在"美"的基础上，与"善"融合，最终达到"美善合一"。

此外，在孔子六艺的教育体系中，音乐教育占有重要地位（礼、乐、射、御、书、数）。"子曰：兴于诗，立于礼，成于乐。"（《论语·泰伯》）孔子认为对人思想的启迪，是由诗开始的，是以礼为依据，最后由乐来完成，以此达到修身、正德、陶冶性情、培养品格的效果。孔子让人们掌握音乐的目的，不是"极口腹耳目之欲"，而是用来抒发人的思想感情，陶冶人的情操。他认为音乐有修身养性，以及维护社会秩序的作用，是进行自我教育不可缺少的手段，是培养社会有用人才不可或缺的教育工具，是衡量一个人道德修养和社会统治秩序的尺度。《礼记·文王世子》记载："凡三世教世子，必以礼乐。乐，所以修内也；礼，所以修外也。礼乐交错于中，发形于外，是故其成也择，恭敬而温文。"

孔子认为，音乐的作用十分强大，在教育领域其作用无可替代。"乐教"使人性得以完成。我国著名美学家李泽厚曾指出："教，远非传授知识，讲解义理，锻炼技艺，而重在整体人格的塑造，所以音乐（乐教）重要。乐无关知识、技艺，而直接作用于心灵，陶冶性情。""乐以治性，故能成性，成性亦修身也。"显然，孔子所指的"乐"，并非单纯的音乐，而仍是带有儒家是非道德伦理观念的"乐"。音乐与他的儒家学说以一种特殊的方式结合起来的，同"仁"，同"善"等结合：初步阶段是以"诗"熏陶，接着授以礼制知识，到最后则以一种美学层面的方式——"乐教"的潜移默化实现孔子之"仁"。

孔子的音乐思想是综合儒家各种伦理道德学说，在美学的层面与音乐的交融。他赋予音乐审美以新的内涵，提高了音乐的地位，使之不仅作为娱乐和表情达意的方式，还作为传递其思想、道德、伦理主张的重要形式。道德之美与音乐之美完美融合，人生境界与艺术心情相辅相成。孔子以后，"美善合一"不仅成为齐鲁音乐审美标准，也成为儒家音乐审美的基本原则，影响深远。

三、西汉时期

1999 年至 2001 年初，山东章丘市洛庄汉墓发掘取得重大发现。洛庄汉墓封土面积 4000 平方米，已发现陪葬坑和祭祀坑达到 33 座，为目前汉代诸侯王陵中规模最大的一座。其中 14 号陪葬坑出土编钟、编磬、琴、瑟、鼓、钲、铃等 140 余件乐器，被称之为"乐器坑"。在众多出土音乐文物中，一套 19 件编钟尤其引人注目。这套编钟原悬挂于木质钟架上，分上下两层。上层悬挂 14 件小型钮钟，下层悬挂 5 件大型甬钟。

洛庄 14 件钮钟外观呈长方形，是鼓腹的共鸣体。饰以三角形纹构成的米字形图案，纹饰细密，工艺精湛，内壁在四个侧鼓处有四条长方形音脊。洛庄钮钟继承了战国、秦代钮钟的合瓦形钟体，正鼓音、侧鼓音具有编钟"一钟两音"的音响特性。

洛庄 5 件甬钟外观为竹节形，甬为圆管状长甬，甬钟旋部圆凸，外观呈蒜头状，舞、钲、篆、鼓等部位同样以细密的三角形花纹组成，并由较小的三角形花纹组成较大的米字形花纹。甬钟器形较大，发音较低，与音区较高的钮钟配合演奏，其中有 2 件残损失音。其形制有如下特点：其一，共鸣体为鼓腹，这也是西汉甬钟的体制特征；其二，甬钟内壁有四条音脊；其三，甬钟的甬为竹节形长甬。这也是汉代甬钟常见的形制。

经鉴定，这套洛庄汉墓编钟工艺考究，保存完好，是目前为止国内发现的西汉第一套双音实用型编钟，与战国编钟在形态、花纹等方面有明显区别，被称为"西汉第一编钟"。

早在远古时期，齐鲁地区就已经出现笛柄杯、陶角等乐器。先秦以来，《韶》乐与孔子"美善合一"音乐思想深入人心，影响深远。西汉洛庄汉墓编钟则为我们研究古代音乐提供了重要的实物样本。除本节重点介绍的音乐文物外，齐鲁地区还有不少乐器文物留存下来，包括陶埙、铙、钲、铃、磬、琴、瑟、鼓、笛、笙、箫等，时间跨度从大汶口文化时期直到明清，对于古代音乐史、古代礼仪典制，乃至古代工艺发展史的研究都有着极其重要的意义。

艺术瑰宝

第四节 戏曲

戏曲艺术，是将戏剧文学、音乐、舞蹈、舞台美术等各种形式统一在一起的综合性艺术。齐鲁戏曲，历经百年的孕育、发展和成熟阶段，逐渐形成了多声腔并存，多剧种竞相发展的局面。依据声腔渊源及基本艺术特征，大致可分为梆子腔、弦索腔、肘鼓子腔、民间演唱及说唱等戏曲剧种。这些戏曲剧种既有共同的"齐鲁味道"，又各具特色，构成了绚丽多姿的齐鲁地方戏曲剧种群。

一、地方戏曲剧种

齐鲁的地方戏曲历史悠久，宋元之后，发展迅速，出现了高文秀、张时起、赵良弼等元曲作家。明清时期，更涌现出李开先、贾凫西等传奇人物，戏曲表演上也发展得愈加丰富多样。在充分吸收其他曲艺形式、结合地方方言的基础上，齐鲁地方戏曲逐渐完善，形成了独具特色的剧种。

（一）梆子腔

梆子腔剧种是齐鲁戏曲剧种群中的重要组成部分，在山东大部分地区广泛流传，并有较大的发展。齐鲁地区的梆子腔源于山陕梆子，梆子腔流入齐鲁大地后，与当地方言音调相结合，逐渐衍化发展为本地梆子腔剧种。齐鲁地区的梆子腔，主要有山东梆子、莱芜梆子、枣梆、平调、东路梆子等，流行地区包括菏泽、济宁、临沂、枣庄、泰安、济南、聊城、德州、莱芜等地市。

山东梆子又名"高调梆子"，简称"高调"或"高梆"，因其高昂激越的特点，又被人称为"舍命梆子腔"，主要流行于山东西南部的菏泽、济宁、泰安等地的大部分县市，以及聊城、临沂等地区的广大城镇乡村。因流行区域的不同，各地称呼不一，1952 年统一定称为"山东梆子"，2008 年列入第二批国家级非物质文化遗产名录。山东梆子传统剧目极为丰富，内容以历史题材为主，多为成本大戏，描写反抗强暴、大忠大奸、杀富济贫、锄暴安良等。

《两狼山》取自杨家将故事，是山东梆子优秀传统保留剧目。主要记叙了北宋时期宋辽争战之际，太师潘仁美为帅，命杨继业及杨八郎、杨十郎先行出征。潘仁美为报杀子之仇，设计令杨家父子被困两狼山。危急关头，七郎回朝搬兵救援，潘仁美为报私仇，不仅按兵不动，反而将杨七郎乱箭射死。杨继业久等援兵不到，敌军围困，弹尽粮绝，寡不敌众，撞李陵碑，以身殉国。"北国里萧银宗战表来送"重唱功，是山东梆子中较典型的红脸唱腔，着重刻画角色的英雄之气：

> 北国里萧银宗战表来送——他要夺宋江山发来了大兵。潘仁美在金殿帅印挂定，俺父子作为他马前的先行。我本官杀法勇阵阵得胜，打胜仗三骑马转回了大营。他言讲咱走马把城进，滚木擂石往城下扔。砸坏前胸护心镜，砸断索子勒甲绳。劈子仇恨他要报，要害咱父子丧残生。潘贼传下一枝令，杀不尽斩不绝不叫回营。杀一阵败一阵两狼山动，困得咱里无余粮外无救兵。

选段起腔自由散唱，渲染出悲壮雄壮的气势。然后转而记叙潘仁美的种种恶行，情绪不断深化，后面的节奏慷慨顿挫，旋律高亢浑厚，展现出杨继业的满腔怒火，也凸显出他在困境中不屈的民族大义与英雄气节，具有较高的艺术感染力。

（二）弦索腔

"弦索"，本为北方俗曲清唱时的一种伴奏乐器，类似琵琶但略小，后成为北方俗曲清唱的代称。弦索腔，是指由元明以来流行于民间的俗曲小令发展而成的戏曲声腔类型。齐鲁地区的弦索腔，主要包括柳子戏、大弦子戏、罗子戏等。大弦子戏主要流行在鲁西南、豫东、冀南一带。柳子戏、大弦子戏、罗子戏虽为同属，但各自形成了独特的艺术风格。在流传过程中，人们常有"粗罗子、细柳子"之说。就主奏乐器而言，柳子戏以横笛（曲笛）为主，大弦子戏以锡笛为主，罗子戏以大笛（唢呐）为主。近代以来，弦索腔剧种不同程度地出现衰退，其流行区域与影响也在逐渐缩小。

柳子戏为清初"南昆、北弋、东柳、西梆"四大戏之一，旋律委婉细腻，主要流行于山东济宁、菏泽、泰安及苏、豫、皖、冀等省交界地区三十余个县，又名弦子戏，黄河以北有"糠窝窝""百调子""吹腔"之称呼，是我国传统戏曲古老声腔之一。2006 年列入第一批国家级非物质文化遗产名录。代表性剧目有《白兔记》《金锁记》《孙安动本》《玩会跳船》《抱妆盒》《燕青打擂》《三盗芭蕉扇》等。俗曲曲调委婉曲折，能够表达细腻复杂的思想感情，素有"九腔十八调，七十二咳咳"之称。

《孙安动本》是经过改编的柳子戏传统剧目，原名《徐龙打朝》（又称《三上本》）。作品主要记述了明朝万历年间，张从独揽朝政，毒害人民，祸国殃民。曹州知府孙安参奏，被张从扣下。孙安入京之后孙安上本参奏弹劾，携全家入朝，抬棺上殿，准备以死谏君。无奈，幼主偏信张从，驳回参奏，判斩孙安。黄义德与三朝元老沈理求助定国公徐龙，徐龙持先王御赐的黑虎铜锤上殿，幼主最终赦免孙安：

> 越金阶上殿来，仰天威凛然在，整冠肃衣把王拜。张从误国罪千万，桩桩件件查明白，定为黎民除此害。是与非定要分清，吉与凶置之度外。

"越金阶上殿来"是孙安上场时的唱段，唱词为八句，前两句为"三三"的六字句，中间四句为"四三"的七字句，最后两句为"三四"的七字句，以其铿锵的节奏、刚劲的曲调、浑厚有力的唱腔充分展现出孙安为民请命、为国除害的坚定信念。

（三）肘鼓子腔

肘鼓子腔是在民间流行的花鼓秧歌的基础上，以"姑娘腔"为主要唱调而逐渐发展而成的戏曲声腔。"姑娘腔"又称"巫娘腔"，是明末以来流行于山东地区的民间小调。肘鼓子，也有人称为"周姑子""肘骨子""扭股子""周姑调""肘鼓调""郑国戏"等。齐鲁地区的弦索腔，主要有东路肘鼓子、五音戏、拖腔（灯腔）、茂腔、柳腔等。唱词结构自由灵活，曲调简洁，语言通俗易懂，在各地广泛流传。流向胶东和鲁中北的肘鼓子，分为东、西、北及"本肘鼓"等。东路肘鼓子独成剧种，流行于潍坊、临淄等地；西路肘鼓子发展为五音戏，以章丘为中心，西至济南、历城，东至张店、周村一带；北路肘鼓子形成拖腔（灯腔），流行于惠民、济阳、博兴、广饶等地；"本肘鼓"又发展演变为茂腔和柳腔，茂腔主要流行于诸城、高密、安丘、胶县等地，柳腔主要流行于青岛、即墨、胶州、平度、莱阳一带。

二、由民间演唱和说唱形成的戏曲剧种

齐鲁民间演唱和说唱艺术历史悠久，种类繁多，清代中叶以后，小型地方戏曲剧种蓬勃兴起，显示出强大的生命力，成为戏曲艺术的重要组成部分。源于民间演唱和说唱的戏曲剧种情况较为复杂，唱调各异，相互之间的音乐结构、体式等差距都较大，各具特色。所以，虽然这些剧种的形成途径相近，归于同一类型，但却不是统一独立的声腔系统。

由民间演唱发展而成的剧种都直接或间接地源于民间流行的花鼓、秧歌，主要有两夹弦、一勾勾等。两夹弦至今已有两百余年的历史，主要流行区域包括单县、曹县等鲁西南地区，在豫东、冀北、皖北等地也有流传。一勾勾又叫"四音""四根弦""河西柳"，主要流行于德州、聊城及河北东南部地区。

由说唱发展而来的戏曲剧种主要有吕剧、坠子戏、渔鼓戏、八仙戏、蓝关

戏等。其中吕剧是近百年来发展形成的年轻的地方戏曲剧种。渔鼓戏、八仙戏、蓝关戏是由说唱形式的渔鼓发展而成的小型地方戏曲剧种。清代中后期，说唱形式的渔鼓逐渐发展为戏曲剧种。渔鼓与胶东一带方言结合衍变为蓝关戏。沾化、乐陵等鲁北一带的渔鼓发展为渔鼓戏，临淄地区则形成八仙戏。这些剧种流传范围较小，无专业剧团，且濒临绝迹。

山东快书，在齐鲁地区也较受欢迎。山东快书又名竹板快书，采用站唱形式，以说唱为主，演唱者手执竹板或鸳鸯板，左手击打两块相同的铜板（鸳鸯板）作为伴奏乐器，以快节奏击板叙唱，间以说白，语言节奏性强，基本句式为"二、二、三"的七字句，表演上讲究"手、眼、身、步"。2006 年被列入第一批国家级非物质文化遗产名录。传统书目包括《景阳岗》《东岳庙》《狮子楼》《十字坡》《闹当铺》《闹公堂》《闹南监》《摔杯计》《快活林》《调虎计》《鸳鸯楼》等。在传统山东快书书目中，有关武松故事的唱段占了很大的比重，所以俗称"说武老二"的。

《景阳冈》又名《武松打虎》，是山东快书的经典选段。作品取材于《水浒传》第二十三回"横海郡柴进留宾，景阳冈武松打虎"，流传甚广，深受人们的喜爱。主要记叙武松回家探望哥哥路过景阳冈，不顾酒家"三碗不过冈"的劝阻，在冈下喝了很多酒，上冈后果真遇到老虎，经过一番较量最终打死老虎，从此威名大振。其说唱结合当地方言，极具地方特色：

武松退去十几步，老虎扑到地当央。离武松还有尺把远，武松一见喜得慌。巴不得前忙摁住，两只手掐住虎脖腔，两膀用上千斤力："哎！"把老虎摁到地当央。老虎一扑没有扑着人儿，觉得上边压得慌：哎！怎么还往下压呀？这这这，这多别扭啊，这。老虎没有吃过这个亏啊，老虎不干啦。老虎前爪一摁地。

老虎说：我不干啦。

武松说：你不干可不行啊。

老虎说：我得起来呀！

武松说：你再将就一会儿吧！

老虎说：我不好受哇！

武松说：你好受我就完啦！

老虎往上起了三起，武松摁了三摁。他们两个劲头也不知有多大，这只虎前爪入地半尺还不飘。武松想：它往上起，我往下摁，时间大了我没劲啦，我还得喂老虎啊。武松想到这，左膀猛得一使劲，腾出了右膀用力量，照着老虎脊梁上，恶狠狠地皮锤夯："啊——嘿！"老虎也动不了啦，

艺术瑰宝

直挣歪，只觉着后脊梁骨酸不溜的一阵儿，老虎可没尝过这个滋味啊。老虎可更不干啦，闷儿闷儿的直叫。就听得那个声音真难听啊，好不瘆人。武松把拳头攥得紧紧的，"啊——嘿！""闷""啊——嘿！""闷""啊——嘿！""闷"打完了三下又摁住，抬起脚，奔奔奔儿，直踢老虎的面门上。拳打脚踢这一阵，这只虎鼻子眼里淌血浆。武松打死一只虎，留下美名天下扬！

山东快书采用方言站场表演，道具简单。开场语"闲言碎语不要讲，表一表山东好汉武二郎"，极具地方特色，风格生动诙谐。本选段语言幽默，乡土气息浓厚。尤其是在武松上冈遇见老虎之后，你来我往，一人一虎间的互动十分风趣，在对话与表演中赋予了人物鲜活的性格特征。武松上冈后，由看见告示时的自信、遇见老虎时的心慌，再到与老虎搏斗时的急中生智，人物形象更加真实生动，贴近生活。唱词精练，节奏爽利，动作流畅有力，整段唱词张弛有度，通过生动风趣的说唱，在一人一虎的斗争中将武松的高超技艺刻画得淋漓尽致，成为山东快书最脍炙人口的选段之一。

明清之际，不同的唱腔与齐鲁当地语言和民间艺术相结合，产生了具有地方特色的各种梆子腔、弦索腔、肘鼓子腔剧种。由民间演唱和说唱艺术发展而成的剧种，也在齐鲁各地相继生成，出现了群芳争艳的繁盛局面。齐鲁大地上丰富多彩的戏曲音韵，经过一代代艺术家的浸润与融合，各剧种逐渐形成了自己的经典作品，流传于世。在这些经典作品、经典唱段中，我们始终能感受到戏曲艺术的传承与创新。

结 语

从以上对齐鲁传统艺术的匆匆巡礼可以看出，齐鲁书法、绘画、音乐、戏曲虽然形式不一，但还是有一些共通的艺术特点：一是产生时间早，作为中华文明的起源地，远古时期就已经出现了不同艺术形式的雏形；二是艺术风格豪迈，书法、绘画作品意境阔达，音乐中正宏大，戏曲旋律节奏多铿锵有力，演唱大多高亢明快；三是艺术基调雅正深沉，多关注历史题材，作为儒家思想的发源地，这种"言志""载道"的思想自然也就映射到艺术创作中；四是包容性强，擅于改造，书法、绘画、雕塑等都转学多师，强调兼容并包，吸收多种技艺，外省传入的音乐、曲艺也被改造、融化，具备了齐鲁地方特色。

书法与文字密不可分，在实用功能的基础上，逐渐演变成我国独有的一种艺术形式。古代石刻碑碣，是后代金石学研究的物质基础，是用来补史证史、研究书法、雕刻艺术与文学史不可缺少的珍贵资料。泰山石刻作为天然的书法展览场，记录着整个中国书法的演变历程。先秦两汉时期是中国文字、书法的孕育期与发展期，其中《李斯篆碑》《麃孝禹碑》《张迁碑》《史晨碑》等扮演着极其重要的角色。至魏晋南北朝时期，"翩若惊鸿，婉若游龙"的王羲之书法，秀逸雅正的王献之书法，都独树一帜，影响深远。

中国美术大致可分为四个时期：先秦两汉的滋长时期，魏晋南北朝的艺术融合时期，隋唐五代至宋代的繁荣时期，元至清的沉滞时期。在滋长时期，绘画、雕刻等技艺得到显著发展，尤以汉画像石为代表。齐鲁汉画像石为全国保存较多的地区，其中又以武氏祠为代表，将汉代社会生活与艺术想象巧妙结合，画面条理清晰，雕刻技艺精湛，是研究汉代艺术及社会生活的重要材料。魏晋南北朝时期受域外文化影响较大，唐宋则是中国美术的黄金时代。到了元明清时期，为古法自缚，多模拟。在此艺术沉滞时期，高凤翰等人的艺术创新与实践就显得尤为重要。

齐鲁地区有着古老优秀的音乐传统。作为中华文明的重要源头，无论是乐器文物还是音乐思想，齐鲁地区都是不能绕过的一页。大汶口文化时期的吹奏乐器，先秦时期的齐韶乐舞与孔子美善合一的音乐思想，西汉时期的洛庄汉墓编钟，交相辉映，共同谱写出不朽的音乐篇章。

戏曲在齐鲁地区历史悠久，可追溯至两千多年前鲁国的傩舞、腊祭等活动。春秋时期齐、鲁诸国宫廷出现俳优、女乐。在出土的汉画像石中也能看到汉代百戏的流行。经过宋元时期的逐步发展，齐鲁戏曲在明清时期进入繁盛时期，不同的戏曲逐渐形成规范化的表演程式，梆子腔、弦索腔、肘鼓子腔、民间演唱与说唱形成的戏曲剧种竞相发展，成为中国戏曲艺术中不可或缺的一部分。

总之，书法、美术、音乐、戏曲等各类艺术，虽然形式不一，但都是齐鲁传统文化的重要组成部分，以特定的艺术形态承载、传播了齐鲁文化精神，在中华文明发展史上，发挥了独特的作用，产生了深远的影响，至今仍值得我们为之骄傲。

◎ **思考练习**

1. 欣赏一幅作品

欣赏书画要分清三个层次：一是艺术语言，是作品外在的形式结构，包括形体、画面、色彩、线条等；二是艺术形象，是艺术家审美意象的外在表现形式；三是艺术意蕴，是深藏在作品艺术中的精神内涵。请从这三个层次出发，根据学过的书画知识，欣赏以下绘画作品，概括提炼不同画家的艺术风格，并进行交流讨论。

艺术瑰宝

齐白石《蛙声十里出山泉》 　　　　　　高凤翰《竹菊湖石图》

2. 设计一个徽标

仔细观察下列徽标，请你以我国书画为基本元素，运用所学的书画知识，为班级、专业或学校设计一个徽标，并投票选出自己最喜欢的班徽、校徽。

北京大学校徽 　　　　　　　　北京奥运会会徽

3. 做一张齐鲁音乐考古名片

齐鲁地区历史悠久，请以小组为单位，上网查阅资料，参照下面的示例，为齐鲁地区的音乐考古遗存做一张名片，了解它们的历史与文化。

名称：莒县笛柄杯

时间： 1979年山东日照市莒县陵阳河大汶口文化墓葬出土

形态： 通高16.4厘米，柄高8.4厘米，口径6.7厘米，足径6.0厘米

特点： 杯柄极细；杯柄中部饰以两道节棱明显的竹节纹；柄部对侧各镂刻一大小相同、不对称的圆形镂孔，可以吹奏出4个有固定音高的乐音，音域可达五度，可吹奏简单曲调，音色明亮清脆

价值： 迄今为止中国发现时间最早，也是唯一的陶质笛类横吹乐器

4. 做一次词作家

我国传统戏曲种类繁多，齐鲁地区的戏曲也极为丰富。清代刘鹗就曾在《老残游记》中对梨花大鼓进行过细致的描写，令无数人在其绝妙的文字中品味着王小玉绕梁三日的梨花大鼓。请你上网查询相关资料，看一出家乡的地方戏，品味齐鲁戏曲的艺术韵味。

传统戏曲也是我们宝贵的艺术源泉，许多文学家、艺术家都从中汲取养分，获取艺术灵感。王力宏《花田错》、周杰伦《霍元甲》、李玟《刀马旦》、李玉刚《新贵妃醉酒》、屠洪刚《霸王别姬》等，或取材于戏曲故事，或取材于戏曲唱词，或借用戏曲声腔。请将自己喜欢的戏曲故事、戏曲唱词改编成现代歌词，在课堂与同学分享，感受戏曲艺术的魅力。

◎ **资源链接**

参考书目

1. ［唐］房玄龄等撰：《晋书》，中华书局1974年版。

2. ［明］查志隆撰：《岱史》，《续修四库全书》本。

3. ［明］李日华：《六研斋二笔》，景德镇陶瓷学院、中国陶瓷文化研究所编：《中国古代陶瓷文献影印辑刊》第11辑，世界图书出版公司广东有限公司2013年版。

4. ［清］杨宾：《大瓢偶笔》，浙江人民美术出版社2012年版。

5. 宗白华：《美学散步》，上海人民出版社1981年版。

6. 山东省博物馆、山东省文物考古研究所编：《山东汉画像石选集》，齐鲁书社1982年版。

7. 叶朗：《中国美学史大纲》，上海人民出版社1985年版。

8. 杨伯峻：《春秋左传注（修订本）》，中华书局1995年版。

艺术瑰宝

9. 李泽厚：《论语今读》，安徽文艺出版社1998年版。

10.《十三经注疏》整理委员会整理：《论语注疏》，北京大学出版社1999年版。

11. 徐复观：《中国艺术精神》，华东师范大学出版社2001年版。

12.《中国音乐文物大系》总编辑部编：《中国音乐文物大系（山东卷）》，大象出版社2001年版。

13. 启功：《启功丛稿》，中华书局2004年版。

14. 鲁迅：《汉文学史纲要》，人民文学出版社2005年版。

15. 蒋勋：《写给大家的中国美术史》，三联书店2008年版。

16. 李泽厚：《美的历程》，三联书店2009年版。

17. 祁小春：《山阴道上——王羲之研究丛札》，中国美术学院出版社2009年版。

18. 陈师曾：《陈师曾讲中国绘画史》，凤凰出版社2010年版。

第九章
民俗文化

　　齐鲁民俗源于东夷民俗，又深受儒家文化影响，具有鲜明的礼义特征，其内涵非常丰富。以鲁菜和各地地方小吃为代表的饮食民俗，与生产和生活密切相关的岁时节日，作为人生重要转折标志的婚丧礼俗，还有关乎民众生存的生产贸易民俗，以及融生活需求、艺术观赏和休闲娱乐于一体的民间工艺民俗，均具有鲜明的地域特点。大致而言，齐国重工商渔业，鲁国重农耕与礼乐，二者相互影响、交融，共同构成了齐鲁民俗文化。

第一节　饮食民俗

"民以食为天"，齐鲁饮食民俗丰富多样，地域特色鲜明。鲁菜及特色地方小吃，堪称齐鲁饮食民俗的代表。

一、鲁菜与鲁菜文化

齐鲁之地位于黄河下游，气候温和，河流、湖泊、丘陵、平原和大海，赋予鲁菜丰富的食材品种，其中果蔬、禽畜、海鲜、淡水河鲜、菌菇、干制珍品等皆可入菜。周代以来，鲁国都城曲阜和齐国都城临淄，均逐步发展为繁华的城市，饮食业非常发达。

管仲辅佐齐桓公治齐时，主张通过饮食行业来刺激消费，扩大就业，增加人们的收入，"饮食者也，侈乐者也，民之所愿也。足其所欲，赡其所愿，则能用之耳"（《管子·侈靡篇》），并讲究上菜顺序等饮食礼仪："置酱错食，陈膳毋悖。凡置彼食，鸟兽鱼鳖，必先菜羹。羹敊中别，敊在酱前，其设要方。饭是为卒，左酒右浆。"意思是说，先上蔬菜羹汤，再上鸟兽鱼鳖等肉食。汤羹与肉食间隔排列，肉食摆在酱食的前面，席面要摆成正方形，主食要在最后上，桌子左面摆酒，右面放置清口用的浆。

孔子不仅是伟大的思想家、哲学家、教育家，也是一位美食家。《礼记·乡党篇》中，孔子阐述了饮食卫生、饮食与养生、火候、刀工、调味、礼仪等方面的观点，张岱在《老饕集序》中说："中古之世，知味推孔子，食不厌精，脍不厌细。'精细'二字，已得饮食之微。至熟食，则概之失饪不食；蔬食，则概之不时不食。四言者，食经也，亦即养生论也。"

从出土的诸城汉代庖厨画像石来看，上面绘有精细的"庖厨图"，图中有半成品食物架、宰牲、烹制、酿造等，上部分是半成品食物架，悬挂着龟、鱼、兔、猪等食物。右边是杀鱼、牛、羊、猪、狗、鸡、鸭等场面。还有烹制和做炊羹的场面，有打水、劈柴、烧火、和面、蒸煮、

山东诸城汉墓前凉台画像石

熏烤等场面。

此外画面上还有不少活的鸡、鸭、鹅、狗等动物。画中人员各有分工，各司其职，有条不紊，四十多个人着装统一，佩戴统一的帽子。还有对违反厨房纪律的人的惩罚，图像上绘有一人坐卧于地，一女子手执烹勺打他，还有人手举棍棒在打他。山东省博物馆中陈列着两个栩栩如生的汉代厨夫陶俑像，一位是正在杀鱼手执尖刀的厨师，另一位是正在和面的厨师，动作非常熟练。

北魏益都（今属山东寿光市）人贾思勰所著《齐民要术》，总结南北朝时期黄河中下游齐鲁地区的食物加工技术有酿、煎、烧、烤、煮、蒸、腌、炖、糟等，调味技术有盐、豉、醋、汁、酱、酒、蜜、椒等。还介绍了"炙豚"（烤乳猪）、"蜜煎烧鱼"等菜品的制作方法。唐朝临淄（今属淄博市）人段成式在《酉阳杂俎》中，也记载了当时鲁菜的烹调水平："无物不堪食，唯在火候，善均五味。"又说："进士段硕尝识南孝廉者，善斫鲙，縠薄丝缕，轻可吹起，操刀响捷，若合节奏，因会客炫技。"强调火候、滋味及刀功之精，甚至于肉丝细到遇轻风可吹起的地步。

宋代都城汴京（今河南开封市）、临安（今浙江杭州市）的北食即以鲁菜为代表。南宋曾三异《同话录》中记载，在泰山庙会上，"有一庖人，令一人袒被俯偻于地，以其被为刀几，取肉一斤，运刀细缕之，撤肉而拭，兵被无丝毫之伤"。可见其刀工的纯熟。明清时期，大量齐鲁籍厨师进入宫廷，使鲁菜得以进一步发扬。民国时期，山东福山经营饭馆有道，名厨辈出，成为当时京师餐饮业的重要力量。当时北京的"八大楼""八大居"等著名饭庄都是福山人开的。

多样的气候与地理特色，又使齐鲁饮食呈现出不同的区域特点，如古运河地区、沿海地区、鲁中内陆地区的饮食民俗，各具特色。其中源于齐鲁的鲁菜，饱含着浓浓的齐鲁风味，是中国传统四大菜系之一，也是历史悠久、技法高超、有较高难度、最见功力的菜系之一。鲁菜最早始于春秋时期，主要类别有济南菜、孔府菜、胶东菜、博山菜，最经典的十大鲁菜为：德州扒鸡、红烧大虾、九转大肠、葱烧海参、清汤柳叶燕菜、四喜丸子、坛子肉、糖醋鲤鱼、一品豆腐、油爆双脆。鲁菜口味鲜香脆嫩，突出原味，以咸鲜为主，讲究原料质地优良，讲求烹调火候精湛，有"食在中国，火在山东"之称。精于制作汤品，善于烹制海味，讲究饮食排场和礼仪，要有尊贵礼序，待客豪爽，正规筵席有严格的配菜要求，要讲求中和五味、口味清淡，要满足多数人口味，食者要在饮食中品出味道，品出感觉，这是鲁菜所包含的生活哲学。

二、地方小吃

地方小吃不仅是人们对美味和生活的美好追求，也最能体现当地人特殊的饮食趣味，能够反映当地的物质文化及社会生活风貌，是地域民俗文化的重要载体。单县羊肉汤和临沂糁是最有代表性的两种齐鲁地方小吃。

（一）单县羊肉汤

单县羊肉汤是山东菏泽地区的特色传统名吃，有200多年的历史，羊肉汤的特色为"色白似奶，水脂交融，质地纯净，鲜而不膻，香而不腻，烂而不黏"，是中国为数不多的以汤入中华名食谱的特色地方小吃。民间有"来菏泽而不品单县羊肉汤，等于白来一趟"的说法。

单县羊肉汤采用青山羊肉加白芷、桂皮、花椒炖煮乳汤。羊肉汤颜色乳白，味道鲜美，不油不腻不膻。依羊肉不同部位，又可分为多种。著名的有"天花（羊脑）汤"，健脑明目，适合老年人和神经衰弱者食用；"口条汤"，壮身补血，最适合病愈大补；"肚丝汤""眼窝汤"肉烂如泥。还有"三孔桥汤""马蜂窝汤""腰花汤""唧唧菜汤""肺叶汤""肥瘦汤"等70多个品种。单县羊肉汤之所以能成为中华名吃，与独特的制作工艺、当地优质的青山羊肉和水质分不开。因而深受当地人和来往旅客的喜爱，也有许多人慕名前来品尝，并成为招待亲朋好友和重要外宾的特色名吃。齐鲁在历史上还是中医发达的地区，史籍记载最早的名医扁鹊、仓公都出自这里。依照中医冬病夏治的理论，伏天喝辛温大热之羊肉汤，还是重要的食疗养生妙招之一。故单县羊肉汤也堪称地域特产与地域文化完美结合的典范。

（二）临沂糁

临沂糁进入山东省第三批省级非物质文化遗产名录，是临沂传统饮食文化中著名的小吃。糁有牛肉糁、羊肉糁、鸡肉糁等，主要原料是用牛（羊、鸡）肉，和麦米、面粉，再辅以葱、姜、盐、酱油、胡椒粉、醋、香油、五香粉等佐料，制作而成，工艺精细复杂。

汉代刘向《说苑·杂言》记载："七日不食，黎羹不糁。"《庄子·杂篇·让王第二十八》记载："孔子穷于陈蔡之间，七日不火食，藜羹不糁。"《墨子·非儒下》载："孔子穷于陈蔡，藜羹不糁。"《礼记·内则》记："糁，取牛、羊之肉，三如一，小切之。与稻米二，肉一，合以为饵，煎之。"清朝康熙年间《沂州志·秩》中"糁食"即为16种饮食之一。糁汤又名"肉粥"，据说是古代西域人的餐食，唐朝时传入内地。相传元朝大都的一对回民夫妇来临沂经营糁店，当时叫"肉糊"，后流传开来，明朝时定名为"糁"。1949年前，临沂城有8家有名的糁铺，其中以黄、刘、吴三家的鸡肉糁和陈玉山牛肉糁最有名。1946年陈毅进驻临沂时，常去黄家糁铺喝糁汤。如今临沂市著名的糁铺已有几十家，中小型糁铺更是遍布市内的各个角落；此外临沂糁铺已向外地传播，在上海、青岛等地的一些大型饭店，也可以品尝到临沂糁。

"糁"的制作一般分选料、制汤、成糁三步，以鸡肉糁为例，选料包含肥老母鸡肉、麦米、葱、姜、五香粉、盐、面粉等。糁汤有黑糁和白糁之分，黑糁是因为里面加了黑胡椒，汤色黑，汤浓，口味鲜美、香辣、醇厚。白糁里面不放胡椒或放入白胡椒，汤色微黄，汤比"黑糁"稀。糁汤根据其配料和营养价值的不同，有三十余类，共一百多个品种，可以适应多种营养需要和不同口味。综合味的糁，鲜香微辣，因含有中药成分，又稍有淡淡的药香，食后舌下生津。甜味糁，香甜爽滑。临沂糁适宜气血不足、阴虚者食用。

与临沂糁的发展相关，还有不少美丽动人的民间传说。据传，东晋时一对穷困潦倒的外地夫妇逃荒来到临沂，当时的大书法家王羲之看到他们非常可怜，就经常接济他们，夫妇二人非常感动，无以为报。有一次，王羲之病了，二人觉得报恩的机会来了，就把家中留着下蛋的唯一一只母鸡杀了做汤，并在汤里加了一些普通的驱寒中草药。本想把鸡煮得烂一些，可看火的丈夫睡着了，不想汤就煮了一整夜。第二天，看着煮得黑乎乎的鸡汤，妻子很生气，可家里又没有其他东西，只好把煮"糊"的鸡汤送给了王羲之。再说王羲之本来卧病在床，吃了中药病也略有起色，但口干舌苦，没有食欲，看着送来的鸡汤，又不好意思拂了人家的一番好意，就盛上一碗尝了尝，没想到这一喝，顿时神清气爽，病好了大半，一时兴起，随手提笔写下"米参"二字，意思是米中人参。到了后来，后人就把它称作"糁"。王羲之出生于公元303年，公元317年即随族人南渡，此后一直生活于南方。这个故事借名人抬高小吃的特点非常明显。

又传说当年乾隆微服私访至沂州府，厌倦宫中膳食，于是从本地找来老厨师做菜，席间一盆甲鱼汤味道鲜美，于是传来老厨，问曰何菜，老厨答曰"甲鱼糁"，但说不出由来。尴尬之际，机灵的和珅打圆场说："此乃味三鲜温河甲鱼糁，此糁取温凉河之泉水加牛骨大火熬开，再加麦仁、甲鱼小火熬一个时辰，佐蒙山松菇继续熬制，集天、地、水一体，三鲜一绝，强筋壮体，童叟皆宜。"结果乾隆龙颜大悦，嘉赏老厨，还即兴赋诗一首："遨游千里客渔家，膳味三鲜温河糁。四海升平万民乐，万国来朝映彩霞。"从此，甲鱼糁更是闻名遐迩。连徐州、宿州、砀山、夏邑等地，也流传着许多糁汤的民间故事，可见糁汤的传播和接受范围之广。

齐鲁特色小吃品种繁多，如清油盘丝饼、油旋、锅贴、灌汤包、糖醋煎饼、水饺、春饼、五仁包、荠菜春卷、八批果子、玫瑰糖炸糕、鸡丝馄饨、长清大素包、民众煎包、银丝卷、济南米粉、福山拉面、景芝金丝面、单县羊肉汤、蛋酥炒面、鱼肉水饺、豆汁粥、鸡丝伊府面、潍坊朝天锅、荷叶粥、菜煎饼、八宝茶汤、瓜苔、石子旋饼、杠子头火烧、泰山豆腐面、蓬莱小面、梨

民俗文化

丸、龙凤炒饭、黄县肉盒、芙蓉烧卖等。这些名小吃，极大地满足了人们味蕾，也从饮食这一独特的层面，丰富了齐鲁传统文化的内涵。

三、日常主食

齐鲁人喜咸辣，青岛、烟台等沿海地区口味较咸，日常饮食中爱吃汤面、高压馍、包子、发面饼、锅饼等。泰安地区夏季吃麻酱凉面，冬季爱好汤面，普遍多喜欢大葱、豆腐、小豆腐和粉皮，还喜欢豆芽、黄瓜等小菜。临海的青岛、烟台、蓬莱喜欢海味，有吃鱼肉馅饺子和用京酱做鱼的习惯。大众化的主食主要有如下的几种。

（一）煎饼

煎饼从制作方法上分摊煎饼和滚煎饼，从颜色上分白煎饼、红煎饼、黄煎饼、黑煎饼；从食料上分麦子煎饼、高粱煎饼、玉米煎饼、红薯煎饼、芝麻煎饼、椒叶煎饼、菜煎饼等；从口味上分咸煎饼、酸煎饼、甜煎饼等。清代蒲松龄《煎饼赋》中说：

> 煎饼之制，何代斯兴？溲合米豆，磨如胶饧。扒须两歧之势，鏊为鼎足之形。掬瓦盆之一勺，经火烙而滂溥。乃随手而左旋，如磨上之蚁行。黄白忽变，斯须而成。卒律葛答，乘此热铛。一翻手而覆手，作十百于俄顷。圆如望月，大如铜钲。薄似剡溪之纸，色似黄鹤之翎。此煎饼之定制也。若易之荍屑，则如秋练之辉腾。杂之以蜀黍，如西山日落返照而霞蒸。夹以脂膏相半之豚胁，浸以肥腻不二之鸡羹。晨一饱而达暮，腹殷然其雷鸣。备老饕之一啖，亦可以鼓腹而延生。若夫经宿冷氉，尚须烹调。或拭鹅脂，或假独膏。三五重叠，炎燂成焦。味松酥而爽口，香四散而远飘。

可见清初鲁中地区煎饼已相当普及，烹制技术也已非常讲究。

（二）馒头

馒头是齐鲁传统常见食物，圆形蒸熟的面团俗称"饽饽""馍馍""馒头""馍"等。还有方形刀切的"卷子"，有白面卷子、玉米卷子等。有的馒头里包上熟黄米或熟白糯米称"饽饽糕"或"糕饽饽"。过年时喜欢蒸一种插满红枣的"枣山"或"枣馍"，造型美观，多用于祭祀。

（三）饼和火烧

饼的种类较多，有像锅盖大的锅饼，香脆的葱油饼，硬面的火烧，酥香薄脆的周村烧饼、香甜咸的曹州烧饼、层数繁多的千层饼、包馅的馅饼（菜馅）等。火烧以曹州火烧、夏津宋楼火烧、潍坊肉火烧等最为有名。

（四）面条

面条因制作方法和配料不同，种类多样，有沿海的虾面、鱿鱼面、蛤蜊面，也有鸡丝面、家常葱花面、泰山豆腐面、福山面等。

（五）包子（锅贴）、饺子等

包子分素包子和荤包子。根据制作方法分烫面包子、发面包子和冷面包子。著名的有济南便宜坊的三鲜锅贴、济南草包包子和什锦素包、济宁回民店的羊肉煎包、聊城孟家汤包、青岛对虾小笼包、泰安油煎包、临清烧卖和徐家煎包、高密炉包、宁津长官镇牛肉大葱包等。

饺子是齐鲁人的美食，俗语有"好吃不过饺子"之说。按馅材可分为鲅鱼饺子、虾仁饺子、羊肉饺子、荠菜饺子、白菜饺子、芸豆饺子、萝卜饺子、三鲜饺子等。按烹制方法，又有水饺和蒸饺。

齐鲁民众创造了独具地方特色的菜品和小吃，在以美食满足人们食欲的同时，也对生产和生活起到了调适作用。因此，在日常饮食中，不仅融入了人生智慧，也体现了历代齐鲁人的审美观和创造力。

第二节　岁时节日

中国文化根据日月运行、星象转移、自然物候变化等自然时间，将一年分为十二个月，又分春夏秋冬四季及二十四节气，将对自然时间的探索与认识，用于指导和规范日常生活，从而形成了丰富的节日庆典。齐鲁作为中国文化的代表性区域，在节日庆典方面，既遵从自然时序的普遍规律，又拥有自身的独特人文特点。

一、节日的形成

我国农业文明成熟较早，因此对自然的依赖较强。故古人很早就开始了对自然物候变化的探索，草木荣枯、谷熟果实、候鸟来去、鱼潮流动等等，都成为他们关注的重点。法国汉学家谢和耐认为："这些节日不仅可以作为季候转换的标志，从而使时间被人看重，而且还表达了对生活的某些确定理解。"（《蒙元入侵前夜的中国日常生活》，北京大学出版社，2008 年版。）在这种对时间的深切感知和把握中，关键性的时间节点逐渐受到特别的重视，成为传统节

民俗
文化

日。节日活动既包含了先民对时间的认识，也体现了他们对生活与人生的深刻理解。

节日包含着自然时序与社会人文活动双重内容，具有自然与人文双重的属性。在历史发展的递进过程中，这两种不同的属性及文化含义有着强弱不同的表现。在中国民众中，节日有着很强的时间体验特征，以特有的仪式与方式表现了对时间变迁及轮回的敬畏、认知、纪念与庆祝。一般来说，节日在人类发展的早期以自然属性为主，随着人类社会生活的丰富，节日的社会人文属性相应加强，并逐渐占据主导地位，但其自然属性并没有因之消失。这一普遍规律同样适用于齐鲁节日。

二、春天的节日

"一年之计在于春"，立春、春节、元宵节、二月二、寒食节这些春天的节日，人们通过祭祀、庆贺、走亲访友、馈赠礼物、郊游等仪式和活动，寄托对新的一年的美好愿望。

立春

立春，俗称"打春"。立春是中国古代重要的节日，民间会举行打春牛、迎芒神等仪式。《济南府志》记立春"作五辛盘，俗名春盘，饮春酒，簪春花，里人、行户扮为渔樵耕诸戏剧，结彩为春楼，而市衢小儿，着彩衣，戴鬼面，往来跳舞，亦古人乡傩之遗也"。《商河县志》载："土牛南向，芒神西向，安神礼毕。"民众则会围观打春牛、迎芒神仪式。现在打春牛的习俗已经不多见，立春已经成了春天到来的标志。

春节

春节又叫"过年""过大年"。从除夕到正月初十，甚至到正月三十都属于"年"的范围。许多日子都带有"年"字，如除夕叫"年除日"或"年三十儿"，除夕夜叫"年五更"，正月初一至初三，也都是春节重要的一部分。年前有繁忙的备年工作，俗称"忙年"，包括扫屋、赶年集、置新衣、备年货、蒸馒头、做年糕等。已婚者要给双方父母送年货，即古代的"馈节"习俗。

年除日（除夕）。年除日为旧年最后一天，也是过年最忙碌的一天，这天要贴春联、贴窗花、祭祖、吃年夜饭、守夜等，以前还有贴年画习俗。大年夜有燃放烟花爆竹的习俗，但现在因为空气污染等问题，许多城市对燃放时间加以限制，如除夕到正月十五。农村地区流行在院了里撒芝麻，俗有"撒岁""踩岁"的习俗，也是借用了"芝麻官""芝麻开花节节高"的吉祥寓意。

年夜饭一般以吃水饺为主，水饺在不同地区种类不同，有素、荤两种，有些在饺子里面包上硬币、红枣、粟子、糖等，寓意新一年发财、早起、大吉大利、生活甜蜜等寓意。大年夜还有一些禁忌，要说吉利话，不打骂孩子，不高呼孩子的小名等。泰安、招远等地的供品水饺一律用素馅，希望新一年生活素静，闲气不生。

大年初一、初二、初三。大年初一是新年的第一天，古代称元旦、元日、朔日、正日等。迎新仪式大多从大年夜子时开始。大年初一的主要活动是祭祀、祭天地、祭祖先，并燃放鞭炮，吃新年水饺，然后便是出门给长辈拜年。许多地区大年初一有地方曲艺表演。正月初二，不再禁忌劳作，可出门走亲戚，以前各地走亲戚的时间和顺序不一样，如有的"初二姥娘初三姑，初四初五看丈母"，现在一般在初二或初三"回娘家"。胶东地区正月初二晚上送年，要包水饺、摆供、焚香、烧绕、放鞭炮，临清地区正月初二祭财神，尤其商家更为重视，有时亲戚朋友、邻居前来祝贺，主人盛情接待。

元宵节

正月十五为元宵节，是道教的上元节（七月十五中元节，十月十五下元节），也是春节之后的隆重节日。元宵节活动主要是放灯、燃灯、猜灯谜、放烟花。齐鲁各地的花灯，种类繁多，各具特色。每年全家人一起逛花灯是人们期盼已久的乐事。威海、荣成有捏生肖灯的习俗，林桂莲老人的两套十二生肖灯作品分别被中国美术馆和山东美术馆视为珍品收藏。滕州"打花"绝技令人惊叹，用铁锨端着滚烫的铁水，向树林中扬洒，火树银花，飞珠溅玉，令人拍手叫绝。

元宵节还有锣鼓、舞狮子、踩高跷、跑竹马、撑旱船、戏曲表演等。许多民间传说、历史故事、新人新事等纷纷搬上了文化表演的舞台。许多地区还举办热闹繁华的庙会，集消费、娱乐、游玩、烧香等于一体。还有做元宵、送元宵和吃元宵的习俗。有些地区元宵节这天制作"花树"和"花姑娘"。一些地区还在正月十六日这天接出嫁的女儿回娘家，俗称"叫闺女""叫客（kei）"。

二月二

二月初二，意味着春节到此正式结束，一年的日常生活正式开始了。原济南府所属地区称之为"青龙节""龙头节""春龙节"。齐鲁旧俗二月二有引钱龙、打灰囤、煎饼熏豆等习俗，现在这些习俗多已不见，只有炒蝎子爪、理发等习俗。"炒蝎子爪"也称炒糖豆，即用黄豆炒制，味道多为甜，也有咸的。甜的豆粒外粘上糖面，咸的提前用盐水浸泡。

二月二理发，源于古时多在二月二这天理发，人们认为在二月二这天剃头，会像龙一样从冬眠中醒来，所谓"二月二，剃龙头"，图个新年好兆头。古时二月二也是小孩入学的日子，年过完了，孩子们开始正常的读书生活，加上农历二月初三是文昌神的诞辰，而古代文昌神是保佑士子读书高中、当官食俸禄的神，古代孩子入学后第二天，有祭拜文昌神的仪式，以保佑孩子们学业有成。

寒食节、清明节

寒食是冬至后第 105 天，清明在春分后第 15 天，也称"大寒食"，既是节气，也是节日。齐鲁大多数地区将寒食、清明合二为一，有扫墓祭祖、冷食、插柳、踏青、打秋千、放风筝、斗鸡蛋等活动，胶东地区还有蒸面燕风俗。其中扫墓是一项重要活动，给坟墓添新土，说是给祖先修屋，以防夏季雨大漏水。打秋千、放风筝、斗鸡蛋等，则是儿童喜欢的节日活动。

三、夏天的节日

炎热的夏季，人们通过各种习俗和信仰来度夏，使炎热的夏季充满一丝趣味。

立夏

立夏是二十四节气之一，标志着夏季的开始。齐鲁农谚有"立夏看夏"，立夏有尝新、斗蛋、吃鸡蛋等活动。

浴佛节

四月初八为浴佛节，传说这天是佛祖释迦牟尼的生日，是重要的佛教节日。佛教寺庙、佛教僧徒和信众有灌佛浴佛的礼仪。

端午节

五月初五端午节，又称端阳、端五、重午、端节、天中节、女儿节、诗人节等。齐鲁所有地区都有插艾、戴艾习俗，有民谣说"端午不插艾，死了变个大鳖盖"。妇女用香药（白芷、山奈、艾叶等）缝成香荷包，送给小孩和亲戚朋友。还有吃粽子、鸡蛋及送粽子和鸡蛋的习俗，多包枣粽，有白米和黄米两种。以前端午节还有撒雄黄、饮雄黄酒，祭蚕姑仪式，但现在这些仪式已不多见。

过半年

六月初一为半年节，或称"小半年""小年下""过小年"。临沂、滕州、曲阜等地有摆供敬天仪式，邹平在这天还要祭祖。

夏至

夏至太阳运行至黄经 90 度，是白昼最长的一天。从这天开始，白昼将逐渐变短。夏至后天气渐热，齐鲁人喜吃面条，俗有"冬至饺子夏至面"的说法。莱阳、龙口地区夏至有煮食新麦的习俗。

四、秋天的节日

秋天是收获的季节，也是民众感恩、祭祀、尝新、庆贺，并祈求来年丰收的时节。

立秋

立秋是二十四节气之一。立秋在三伏末，天气仍然炎热。立秋意味着进入秋天，期盼着秋天有一个好收成。立秋这天有许多预测秋收的信仰活动，齐鲁大多数地区人们吃面条、水饺或"小豆腐渣"等庆祝立秋。民间认为立秋后阴阳转换，一般不再到河里洗澡，也不再吃西瓜、甜瓜等凉性食物，这也符合饮食养生的规律。

七夕

七月初七是七夕节，也称"乞巧节"。民间传说七夕是牛郎织女鹊桥相会之日，是中国特色的"情人节"。胶东大部分地区有七月初六过七夕节的习俗，如谚语"招远人，性子急，拿着初六当初七"。以前女子用瓜果祭牛郎织女，女孩乞巧，盼望能提高纺织技术，织出美丽的锦绣。威海妇女供牛女图，捉蜘蛛盖在碗下，待天明后由蜘蛛结网预测乞巧的效果。还有穿乞巧针，供乞巧果、看巧云的习俗。

中元节

农历七月十五中元节，是道教三元节之一。传说这一节日城隍出巡，要祭祀先祖和孤魂，故又有"鬼节"之称。中元节祭祖至今在山东的城市和乡村还很普遍，祭品以瓜果和水饺为主。龙口的祭祀保留了佛教盂兰盆会的习俗。广饶、淄川等地将祖先请回家祭祀，邹平地区还祭祀农神后稷。以前齐鲁还有放河灯习俗，主要是祭祀意外死亡的孤魂野鬼。

中秋节

八月十五中秋节正值"八月半"，也称"仲秋节"，正值月圆之时，也有"团圆节"之称。中秋节伴有吴刚伐桂、嫦娥奔月、玉兔捣药等动人传说。中秋节与古代的祭月、拜月、赏月习俗密切相关。中秋夜人们陈瓜果、月饼等，在庭院祭天、赏月，"八月十五月儿圆，石榴月饼敬老天"。月为阴性，故齐鲁有"男不拜月，女不祭灶"之说。以前中秋节自制自食月饼，或馈赠长辈亲友。人们祭月、拜月祈求一年平安。泰安一带有中秋节看闺女风俗，如今祭月、拜月、赏月习俗已淡化，中秋节更多的是家人团聚，品月饼，叙亲情。

重阳节

农历九月初九为重阳节。齐鲁民间做花糕，寓意"吉祥如意，百事皆高"。单层糕把枣栗等插在面上，并插上五色小旗，称"花糕旗"，双层糕把枣栗等果品夹在中间，有的在花糕上塑两只羊，有"重阳（重羊）之象"。花糕除了自食，还用于馈赠。泰山一带重阳节登山上香，给泰山老奶奶换棉衣（农历三月二十八登山上香换单衣）。以前染坊九月初九祭祀染布缸神，酒坊祭酒缸神杜康。现在重阳节主要有登山、赏菊、敬老等活动。

民俗
文化

五、冬天的节日

冬天是一年之终，也是难熬的时节。民间用祭祀、消寒的方式度过寒冷的冬天，祈盼温暖春天的到来。

寒衣节

十月初一是三大冥节之一，又称"寒衣节"，齐鲁有在这天上坟、添土、祭祖的习俗。即墨一带在寒衣节前一天，儿孙上坟添土，并用衣服兜土，兴旺后人。节日一早，再去坟上祭祖。

冬至

古代俗有"冬至大如年"之说，民间又叫"长至""冬下"。冬至昼最短夜最长，以后白昼渐长。冬至开始，进入严寒时节，古代有"九九消寒图"，即梅花上画81个花瓣，每天用红色涂一瓣，涂完则出九，迎来温暖春天。有些地区还举行"却寒"酒会，叫"消寒会"。齐鲁地区多吃饺子，俗有"冬至饺子夏至面""不吃冬至饺子，冻掉耳朵"的说法。民间还通过测冬至天气，预测当年冬天冷暖及来年丰歉。

腊八节

腊月初八为腊八节，是为了纪念佛祖释迦牟尼得道成佛的日子，佛教也称"成道节"。腊八节时，齐鲁家家户户煮腊八粥，腌腊八蒜。临沂一带称"七宝粥"。寺庙有腊八化缘习俗，也有些人家腊八这天施粥、施豆腐等。现在寺庙多在这一天施粥。

小年

腊月二十三为祭灶日，也称"过小年""小年""小年节"。这天主要活动是夜晚祭灶，送灶神上天言事过年，又称"辞灶""送灶"。齐鲁大多数地区祭灶时，将灶神画像贴在厨灶旁的墙上，摆糖瓜（麦芽糖制成的）、点心、柿饼、黏糕等甜黏食品，寓意黏住灶王的嘴，"二十三，糖瓜黏"，让灶神"上天言好事，回宫降吉祥"。举行辞灶仪式时，全家人跪拜磕头，烧掉以前的灶王像和纸马，并祈求来年丰收。小年以后，开始了"忙年"准备：扫屋、蒸馒头、杀鸡宰猪、备年货等。辞灶后，诸神上天，百无禁忌，有些避忌的事可以在这几日完成，俗有"乱岁"之称。

岁时节日充分利用春生、夏长、秋收、冬藏的自然周期规律，形成了一系列的节日庆典活动。既达到了合理安排世俗事务、丰富民众文化及娱乐生活的目的，也使人们在紧张的劳作中获得暂时的放松，在一张一弛中，使体力和精神两方面都得到有效的调节。节日还凝聚着许多美好的情感和愿望，也是中国文化"天人合一"哲学的具体体现。

第三节　婚嫁与丧葬民俗

　　齐鲁婚嫁民俗包括婚姻形态和婚姻仪礼两个方面，体现了齐鲁特殊的家族组织与社会关系。丧葬民俗是生者与逝者的告别仪式，葬礼既表达生者对逝者的哀悼，也是逝者从"阳世"到"阴间"人生旅程的转换仪式。在齐鲁历史传统中，民间有所谓"红白喜事"的说法。红事指男女婚嫁，是喜事、吉事，礼仪活动中要用红色；白事指高寿者的丧事，因尽享天年，是喜丧，其仪式用白色。

一、婚嫁民俗

　　齐鲁婚嫁习俗，基本上沿袭传统的"六礼"：纳彩、问名、纳吉、纳征、请期、亲迎。即使有所改变或删减，也至少包括议婚、订婚、亲迎等程序。

　　齐鲁地区有早婚早育的习俗，婚姻要遵"父母之命，媒妁之言"。民间有"天上无云不下雨，地上无媒不成婚"的谚语。以前的媒人多是腿勤嘴巧的妇女，俗称"媒婆"。

　　婚姻缔结在不同时代有不同的要求和表现，受经济、血缘、年龄、职业、品貌等条件限制，以前讲求"门当户对"，对人的政治地位、经济状况、社会等级、外貌品性和知识等均有不同的要求。民间有些家庭测男女双方属相和生辰八字，看是否相配，即"合婚""合年命"。聘礼是婚姻确立的重要内容，婚姻关系的确定"以聘财为信"，即"财礼""彩礼"。结婚前男方家提前把新房和喜订单布置好，女方家则要准备嫁妆。

　　结婚时女方家送嫁妆，接至亲到家中吃喜酒。男女双方都在家挂红灯、彩旗、铺喜床、贴喜联。铺喜床时，将栗子、红枣、花生等撒在床上，边撒边念"一把栗子一把枣，明年生个大胖小"，俗称"撒帐"。农村在院内扎棚子置灶具，请厨师开酒席待客，城镇多在宾馆或饭店待客。男方家招待后，送喜糖、喜烟、喜饼等。结婚当天（或前一天）新娘要梳头、盘头、打扮，俗称"结发"，寓意"结发夫妻，天长地久"。

　　迎娶新娘过门是最为重要的婚礼仪式，即古代六礼中的"亲迎"，由新郎亲自去女家迎接新娘。齐鲁各地迎娶时间略有不同，有些在太阳未出时迎接女方去往婆家，有些是在夜间。以前淄博博山一带有"抢婚"习俗，新娘是被

"抢"上车或花轿的。新娘的兄弟背着新娘跑，伴娘在后面护卫，新郎则带人追赶，最后经过象征性争夺，才把新娘请上轿子。

二、丧葬民俗

齐鲁传统丧葬礼仪非常烦琐，均为土墓棺葬。儿女侄孙均戴孝，儿孙辈三年内不贴春联。丧葬习俗一般要经过备丧、守灵、报丧、入殓、殡葬、圆坟、祭祀等主要程序。

所谓备丧，就是给老人准备送老衣物、棺木等。上等棺木选用柏木或楸木，一般用松木，次者用柳木。寿衣制作时，不能啼哭流泪，否则泪水滴在寿衣上，死者穿上想念儿女，心情不安。缝线也不能捻疙瘩，免得死者到阴间疙疙瘩瘩，不顺利。寿衣件数为单，多是上衣五件，裤子三条，另有褥子、枕头，枕头俗称"元宝枕""鸡鸣枕"。

殓衣前给垂危之人洗脸、理发、洗手、洗脚、擦身体、剪指甲、梳头等。死者将气绝时，家人急速给垂死者穿寿衣。男用棉袍马褂，头帽足靴；女用手帕、大袄、裙子。寿衣用布条系，有"带子"后继有人之意。殓衣后移尸至堂前灵床仰卧，口中放铜钱或玉石一枚，即"含殓"。同时请人帮助治丧，由"总理"一名统管整个丧事，"总理"指定"内外柜"各一人，分别负责内务和接待，然后由"总理"派人报丧，搭灵棚。荣城地区制作丧幡，俗称"招魂幡"，告知邻里家有丧事。

民间称"婚丧"为"红白喜事"，结婚红事一般理解成喜事没问题。所谓"白喜事"，是指那些寿高福满的老人死去以后举办的丧事，其丧礼常被称为"白喜事"或"喜丧"。生老病死人之常情，谁也无法避免。人虽终有一死，但有些人早夭而亡，有些人福禄双全，民间对福禄双全人的去世，称"喜丧"，《清稗类钞》一书"丧祭类"这样解释"喜丧"："人家之有丧，哀事也，方追悼之不暇，何有于喜？而俗有所谓喜丧者，则以死者之福寿兼备为可喜也。"民间认为喜丧就是全福、全禄、全寿、全终，故丧事要当喜事办，对前来吊唁的亲朋设酒席招待，欢乐不忌。有的对年过八旬福寿双全的老人更是大力操办。

"白喜事"包含两层含义：一是外在的"热闹"场面；二是身体虽然消失，但灵魂不灭，死亡不是完全的终结，而是新旅程的开始，是通往极乐世界的过渡。"白喜事"是一种复杂的情感表达，丧礼过程中生者对死者既眷恋又恐惧，既要切断死者与人世间的联系，又要保持对死者的记忆。所以红白喜事都是人生重要的礼仪活动，是有关人生不同阶段的仪式和情感表达。

第四节　生产贸易民俗

生产是人们生存和生活的必要手段，各地由于气候、地理和资源等条件不同，生产手段也有差别。同样是农业生产，平原和山地的生产习俗不同；同样是渔业生产，海洋与湖泊生产习俗也各异。

一、农业生产民俗

齐鲁农业生产民俗，主要指农作物种植、收获等方面的习俗。齐鲁地区农民"日出而作，日落而息"，农业收入是他们最根本的生存和生活来源。

齐鲁民间一般用二十四节气来指导农业生产，重要的农事活动，往往与节令结合得较为紧密，这在农谚中表现得最为突出，许多的农谚即是农业生产习俗和经验的总结。如"秋分早，霜降迟，寒露种麦正当时""头伏萝卜末伏菜，中伏荞麦熟得快""谷雨前，好种棉；谷雨后，好种豆""白露早，寒露迟，秋分麦子正宜时""立冬刨萝卜，小雪掰白菜""有芒的麦子快收，有芒的稻子可种""千年万年，处暑见棉""小雪来，出白菜""小雪飘飘来，忙着贮白菜"等。

立夏后，沂蒙山区做夏饼，预祝小麦丰收，有些地区用新小麦敬天、祭祖和尝新。日照地区每年的农历六月十九，农民用新收获的麦子做成太阳形状的饼，供奉太阳，感谢太阳给了大地阳光，让农民获得了丰收。大而厚的饼叫锅饼，大而薄的饼叫煎饼。民众依时而动，应时而收，劳动了一年的民众，以喜悦的心情感恩大自然馈赠，感念祖先庇佑，企盼并憧憬着下一年有更好的收成。

齐鲁传统农业生产离不开牛，无论是耕种，还是运输，牛都是重要的生产工具，因此齐鲁农业生产习俗中有许多跟"牛"相关的仪式和信仰。以前齐鲁许多地区有立春鞭春牛仪式，日照地区在二月二时也有"闹春牛"之习俗，既为了庆祝春耕农事活动的开始，也祈求风调雨顺、五谷丰登。有儿歌唱道："二月二，龙抬头，天子耕地臣赶牛。正宫娘娘来送饭，当朝大臣把种丢。春耕夏耘率天下，五谷丰登太平秋。"这其实是对籍田礼的描述，以儿歌的方式表现了对春耕的重视。齐鲁民间祭春神句芒，句芒为草木神和生命神，以前举行春祭句芒仪式，并根据句芒服饰预告当年气候状况：戴帽则示春暖，光头则示春寒，穿鞋则示春雨多，赤脚则示春雨少。现在这种仪式已不多见。

民俗文化

齐鲁传统农业生产力低下，基本靠天吃饭，天气对农业生产至关重要，民众举行祭祀天神、雨神等祈雨仪式和活动，如祭祀玉皇大帝、龙王、水神、碧霞元君、城隍神等，并伴有打旱魃、雨戏等祈雨民俗活动。《沾化县志》记载："物之灵者，莫过于龙，谓能兴云雨以济民生，又能役使蛟螭吞吐霞。……是以江海中州边圉之民皆为庙祀，以祈雨泽。"

此外，民间流传着许多占卜天象以预测农事的谚语，这是农民在长期的生产过程中形成的经验总结，也是人们遵循天地变化规律的生产与生活写照，如"大雪不封地，不过三两日。小雪雪满天，来岁必丰年""该冷不冷，不成年景；该热不热，五谷不结""今冬麦盖三层被，来年枕着馒头睡"等，这些都是通过占卜天象以预测农业生产丰歉，与农民生产和生活密切相连。

二、渔业生产民俗

齐鲁拥有漫长的海岸线，有环海半岛，也有微山湖、运河等内陆湖河，渔业生产历史悠久，形成了独具特色的渔业民俗，并随着时代发展而变化。齐鲁渔业分海洋渔业和淡水渔业，风俗习惯也各有不同。齐鲁沿海渔民的海神信仰主要是龙王和妈祖，出海作业的渔民远离大陆，漂泊在海上，风险性比较大，齐鲁许多沿海地区修有龙王庙、天后宫（海神娘娘庙），来祭祀海神龙王、妈祖。

（一）信仰

龙王在内陆具有赐水降雨的功能，齐鲁沿海渔民把龙王当作海神来崇拜，历史上齐鲁沿海各地都建有规模不等的龙王庙，人们通过修建龙王庙、祭祀龙王等方式祈求保佑和福泽。《登州府志》载："龙山，在县南四十里，山上有龙池、龙岗及龙王庙。"《蓬莱县志》也载："龙山庙，祀孚应侯，宋元丰年间（1078—1085）建。"北宋文学家苏东坡在登州为官时，曾"祷于海神广德王之庙"，海神广德王即传说中的"龙王"。许多渔村也普遍建有龙王庙，如即墨市田横镇所辖的 30 个村庄中有 18 个是渔村，每个渔村都建有龙王庙，其中周戈庄的龙王庙规模最大，供奉龙王、赶鱼郎和女童子等画像。

天后，南方称为"妈祖"，北方人一般称其为"天妃""天后"，齐鲁沿海居民则亲切地称之为"海神娘娘"或"娘娘"。妈祖是沿海渔民普遍信仰的海神之一，天后宫在齐鲁沿海分布较广，仅长山群岛就有 6 座天后宫。齐鲁沿海至今保存比较完好的天后宫，有烟台长岛县庙岛的天后宫（宋徽宗宣和四年始建）、蓬莱阁西侧的天后宫（建于明代）、青岛的天后宫（明成化二年始建）、荣成石岛天后宫（清乾隆十六年始建）、即墨金口的天后宫（清乾隆三十三年始建）等。天后宫的出现与所在地区开埠通商、港口经济发展密切相关，如青岛就有"先有天后宫，后有青岛城"的说法；烟台也有"先有大庙，后有烟台"的说

法；即墨金口则有"金胶州，银潍县，铁打的金家口"和"日进斗金"之称。

烟台长岛县庙岛祭祀妈祖时，模仿自家的船只做成船模，献到娘娘面前，俗信可得到娘娘的呵护，确保航海平安。除平时供奉祭祀外，各地的娘娘庙还会定期举办庙会，庙会期间伴有戏曲表演，各船杀猪供奉，燃放鞭炮，敬神求神保佑。出海的渔船上，也供奉着娘娘的神龛。如荣成等地的运输船，在舵楼上层设神龛，供奉妈祖这位海神娘娘。信仰是人们在面对自然灾害时所产生的美好愿望，和对平安生活的祈盼。"打鱼祷告海龙王，遇难日子望海神娘娘"，是长岛渔民的谚语。海上救难是妈祖的主职，此外，妈祖在齐鲁沿海地区已成为民间除病、保平安的多功能神灵，当地百姓有需求，即去庙里求海神娘娘保佑。

（二）渔业谚语

除了祭拜海神以外，对天气的提前预测对渔民来说至关重要。渔民在长期的生活实践中，摸索出了天气常识，如根据清晨四周天气的明暗来判断风向，"三暗一明，从明处来风""三明一暗，从暗处来风"。根据海涛声音判断风向，"东边海响刮东风"。根据数九寒天天气，来预测来年渔期天气，荣成谚语有"数九有大雾，百日刮大风"。许多渔业农谚是渔民根据生活经验，对天气、鱼的生长周期的认识和积累，并用来指导渔业生产，保障了生产的安全性，也有助于取得最大收获，如"海水在分路，无风便是雨""六月上红云，劝君莫驶船""谷雨是北风，山空海也空""平风平浪天，浪生岩礁沿；发出哨哨响，天气就要变""冬至、上元边，白鱼游来要吃圆（汤圆）""大寒交春，鱼虾向外奔"。

（三）渔业生产仪式与禁忌

祭海仪式

齐鲁沿海渔村荣成等地，谷雨节前买肉置酒，蒸红枣大馍，谷雨节时，上香放鞭炮，穿节日盛装，举行盛大祭海仪式。谷雨这天的酒要喝完喝醉，这样一年才能百事如意。"打个兔子腰别住"是有趣的习俗，即谷雨节一早，丈夫一进屋，妇女们便把节前蒸熟的白面兔子塞进丈夫怀里，意在祝福保佑他们出海平安、捕鱼丰收。

造新船仪式

造船是渔民重要的渔业生产活动，烟台长岛地区，造船有"铺字"（造船底）、"闭龙口"（造船帮）、"上面梁"等仪式，其中"上面梁"最隆重。日照地区新船造成时，亲朋好友送红旗祝贺，旗六尺，有"六六大顺"之意。选吉日进行新船"开光"仪式，船主天亮前到船上烧纸、放鞭炮、上香，将红布条挂在船头。开光时，取两只红公鸡，一只在船上开刀，使鸡血流过船头两边的"船眼"，即"开光"，也叫"挂红"；另一只放生。"开光"后，新船要下水试航，即"下河"，这时仍要上香、烧纸、放鞭炮，并将亲朋好友送的贺旗全部

民俗文化

挂在船上，有的还插"摇钱树"，人们热闹欢送新船下水。

出海仪式

威海荣成、青岛即墨一带，谷雨时节用完整的猪祭海、祭神。烟台长岛出海时有盛大的出海仪式。日照一带渔民出海时，船上插红旗、放鞭炮，船在水中转一圈后，再回到原地，借海浪向岸上两次"点头"。

归海庆丰收

日照地区打鱼归来，为了庆祝丰收，在大桅杆上挂红旗。烟台长岛渔民称海上大丰收为"发财了"，在大桅杆上挂特制的旗"吊子"，大丰收时，大小桅杆都挂吊子，称"挂双吊子"，岸上人看见，到海边迎接，即"接海"。上岸后，船主一家抬"发财猪"到妈祖庙、娘娘庙或龙王庙宰杀，船主用黄表纸蘸猪血在神像前焚烧，感谢其保佑平安并获得丰收。祭拜完将猪抬回，猪头分给船老大，猪蹄给二把头，猪尾巴带臀分给大师傅，猪下货留作算账之日用，余下的猪肉做成大锅菜，请所有船员及家人到家吃饭。还可以请街上的行人来家里吃饭，预祝下一次更大的丰收。

禁忌和规约

渔民的日常生活中有很多禁忌，如言和行都讲规矩。不能说"翻""破""碎""扣""完了"等词。"帆"要叫"篷"，"帆船"叫作"风船"，将"破了""碎了"叫作"笑了""挣了"，"翻过来"和"扣过来"要说"划过来"等。船上的坐、站和走都有规矩，在船上，不能坐在船头，不能坐拴缆绳的木柱，走路不能蹦跳，动作要轻缓，不能背手走路。渔夫吃鱼时，不说"翻"鱼而说"转一转"鱼。至于鱼骨，不说鱼骨而说"鱼爽"。送客时不说"慢行"而说"顺行"，"顺行"表示顺风行进。船上打翻东西称"打沏"，打倒物件称"打碍"。总之，忌说死、慢、倒、翻等不吉利语言。另外，还有一些禁忌，不能在船头大小便，吃完饭筷子不能横放在碗上，做饭用的锅勺盆等不能扣着放。这些习俗大都保留到现在，也有一小部分随着人们生活习惯和时代的变化而被废弃了。

三、贸易民俗

齐鲁民间贸易主要有两大场所，即庙会与集市。往往集贸易、消费、娱乐于一体，其中庙会还带有一定的宗教色彩。

庙会

庙会，又称古会、山会、庙市、香会等，乡间有"赶庙会""逛庙会""赶山""赶会"的习俗。庙会原为祭祀寺庙神佛而举行的集会，地址一般设在寺庙或附近地方，会间往往还要唱大戏，并有商贩加入，形成了祭神、游乐、贸易"三合一"。《康熙字典》载："《古今注》庙者，貌也，所以仿佛先人之形容也。《释名》：'先祖形貌所在也。'《玉篇》：'宗庙也。'"《说文解字》中说："庙，尊先祖也。"段玉裁注释说："古者庙以祀先祖，凡神不为庙也，为神立庙者，始三代以后。"

齐鲁地区著名的庙会有济南千佛山庙会、泰山东岳庙会、临沂蒙山庙会等，其中东岳庙会，又称泰山庙会，是古老的民俗及民间宗教文化活动。缘起泰山崇拜及道教在泰山的兴盛。泰山是中国东部的第一大山，早在距今五六千年前的大汶口文化时期，"大汶口人"就十分崇拜泰山，并借泰山之高以祭天，成为后来封禅泰山活动的滥觞。东岳庙会在史籍中有不少记载，明末清初张岱在《岱志》中说："东岳庙……阔数百亩。货郎掮客，错杂其间，交易者多女人稚子。其余空地，斗鸡、蹴鞠、走解、说书，相扑台四五，戏台四五，数千人如蜂如蚁，各占一方，锣鼓讴唱，相隔甚远，各不相溷也。"

泰山庙会滥觞于唐，形成于宋，鼎盛于明清，衰落于民国，再兴于今日。庙会的重要内容是庆贺神祇（泰山神——东岳大帝和碧霞元君）的圣诞，其间，香客、游客云集，并集吃、住、购、娱等商贸服务和文化娱乐活动于一体。

集市

集市在民间又称为赶集、上集、赶闲集、逛集等。集市结束俗称"散集"，有人专等集市将散时去买便宜货，俗称"压集头的"。集市是农村或小城市中定期买卖货物的市场。集市分日集和间日集，日集即天天有集，间日集指每隔几天一次集市。齐鲁各地多为五日一集，也有的十天四集。如长清仁里集为"一三六八"。相邻乡镇将集互相隔开，以免相犯，分别以"一六""二七""三八""四九"或"逢五排十"（若没有三十，则排至下月初一，称"小集"）。

农村集市有全天市、早市、夜市等，早市每天天亮开市，交易只有两三个小时。还有专门在夜间交易的夜市，如微山湖南阳镇的夜市，渔民白天入湖打鱼，天黑后归来卖鱼、吃夜宵、购买生活所需，以备天明后再入湖打鱼，夜市的形成与渔民生产生活习惯相关。

齐鲁地区集市一般是综合性集市，集市上商品门类齐全，能够满足人们日常生活消费的基本需求。集市上分行业设市（区），如粮市、果蔬市、禽蛋市、鱼市、肉市、服装市、农药市、农具市等，各市都有相对固定集中的营业区域，分据一方，互不混合。

腊月集，也称年集，是每年规模最大、最为热闹的集市。中国传统春节过后，自正月初一至初五，许多店铺要关门过节，人们通常在年前购齐过年祭祀及新年所需物品，于是赶年集置办年货。年集一般从腊月十五或二十开始，到年末最后一天结束，这段时间是城乡集市贸易最红火最热闹的日子。

民俗文化

齐鲁民众在长期的生产和生活实践中积累了丰富经验。他们认为生产的收获，源于大自然的慷慨馈赠，于是以特定的民俗礼仪感恩大自然的赐予和神灵、祖先的保佑，并祈愿以后仍能风调雨顺、平安吉祥。可以说，生产贸易民俗既是民众经验的总结，其中也包含着他们对自然现象和规律的科学认识与合理利用，体现了人与自然的和谐相处。

第五节　民间工艺民俗

齐鲁民间工艺种类繁多，主要有鲁锦、潍坊风筝、杨家埠年画、高密剪纸、桃木雕刻、面塑、黑陶等。其高超的技艺，充分体现了齐鲁人的生活智慧和审美趣味。

一、鲁锦

"锦"在纺织物中代表着最高的纺织技术，在中国纺织史上占有重要的地位。有"织采为文，其价如金"之说。"鲁锦织造技艺"于 2006 年被认定为山东省非物质文化遗产，于 2008 年被认定为国家级非物质文化遗产。

齐鲁的手工织锦历史悠久，根据相关考古文献记载，菏泽的文化遗址中曾有新石器时代的纺轮出土，商周时已出现木质纺织工具——腰机。春秋战国到秦汉时期，齐鲁大地就已是我国重要的产棉中心，曾有多达一千多种纺织技术，"齐纨鲁缟"号称"冠带衣履天下"。元代到明代，鲁锦艺术更是达到了炉火纯青的境界，明清年间鲁锦已成为每年重要的朝廷贡品。

鲁锦是勤劳智慧的齐鲁大地劳动人民在漫长的人类文明历史的发展过程中，精心创造的一种具有齐鲁文化特色的传统民间工艺；是齐鲁独有的一种纯棉手工提花纺织品，具有悠久的织造历史、复杂的织造技艺和绚丽的艺术图案。因其纹彩绚丽，灿烂似锦而得名。

鲁锦以鲁西南地区为中心，带有鲜明的齐鲁文化特色，是齐鲁民间纯棉手工纺织物，民间通称为老粗布、家织布、手织布。据说早在明万历年间，菏泽一带纺织生产相当发达，"妇女织布，夜纺车之声，比屋相闻"。以前姑娘结婚时，必须用自织的花布做成被褥、床单、门帘、枕头、枕巾、手巾、服饰等作为嫁妆，以显示新媳妇的灵巧和聪慧。未成人的小女孩 10 岁左右就跟着母亲学纺线、染线等。

鲁锦的织造原料均为纯棉材料，鲁锦图案与传统的吉祥文化密切相关，图案有"龙蛇走兽""春燕戏水""天女散花""牛郎织女"等。其色彩大都以红绿搭配，黑白相间，蓝黄穿插；构成的图案格调明快，绚丽多彩，古朴典雅，具有浓郁的乡土气息和鲜明的地方特色。

二、潍坊风筝

潍坊是世界风筝的发源地、潍坊又称潍都、鸢都。其制作风筝历史悠久，工艺精湛。潍坊风筝是潍坊传统手工艺珍品，民间传统节日文化习俗。2006 年潍坊风筝被列入第一批国家级非物质文化遗产名录。

潍坊风筝同中国许多民间工艺，产生于人们的驱邪信仰和娱乐活动，寄托着人们的理想和愿望，与人们的生活密切相关。《潍县志稿》载："本邑每逢寒食，东门外，沙滩上……板桥横亘，河水初泮，桃李葩吐，杨柳烟含，凌空纸鸢，高入云端。""清明，小儿女作纸鸢、秋千之戏，纸鸢其制不一，于鹤、燕、蝶、蝉各类外，兼作种种人物，无不惟妙惟肖，奇巧百出。"曾做过潍县县令的郑板桥有诗云"纸花如雪满天飞，娇女秋千打四围，五色罗裙风摆动，好将蝴蝶斗春归"，把潍县风筝特点和放风筝的风俗写得惟妙惟肖。清道光年间潍县金石学家兼诗人郭麟《潍县竹枝词》载"一百四日小寒食，冶游争上白浪河，纸鸢儿子秋千女，乱比新来春燕多"，记录了寒食节潍县人在白浪河踏青嬉戏的场景。

现在风筝作为一种娱乐和健体的游乐活动已经漂洋过海，走向了世界。放风筝是老少皆宜的活动，人们手牵引线，或在空旷的平原，或在无际的海滩前后奔跑，在娱乐中强身健体。

三、杨家埠年画

杨家埠木版年画是流传于山东省潍坊市杨家埠的传统民间版画，与天津杨柳青、苏州桃花坞并称中国木刻版画三大产地。2006 年杨家埠木版年画被列入第一批国家级非物质文化遗产名录。杨家埠木版年画工艺精湛，色彩鲜艳，内容丰富，乡土气息浓厚，制作工艺别具特色。

明代洪武年间（1368—1398），杨家埠木版年画已初具工艺基础。清代乾隆年间（1736—1795），是木版年画商品化高

杨家埠年画

民俗
文化

度发展的繁荣昌盛时期。在此后一个半世纪里，杨家埠年画曾以品种多、规模大、销售范围广，而成为名噪一时的中国民间三大画市之一。画店纷开，仅西杨家埠由杨氏一家开设的就有82家。

杨家埠年画生产分绘画、雕刻、印刷、装裱等几道工序，每一道工序都极为精细准确。杨家埠木版年画按张贴部位可以分为：门神、炕头画、窗帘画、中堂画、实用年画、条屏画等。它的题材极为广泛，形式多种多样，主要有：祈福迎祥、消灾除祸；美女娃娃、吉祥欢乐；人情世事、男耕女织；小说戏曲、神话传说；山水花卉、飞禽走兽；时事新闻、讽刺幽默；还有些以实用为目的，服务于人们的现实生活。

现在杨家埠木版年画也面临了发展困境，一是年画题材缺乏新意，二是传承人才匮乏。除几位在世的老艺人外，能系统并真正掌握木版年画技艺和精髓的接班人极少，这直接影响杨家埠木版年画的传承发展和生存。

齐鲁民间工艺历史悠久，特色鲜明。在历史发展长河中，具有高超智慧的民间艺人层出不穷。不仅孕育了鲁班这样的大师，也形成了以鲁锦、潍坊风筝、杨家埠年画、高密剪纸、黑陶等为代表的民间工艺品牌。这些工艺品将实用、审美、娱乐与信仰巧妙融合，以特定的方式表现了丰富的民俗文化内涵，展示了齐鲁民众的生活智慧和高超技艺。

结　语

数千年来，各具特色的齐鲁民俗文化散存于民间，静静地流淌，默默地生根发芽，为齐鲁传统文化增添了独特的魅力。其中，融火候、刀工、调味、礼仪于一体的鲁菜及口味独特的各种地方小吃，既满足了人们味觉上的享受，在审美和养生方面也独具特色。岁时节日体现了民众对天象和物候规律的把握，不仅用来指导生产，调适生活，还在节日庆贺礼仪中，包含了开启时间新征程的深刻寓意。婚丧民俗，以特定的仪式，宣示个体人生历程的转换，寄托宗族开枝散叶、慎终追远的情感。生产贸易及民间工艺民俗，则是民众生活智慧与审美娱乐的集中体现。而饮食民俗不仅在神圣与世俗相融合、生产与生活相调适的节日庆典中必不可少，在婚丧礼仪及农业、渔业生产与商业贸易活动中，也同样占有重要的地位。另外，饮食民俗也与民间工艺及"食不厌精，脍不厌细"的儒家饮食哲学，有着共通的审美追求。所有这一切，既呈现于人生与生活最感性的层面，也与观念、信仰、禁忌紧密相关，渗透到人民的心灵深处与精神层面。在这种历代传承的习俗中，我们可以更直接地感受到民俗文化的独特魅力，也能够对齐鲁传统文化有更深入的认识。

◎ 思考练习

1. 请结合你的经历，介绍一种独特的齐鲁地方小吃。

2. 结合自己的生活，谈一谈"节日的文化记忆"。

3. 请查阅相关资料，并结合调查，谈谈"妈祖"信仰在山东地区的传播。

4. 请向你的父母等长辈搜集、记录一些生产谚语，然后与同学进行交流学习。

5. 请讲述一下你了解的婚嫁或丧葬民俗过程及相关内容。

6. 除了书中介绍的民间工艺民俗，你还知道哪些民间工艺民俗呢？请举例说明。

◎ 资源链接

参考书目

1. ［汉］司马迁：《史记》，中华书局2011年版。

2. 山东省地方史志编纂委员会编：《山东省志·民俗志（1840—2005）》，山东人民出版社2016年版。

3. 逄振镐：《齐鲁文化研究》，齐鲁书社2010年版。

4. 刘德增：《山东移民史》，山东人民出版社2011年版。

5. 葛剑雄：《中国移民史》，福建人民出版社1997年版。

6. 萧放：《岁时——传统中国民众的时间生活》，中华书局2002年版。

7. 钟敬文主编：《中国民俗史》，人民出版社2008年版。

8. 山曼、孙丽华：《齐鲁民俗》，山东文艺出版社2004年版。

9. 山曼等主编：《齐鲁民俗丛书》，济南出版社2005—2009年版。

10. 高洪星主编：《中国社会民俗史丛书》，上海文艺出版社1995年版。